LE MULTICULTURALISME
COMME RELIGION POLITIQUE

LE MULTICULTURALISME
COMME RELIGION POLITIQUE

MATHIEU BOCK-CÔTÉ

# LE MULTICULTURALISME
# COMME RELIGION POLITIQUE

LES ÉDITIONS DU CERF

© *Les Éditions du Cerf*, 2016

Pour la présente édition :
© *Les Éditions du Cerf*, 2019

www.editionsducerf.fr

24, rue des Tanneries
75013 Paris

ISBN 978-2-204-13219-0
ISSN 2417-7377

*À mes parents, à qui je dois tout.*
*À Karima, qui me réconcilie avec le monde.*

# L'OCCIDENT DIVERSITAIRE

Notre époque, lorsqu'elle cherche à définir son horizon historique, se réfère à l'ethos de la diversité identitaire. Il faudrait s'y ouvrir et y convertir les institutions et les représentations collectives, au nom de *l'ouverture à l'autre*. Dans l'aventure humaine, nous serions rendus à cette étape sublime. Pour le dire avec l'ancienne formule, ce serait *l'horizon indépassable de notre temps*. À tout le moins, la civilisation occidentale y serait rendue. On célèbre périodiquement les années 1960-1970, on s'y réfère spontanément pour marquer la naissance d'une civilisation différente de celle qui l'a précédée. On les associe à l'idéal d'une société progressiste, transnationale et multiculturelle, à la sensibilité contestataire portée par la mouvance contre-culturelle. L'idéal démocratique se serait ainsi régénéré. La distinction est à peu près la suivante : avant, le sexisme, le patriarcat, l'homophobie, le racisme, l'intolérance, aujourd'hui, l'émancipation des femmes, des homosexuels, des immigrants, des groupes identitaires marginalisés, la reconnaissance des différences et la tolérance. Nous serions passés d'une civilisation à une autre.

C'est le grand récit de la modernité : l'émancipation de l'homme passerait par l'extension de la logique égalitaire à tous les rapports sociaux et par la reconnaissance des identités qui ont été un jour ou l'autre marginalisées. Celles-ci surgiraient aujourd'hui des marges, affranchies d'un ordre politique et symbolique qui les refoulait. Il faudrait les accueillir : chacune enrichirait l'humanité. D'ailleurs, on le répète : la diversité serait une richesse. Le mythe vieilli d'une communauté politique unifiée s'effacerait devant la pluralité des appartenances, aucune d'entre elles ne se laissant enfermer dans une catégorie. La nation devrait se convertir au droit à la différence ou périr. Les vieilles hiérarchies s'effondreraient. À travers le démantèlement des institutions et des systèmes normatifs traditionnels, la modernité se serait lancée dans une poussée émancipatrice au service des identités traditionnellement marginalisées, qui accéderaient à la reconnaissance sociale et politique. Tel serait le nouveau visage de la démocratie que tous devraient reconnaître, sous peine d'être jugés déphasés et marqués publiquement à la manière de personnalités peu recommandables. C'est un discours souvent porté par la gauche multiculturaliste, par les thuriféraires de ce que l'on nomme la religion de l'humanité. Il est aussi porté par une frange de la droite moderniste qui chante la rédemption du genre humain par sa conversion au marché mondial, terrain de jeu idéal d'un individu hors-sol libéré des contraintes qui viennent avec l'appartenance à un corps politique.

Malgré tout, certains avouent d'immenses réserves devant cette révolution et ce changement. À la suite de Tocqueville, qui redoutait le potentiel liberticide de la démocratie, ils s'inquiètent des effets dissolvants d'un égalitarisme radicalisé. La passion de l'égalité mal contenue est-elle l'avant-dernière étape avec la servitude enthousiaste ? Derrière la sacralisation de la diversité, ne faudrait-il pas reconnaître l'émiettement de la citoyenneté et l'incapacité à agir collectivement ? Les libertés peuvent-elles survivre à l'aplatissement des institutions ? Et cette décomposition ne serait-elle pas à l'origine du sentiment d'impuissance qui plombe la démocratie ? Chose certaine, et comme nous le verrons dans le premier chapitre, la peur du délitement du lien social hante nos contemporains – d'autres vont même jusqu'à confesser celle de la dilution de la communauté politique et de l'identité nationale. Si le mot n'était pas proscrit, ils se dresseraient sans doute contre la décadence. Cette inquiétude s'exprime de façon résignée, comme si notre seule liberté était de nous en désoler. Ce n'est pas une crainte nouvelle : depuis toujours, la modernité s'accompagne d'esprits chagrins. Elle a appris à les consoler en leur expliquant qu'ils ont peut-être raison de regretter le monde d'hier, mais qu'on ne saurait rien y faire. La mélancolie comme la nostalgie n'ont pas bonne réputation.

La manière qu'on a de raconter l'histoire conditionne notre perception du dernier demi-siècle. Elle contribue au récit de légitimation des institutions et délimite les limites du pensable et de l'impensable. Elle distingue le progrès, la régression ou le déclin. Elle distingue entre les forces sociales historiquement porteuses et celles qui sont déclassées. Sommes-nous contemporains d'une mutation irréversible de la démocratie ou les héritiers d'une révolution qui a changé le cours de l'histoire ? On a beau disserter sur le sens de l'histoire et vanter les hommes qui savent embrasser l'esprit de leur temps, le récit des vainqueurs se présente comme le seul possible et l'inscription de la société diversitaire dans l'histoire de la démocratie, dont elle ne serait que le moment contemporain, désarme d'un coup ses adversaires en les reléguant dans le camp des ennemis de la démocratie. Pourtant, au *sens de l'histoire*, on peut substituer, comme nous y invitait il y a longtemps Guglielmo Ferrero[1], un récit qui raconte un conflit entre différents projets politiques, entre plusieurs principes de légitimité, qui cherchent à s'emparer des institutions et qui entendent exercer une hégémonie.

Cette piste est probablement la plus féconde pour comprendre la nature du projet multiculturaliste et plus encore, sa prétention à transformer la société occidentale. N'est-il pas nécessaire de voir de quelle manière il s'est imaginé, construit et institutionnalisé ? Ne faut-il pas analyser aussi le programme politique qui accompagne cette vision du monde ? Dans cet ouvrage, j'entends en retracer les origines idéologiques. Autrement dit, j'entends retracer non pas l'histoire naturelle de la modernité découvrant, dans la diversité, son nouveau visage, mais bien celle d'une révolution idéologique qui a transformé le principe de légitimité dont se réclament nos sociétés. J'entends raconter l'avènement du nouveau régime diversitaire qui assure la traduction institutionnelle du multiculturalisme qui est devenu la religion politique de notre temps.

## UNE NOUVELLE GAUCHE :
### DE LA CRISE DU MARXISME
### AU RENOUVEAU MULTICULTURALISTE

Qu'on le veuille ou non, toute philosophie politique s'accompagne d'une méditation historique. Pour faire la genèse du multiculturalisme, il nous faudra notamment revenir sur la mutation du progressisme et, plus particulièrement, de la gauche radicale occidentale. Il faut remonter aux années 1950 pour trouver le point de départ de cette enquête, au moment de l'hégémonie marxiste. Mais, dès le milieu des années 1950, le marxisme entre en crise et la foi révolutionnaire en l'Union soviétique commence à faiblir. Moscou ne sera pas la nouvelle Jérusalem. Cela ne sera pas sans provoquer un mouvement de détresse chez les intellectuels ralliés au communisme, privés de la certitude de servir l'affranchissement de l'humanité. Les défections se multiplieront, et on en comptera finalement plusieurs vagues.

13

Mais, à ce moment, renoncer à l'URSS ne signifiait pas renoncer à la révolution. Tout au contraire. Si, très rarement, on quitte le marxisme pour rejoindre les rivages de la démocratie libérale, plus souvent, on renonce à l'URSS pour être encore plus authentiquement révolutionnaire. L'URSS aurait trahi la révolution : on ira la chercher ailleurs. Certains partiront à sa recherche dans les pays lancés dans l'expérience du socialisme décolonisateur. Mais comment la faire renaître en Occident. S'ouvre alors une question fondamentale : comment liquider le marxisme-léninisme sans sacrifier l'espérance révolutionnaire ? Le marxisme se présentait comme une science de l'histoire, décrivant rigoureusement la lutte des classes jusqu'au moment de l'inéluctable effondrement du capitalisme, mais il recouvrait mal une charge utopique, qui commence à rejaillir alors dans la vie intellectuelle, politique et sociale. Peu à peu, on se demandera si le marxisme dogmatique, qui balisait le chemin vers la société parfaite, n'avait pas étouffé d'autres pulsions révolutionnaires authentiques, laissées de côté par l'économisme ? C'est la grande quête intellectuelle qui commence au début des années 1960 et dans laquelle s'engageront nombre d'intellectuels de gauche.

Le marxisme fonctionnait selon une véritable vérité révélée : l'homme en ce monde est aliéné. Mais l'aliénation de l'homme serait un problème historique qui appelle une solution politique. Autrement dit, la révélation marxiste pousse à la révolution et la seule question politique qui se pose consiste à savoir de quelle manière la mener. Nous sommes loin ici de la sagesse désenchantée de Cioran qui faisait du politique l'art de discerner parmi les nuances du pire. C'est une tentation toujours présente dans la modernité : celle de l'utopisme. Il s'agit de la vision progressiste de la modernité. Elle se présentera au fil du temps sous différents visages, la singularité du marxisme étant de prétendre l'accoupler avec la rationalité scientifique. Ce qui caractérise l'utopisme, c'est la conviction qu'une utopie ne doit pas seulement servir d'idéal régulateur à la démocratie, mais peut s'incarner de manière pleine et entière dans la vie sociale. L'utopisme suppose qu'une société délivrée du mal est possible, si nous la désirons véritablement. Comment, dès lors, travailler à autre chose que son aboutissement ? Il prépare les hommes à absolutiser leurs désaccords, dans la mesure où ceux qui ne se convertissent pas à cette prophétie sont accusés de conserver les structures qui aliènent l'être humain, qui compriment ses aspirations. La conflictualité irréductible au cœur du politique entre des conceptions relatives du bien s'efface devant un affrontement définitif entre les tenants de la liberté et ceux de l'asservissement.

La réapparition de l'utopisme dans la politique occidentale représente une donnée majeure des années 1950 et, surtout, des années 1960. La gauche en sera profondément transformée. C'est dans ce contexte que commence à s'exprimer une « nouvelle gauche » renouvelant l'espérance révolutionnaire et la traduisant dans une nouvelle sociologie. Que faire alors du marxisme qui dominait les esprits ? Le marxisme classique est en panne théorique et permet de moins en moins de comprendre les mutations du social. Peu à peu, on constate aussi que le capitalisme connaît un autre destin que celui qu'on lui avait prophétisé, et la classe ouvrière elle-même renonce à jouer le rôle révolutionnaire qui lui avait été réservé. Pire encore : elle en vient même à défendre une société qu'elle veut pleinement rejoindre et non plus abattre, si jamais telle a été son intention. En un mot, pour demeurer marxiste, on s'enfermera de plus en plus dans une science morte, condamnée à l'ésotérisme théorique.

C'est le moment 68. On part à la recherche de ce qu'on appelait dans les années 1970 un nouveau sujet révolutionnaire. On le sait, certains se tourneront vers le socialisme exotique. Mais plus généralement, il faut au progressisme une nouvelle base sociale, un nouveau point d'appui à partir duquel observer la société. Il faut, comme le dira Alain Touraine, rechercher les nouvelles contradictions historiques à partir desquelles s'appuyer pour radicaliser les tensions sociales et politiques, à travers lesquelles se noueraient les nouvelles luttes émancipatrices. Or, on constate de plus en plus que ces tensions sont moins économiques que sociales et culturelles. Le progressisme est appelé à se renouveler en s'ouvrant à la contre-culture, pour radicaliser les tensions qu'elle libère. Et il faudra aussi s'imaginer la révolution sous un autre visage, en le délivrant du mythe léniniste de la prise du pouvoir, ou de la conception sorélienne de la grève générale qui marque un basculement temporel dans le monde nouveau. On voit comment la tentation sera forte de s'approprier la référence à la modernité comme mouvement perpétuel, comme « révolution permanente » à laquelle il faudrait toujours s'adapter et qui condamnerait à la désuétude toute conception historique de la civilisation.

Il s'agira d'examiner les nouvelles formes de l'exclusion sociale. De l'ouvrier, on passera à l'exclu, cette dernière catégorie servant à accueillir ceux qui se situent en position d'extériorité par rapport aux systèmes normatifs dominants en Occident. On s'ouvrira à ce que la théorie marxiste nommait jusqu'alors les « fronts secondaires », aux oppressions sectorielles. Pour le dire vite, on passera d'une critique du capitalisme à une critique de la civilisation occidentale et des grandes institutions qui sont considérées comme sa gardienne, qu'il s'agisse de l'État, de la nation, de la famille ou de l'école. On entend à travers cela radicaliser la critique de l'aliénation, en l'étendant à toutes les sphères de l'existence humaine. Il faudrait libérer les aspirations à l'authenticité historiquement refoulées dans les marges du social, traditionnellement assimilées à des pulsions sauvages et anarchiques. Il faudra déconstruire les systèmes normatifs majoritaires et s'ouvrir aux groupes marginalisés. On voit poindre une nouvelle conception du monde : il y aurait d'un côté la majorité, de l'autre les minorités. Ce travail de rénovation de la critique radicale est symbolisé par la crise de mai 1968, qui marque le passage d'une gauche à l'autre. Ce basculement opéré, cette nouvelle définition de la gauche progressera, et les revendications disparates apprendront à se conjuguer. À terme, le concept de « diversité » mettra en relation les revendications nées dans la contre-culture, et les articulera dans un projet de transformation globale, la démocratie étant appelée à se redéfinir par son ouverture à ces revendications. La diversité comme concept politique désigne d'abord la mise en relation des revendications identitaires et sociales sorties de la vague contestataire des *radical sixties*. L'Autre devient la figure régénératrice à partir de laquelle réinventer la civilisation occidentale – l'apercevant de l'extérieur, il la mettrait en procès admirablement, et c'est en s'appuyant sur lui qu'il sera possible de refonder la communauté politique.

Le langage de la « diversité » s'imposera progressivement. L'effondrement du communisme, au début des années 1990, favorisera l'avènement d'une configuration idéologique recentrée sur les enjeux idéologiques associés plus ou moins grossièrement à la « pensée 68 ». Autant on assistera à un ralliement généralisé des élites à l'économie de marché, autant on assistera à un ralliement aux thèmes associés au radicalisme culturel et identitaire des récentes décennies. Cette synthèse sera portée principalement par la troisième voie qui représentera, dans ses nombreuses expressions, la normalisation gestionnaire du radicalisme contre-culturel. La chute du communisme, en d'autres mots, annoncera le triomphe de la révolution 68.

## LE PROJET DE LA GAUCHE POST-MARXISTE ET LA DÉMOCRATIE DIVERSITAIRE

À travers cette mutation idéologique, on a assisté au renouvellement en profondeur du projet politique de la gauche. Ces remises en question transformeront peu à peu l'autoreprésentation des sociétés occidentales : l'offensive idéologique de la nouvelle gauche a porté ses fruits. Sa vision deviendra dominante. Et elle parviendra à se maquiller en discours scientifique.

On le verra d'abord à travers la question de la mémoire collective, devenue le lieu de réguliers affrontements politiques. C'est autour d'elle que la querelle du multiculturalisme est devenue visible pour tous au tournant des années 1990. Ce sera l'objet du troisième chapitre. La conscience historique devrait désormais s'appréhender à partir des marges du social, où les rapports de domination s'expriment dans leur nudité, où l'injustice se révélerait sans nuances. Il faudrait déconstruire le récit national pour permettre la libération des mémoires minoritaires enfouies. La mémoire collective qui s'égrène libérerait des groupes sociaux absorbés puis neutralisés dans le grand récit national et qui pourraient ainsi advenir sur la scène de l'histoire et dans l'espace public. À travers le développement d'une vision hypercritique du passé occidental, on fragilisera les institutions qui en héritent. La repentance, avec son rituel de la commémoration négative, devient le nouveau récit fondateur de la société diversitaire.

Comme on le verra au quatrième chapitre, cette conception de l'histoire recoupe une sociologie conceptualisant les rapports sociaux à travers les concepts de majorité et de minorités, la société devant être reconstruite en se déprenant de la première pour s'ouvrir aux secondes, au nom de la lutte contre les discriminations. Cette dernière deviendra le paradigme dominant à travers lequel la société diversitaire s'implantera. Cela passera par une critique de la société libérale et de la conception de l'égalité des individus qu'elle met en l'avant. Celle-ci serait fictive et viendrait dépolitiser les rapports sociaux, en empêchant de voir comment, derrière l'universalité de certaines règles, s'exprimerait l'hégémonie de groupes dominants. Un nouvel égalitarisme peut alors s'imposer : il faut viser une égalité substantielle, symbolique comme matérielle, entre les groupes victimisés et les groupes dominants. C'est dans cet esprit que s'opérera la mutation thérapeutique de l'État social, à travers l'objectif affiché de transformer les attitudes de la culture majoritaire et de la société envers la diversité. On voudra rééduquer les nations occidentales, et surtout les catégories de la population qui rechignent devant cette grande transformation.

L'identité collective en est affectée, comme on le verra au cinquième chapitre. Il faudra désaccoupler la citoyenneté démocratique de l'identité nationale. On présentera cette entreprise comme une forme de décolonisation intérieure de la communauté politique permettant de délivrer les identités minoritaires de l'identité majoritaire. On transformera aussi les mécanismes qui assurent la représentation pour les accorder aux exigences diversitaires. C'est à cette lumière, aussi, qu'on assistera à une disqualification de la souveraineté populaire à travers la judiciarisation du politique. Dans la mesure, encore une fois, où il faut déprendre la communauté politique de la pesanteur majoritaire, il faut se délivrer du mythe de la souveraineté populaire, qui masquerait mal la tyrannie de la majorité. Il serait nécessaire de proposer un *nouveau* mode de gestion des revendications minoritaires, qui prétendent justement s'autonomiser et faire valoir leurs droits, ce que permet une gouvernance substituant les droits de l'homme à la souveraineté démocratique.

On ne sera pas surpris : la souveraineté nationale est vidée de son sens à partir du moment où la nation elle-même s'est vue disqualifiée. Que reste-t-il de l'État-nation ? Ce sera la question posée au sixième chapitre. À la vieille question de savoir quel est le *demos* de la démocratie, la modernité avait d'abord répondu par la découverte des nations qui trouvaient là l'occasion de prendre conscience d'elles-mêmes. On considère désormais qu'elles sont des supports désuets, appelés à se dissoudre inévitablement, au nom d'une mondialisation du politique, rendue possible par la disparition des différences entre les cultures et les civilisations. L'Europe, ici, sert de laboratoire. Le rêve européen, qui dépasse de beaucoup la construction européenne, se réfère moins à la civilisation européenne historique qu'à un réceptacle pour accueillir le projet diversitaire. On le constate lorsque vient le temps de définir le contenu et les contours de l'identité européenne. L'Europe se définit par la référence à des principes universalistes et ne se connaît aucune frontière géopolitique définitive. On l'a vu à travers le refus de considérer publiquement ses racines chrétiennes qui lesterait la citoyenneté européenne d'un particularisme. L'Europe se présente comme un modèle de gouvernance qui prétend inaugurer une forme de communauté politique potentiellement mondialisée.

## QUE RESTE-T-IL DU CONSERVATISME ?

Cette vision politique est parvenue à s'imposer dans l'espace public. La question que je pose au terme de mon enquête, dans le septième chapitre, c'est évidemment celle de la recomposition de la polarisation politique dans la société diversitaire. Car l'espace public n'est pas neutre. Il délimite la frontière du dicible, du tolérable et de l'intolérable. En s'engageant dans l'espace public, on propose non seulement ses idées pour la cité, mais aussi, on délimite les paramètres dans lesquels on tolère ses adversaires. Qui est admis dans la cité, qui ne l'est pas ? Qui sont les contradicteurs légitimes de l'idéologie dominante ? Que faire des pans de la population et des courants politiques qui ne veulent pas chanter l'hymne au nouveau régime, qui osent même avouer qu'ils ne se réjouissent pas de son installation ? La polarisation politico-idéologique se recomposera autour de l'héritage des *radical sixties* et du malaise qu'il suscite dans de grands pans de la population, surtout dans les couches populaires, dont on a souvent noté les dispositions conservatrices.

Généralement, on présente le conservatisme comme une pathologie, à la manière d'un reste traditionnel que la modernité diversitaire peinerait à liquider une fois pour toutes. Le conservatisme sera ainsi présenté comme l'expression d'une fragilité psychologique de populations tentées par le repli sur soi, d'autant plus qu'elles seraient hantées par la « peur de l'autre ». Ou encore, on en fera le réflexe idéologico-politique des groupes sociaux déclassés par une vague de modernisation. Le conservatisme serait une pathologie reflétant la permanence de schèmes identitaires prémodernes dans de grands segments de la population. On le reconnaîtra à travers les nombreuses phobies qui le caractériseraient, qu'il s'agisse de la xénophobie, de l'homophobie, de la transphobie, de l'islamophobie ou de l'europhobie. Il faudrait lutter contre lui pour l'éradiquer de la vie publique.

L'entrée dans la conversation démocratique présuppose une reconnaissance du caractère positif de l'héritage de mai 1968. C'est la condition de la respectabilité médiatique et politique. Il faut embrasser la « nouvelle idéologie dominante[2] ». On le voit notamment à travers le concept de dérive pour mettre en garde ceux qui s'en éloignent, qui rappelle que l'espace public est balisé et surveillé et qu'en s'éloignant d'une certaine orthodoxie, on s'éloigne aussi des codes de la respectabilité démocratique. La droite a renié sa part conservatrice. C'est dans ce contexte général, par ailleurs, que les préoccupations populaires, souvent abandonnées par les grands partis de gouvernement, sont récupérées par des partis contestataires occupant de facto une fonction tribunitienne, ce qui a pour effet, à bien des égards, de radicaliser leur exclusion de la communauté politique.

## UNE NOUVELLE LÉGITIMITÉ POLITIQUE

Notre époque, loin de consacrer la fin des idéologies, met en scène une querelle idéologique majeure, même si cette querelle est réduite et caricaturée à un conflit entre le progrès et la réaction. Dans ce livre, je retrace l'émergence d'une nouvelle légitimité politique et même d'une nouvelle religion politique. J'ai cru en exhumer les fondements négligés, peut-être oubliés : j'ai cru surtout, du moins je l'espère, montrer à quel point elle transforme radicalement notre rapport à l'expérience démocratique de la modernité en redéfinissant ses concepts fondateurs. La démocratie n'a-t-elle pas radicalement changé de signification ? Nous sommes ainsi reconnectés avec la plus vieille question de la philosophie politique : dans quel régime vivons-nous aujourd'hui ? Une civilisation repose toujours sur une certaine idée de l'homme. À quelles passions humaines sont désormais reliées les institutions de la démocratie diversitaire ? Manière comme une autre de se demander sur quelle idée de l'être humain repose le nouveau régime qui se met en place ? Ce qui nous force à savoir à quelle idée de la modernité nous nous référons. La modernité s'est toujours définie en cherchant à constituer un rapport créateur entre l'héritage et le progrès, entre la mémoire et l'utopie. N'avons-nous pas assisté, à plusieurs égards, depuis une quarantaine d'années, à l'abolition du premier terme au profit exclusif du second ? Et ne nous retrouvons-nous pas, conséquemment, avec une idée atrophiée, diminuée, de l'homme ?

Mais reprenons tout cela depuis le début. Car c'est cette histoire qu'il nous faut raconter.

# 1

# Le malaise conservateur occidental

> C'est seulement vers le milieu du XXᵉ siècle que les habitants de nombreux pays d'Europe ont été amenés, de façon généralement désagréable, à constater que leur sort pouvait être directement influencé par des livres de philosophie traitant de sujets abscons et quasi impénétrables.
>
> CZELAW MILOSZ, *La pensée captive*

Au printemps 2007, le « malaise français », une formule qui revenait en boucle depuis une quinzaine d'années, s'est cristallisé pour quelques mois dans la campagne présidentielle[1]. Nicolas Sarkozy, qui s'était alors fait connaître pour ses positions plus libérales que conservatrices[2], se convertissait, sous les conseils de Patrick Buisson et par la plume d'Henri Guaino, à une rhétorique qu'on ne lui connaissait pas et depuis un moment proscrite dans l'espace politique[3]. Au centre du discours de campagne, le thème de l'identité française se présentait comme une « transgression forte » des tabous associés à la question nationale depuis la fin des années 1980[4]. Selon Sarkozy et ses conseillers, il fallait désormais reformuler un discours national susceptible d'interpeller les couches populaires qui n'avaient jamais cessé de valoriser la patrie. Il allait jusqu'à proposer la création d'un ministère de l'Immigration et de l'Identité nationale, associant par là deux thématiques que l'idéologie dominante avait tenu longtemps à séparer. Le thème de l'identité française était le versant « positif » d'une campagne centrée sur la révocation de l'héritage de mai 1968, auquel Nicolas Sarkozy s'en prit à plusieurs reprises, notamment dans son discours de Bercy entre les deux tours qui marquait le point culminant de sa rhétorique de campagne, en l'associant à une dynamique de déclin entraînant la France dans une spirale régressive :

> Écoutez-les, les héritiers de mai 1968 qui cultivent la repentance, qui font l'apologie du communautarisme, qui dénigrent l'identité nationale, qui attisent la haine de la famille, de la société, de l'État, de la nation, de la République. Dans cette élection il s'agit de savoir si l'héritage de mai 1968 doit être perpétué ou s'il doit être liquidé une bonne fois pour toutes. Je veux tourner la page de mai 1968.

Après une tirade où il décrivait les effets négatifs de mai 1968 sur les valeurs associées à la France traditionnelle, comme le travail, la famille, l'effort, l'excellence, la morale, la nation, il se prononçait pour leur renaissance. La France souffrirait, et cette souffrance en pousserait plusieurs vers une protestation véhémente. Pour regagner les électeurs passés au Front national, il fallait reconnaître quels sentiments les y avait poussés. Le mot n'y était pas, ce qui n'occultait pas la chose pour autant : Nicolas Sarkozy menait une campagne *conservatrice* – depuis, le terme s'est imposé chez les intellectuels classés à droite, même s'il demeure fondamentalement étranger au vocabulaire politique français[5]. Depuis Giscard, la droite contestait à la gauche la référence à la modernité, elle se voulait toujours à l'avant-garde du progrès. Or, le discours de campagne de Sarkozy utilisait un vocabulaire de la transgression qui avait pour fonction d'envoyer un signal positif aux classes populaires[6]. Le langage technocratique entretiendrait un sentiment d'impuissance nationale en technicisant à outrance les problèmes politiques. La situation était grave. Mai 1968 aurait disqualifié le politique et l'État à travers lequel il est mis en forme. La mauvaise conscience générée par ce que Nicolas Sarkozy assimilait à l'inversion des valeurs mènerait le pays à l'impuissance. Selon son principal protagoniste, la campagne de 2007 étant contemporaine d'une « crise morale, avec une crise d'identité comme la France n'en a peut-être jamais connu de telle dans son histoire, sauf peut-être au temps de Jeanne d'Arc et du traité de Troyes, quand la conscience nationale était encore si fragile ». Le moment était historique. Il ne proposait pas seulement un changement de gouvernement mais bien d'époque.

En 2007, une digue sautait. Le discours de Nicolas Sarkozy relevait peut-être du calcul électoral, comme l'ont relevé ceux qui, sur sa gauche et sur sa droite, l'accusèrent d'instrumentaliser le malaise français. C'était à la fois le reproche de Ségolène Royal et de Philippe de Villiers. L'une à gauche, l'autre à la droite de la droite, ils firent le procès d'une comédie menée par un personnage sans épaisseur intellectuelle. On ne leur donnera pas nécessairement tort dans la mesure où Nicolas Sarkozy, s'il s'est fait élire par son ouverture à droite, s'est d'abord résolu à gouverner par l'ouverture à gauche avant de se perdre dans une gestion un peu chaotique du pays et d'être battu en 2012. C'est seulement à ce moment qu'il tenta de renouer avec le conservatisme transgressif de 2007, mais c'était trop peu trop tard, même si ce dernier coup de barre lui permit de redresser partiellement sa campagne. Pourtant, la grande mutation d'un pays de plus en plus déterminé par ce qu'on appellera la question identitaire était enclenchée. On ne saurait y voir, toutefois, qu'un simple coup de génie de marketing politique, qui aurait enfumé politiquement les Français. Il n'en demeure pas moins qu'une telle stratégie était la conséquence d'une observation des préoccupations de fond de grands pans de l'électorat – ce discours aurait-il relevé de la seule stratégie qu'il faudrait néanmoins convenir qu'une bonne campagne présuppose toujours une bonne sociologie, attentive aux courants idéologiques et aux sensibilités culturelles – le grand stratège n'est pas un démiurge.

Ceux qui connaissent la politique française auront reconnu dans le discours de Nicolas Sarkozy en 2007 des thèmes développés depuis plusieurs années par certains intellectuels qui avaient repéré l'existence d'une majorité populaire susceptible de se constituer électoralement à l'appel de celui qui saurait politiser un malaise conservateur. Tout laissait croire à une rupture de plus en plus nette entre une portion significative de ce qu'on nomme les élites et une frange majoritaire du corps électoral[7]. Autrement dit, il était possible de faire du malaise conservateur des classes moyennes et populaires le carburant d'un nouveau projet « de droite ». Identité nationale, conservatisme, volontarisme : il y avait là les éléments d'une équation politique optimale. La « pensée anti-68 », pour reprendre la formule de Serge Audier, n'est pas d'hier[8]. En fait, cela fait très longtemps que les vaincus des sixties aspirent à renverser le cours d'une histoire qu'ils ont toujours cru détournée. « Catharsis pour un changement d'époque », dira Jean-Pierre Le Goff, en assimilant le discours anti-soixante-huitard du candidat de l'UMP à celui d'une « droite réactionnaire et revancharde ». Il n'est pas certain que de telles formules soient adéquates pour décrire le positionnement électoral de Nicolas Sarkozy dans son parcours vers l'Élysée[9]. Le Goff n'en reconnaissait pas moins dans le discours du candidat de la droite les griefs depuis longtemps formulés par un certain conservatisme qui aura porté sur la modernisation sociale et culturelle du dernier demi-siècle un jugement *globalement négatif*.

Au-delà du pittoresque de la politique française, de son faste, de sa pompe, de ses légendes, de ses

allures monarchiques et surtout, en 2007, de la concurrence pour la suprême fonction de la République entre
séduisants quinquagénaires des deux sexes, tous
sentaient qu'une querelle plus grande s'y jouait. La
France servait ici de miroir grossissant pour comprendre une mutation dans la politique occidentale appelée à se radicaliser d'une élection à l'autre, comme
l'élection présidentielle de 2012 l'a confirmé, comme
les nombreux débats qui dominent la vie publique en
témoignent aussi. On parle depuis d'une *droitisation*
de la société, manière comme une autre d'évoquer à la
fois l'émergence de thèmes conservateurs dans la vie
politique et l'importance qui leur est accordée par les
classes populaires. Le terme est rarement présenté
positivement, en plus d'être terriblement imprécis. Il
est néanmoins évocateur. C'est le bilan d'une époque
qui s'est mené. Un bilan qui n'était plus réservé aux
radicaux ou aux marginaux. Un grand conflit longtemps occulté prenait forme et parvenait à structurer
le débat public, à en transformer les termes pour le
déprendre des discussions techniciennes dans lesquelles il s'était trop souvent empêtré. Et à l'origine
de ce conservatisme, il y a un diagnostic sur la santé
des sociétés occidentales : les institutions les plus fondamentales auraient été compromises par les *radical
sixties*. On peut parler plus généralement du *malaise
politique conservateur* des sociétés occidentales, qui correspond surtout au sentiment d'une fragmentation
trop profonde de la nation, qui va jusqu'à compromet-
tre son existence. On cherche à comprendre la muta-

tion des repères identitaires, culturels et politiques. Personne n'en doute : les années 1960 ont généré de nouvelles lignes de fractures politiques et sociologiques. Cette révolution a fait des vainqueurs et des vaincus et le nouvel ordre qui a pris forme n'est pas tendre pour les seconds. Un nouveau régime est sorti de cette révolution, et il fait ce qu'il faut pour disqualifier ses ennemis.

Il ne manque pas de chroniqueurs de ce déclin qui décrivent l'avènement d'une société dénationalisée, vidée de traditions et confuse dans son rapport à l'autorité, où l'école ne transmettrait ni la culture, ni la connaissance pour diffuser plutôt le relativisme et la haine de soi, où la famille se fragmente même si une certaine sociologie se contente d'enregistrer la multiplication des modèles familiaux, où les sexes perdent leurs repères et courent vers l'indifférenciation, où le mouvement démographique accélère une immigration difficilement assimilable sur le plan culturel et économique, où l'esthétique de la transgression dénature l'expérience artistique, où la souveraineté est confisquée par un dispositif techno juridique qui désinvestit la démocratie de toute signification véritable. Une société, finalement, qui livrerait l'homme à lui-même, qui en ferait une espèce appauvrie, à l'âme désarmée. On se désole du *suicide français*, on pleure une *identité malheureuse*. Les événements politiques, d'un pays à l'autre, ont aussi fait éclater le récit de la mondialisation heureuse, où les cultures s'interpénétreraient paisiblement, sous le signe de l'ouverture à l'autre. La France a été la scène malheureusement choisie de ce retour du tragique, avec les attentats de janvier et novembre 2015, qui ont signé pour plusieurs le constat de décès de l'utopie multiculturelle. Alain Finkielkraut s'est même plu à retourner la formule de Fukuyama : ce serait aujourd'hui « la fin de la fin de l'histoire[10]. » Des événements trop longtemps considérés comme des faits divers, qu'on refusait de penser politiquement, surgissent désormais dans la conscience collective. Les citoyens sont habités, d'une manière ou d'une autre, par le sentiment de la fin d'un monde – reste à savoir dans quelle mesure ils croient à une possible renaissance. Chose certaine, nos sociétés sont hantées par la possibilité de leur déclin et même de leur décadence[11]. Un déclin particulièrement ressenti par les classes populaires et qui les amènerait à accueillir favorablement ceux qui en appellent à un redressement collectif. Un déclin si manifeste qu'il aura amené Walter Laqueur, dans un ouvrage testamentaire, à se désoler des « derniers jours » de la civilisation européenne[12].

## LE MAI 1968 DES CONSERVATEURS (1968-1980)

Si Nicolas Sarkozy a réactualisé les thèmes de l'anti-Mai 68, il ne les a pas inventés. Il suffit de revenir sur la scène des événements pour s'en convaincre. Malgré la légende de la commune étudiante qui présente la société française au seuil du renversement, c'est la manifestation populaire contre la « chienlit », selon l'expression du général de Gaulle, qui fut la plus massive lors des événements de mai – un nombre incroyablement élevé de Français remonta les Champs-Élysées pour soutenir le retour à l'ordre, cette poussée populaire annonçant la vague électorale qui reportera une majorité gaulliste à l'Assemblée nationale au terme des événements. Aux États-Unis, la chose est aussi vraie. On sait que Richard Nixon est parvenu à constituer une majorité électorale en 1968 – une majorité jusque-là silencieuse, selon une célèbre formule – en politisant la dissidence culturelle contre le climat contestataire des années 1960 et cela plus encore en 1972, ce qu'on ne lui pardonnera jamais[13]. Raymond Aron remarquera une décennie après les événements, que « parmi les intellectuels et dans les classes supérieures, c'est la survivance des tabous que l'on dénonce le plus volontiers ; dans les classes moyennes et même dans la classe ouvrière, c'est plutôt la libéralisation ouverte et agressive qui susciterait la réprobation[14] ». Ce sont les classes populaires qui réagiront le plus vivement aux sixties en se mobilisant dans un « populisme droitier » contre le progressisme affiché de la jeunesse militante[15].

Dans la classe politique conservatrice, le sentiment devant mai 1968 relèvera d'une conjugaison du mépris et de l'effroi. Jacques Foccart, longtemps un des proches conseillers du général, rapporte que devant les événements, ce dernier avait le sentiment d'une jeunesse idéologiquement intoxiquée passée par une université où l'on cultivait désormais des idées et des sentiments que l'on associera au gauchisme[16]. Alain Peyrefitte a révélé que le Général fut sévère envers ses ministres qui prirent le parti du compromis et du dialogue avec les étudiants. Pour de Gaulle, il s'agissait d'une « émeute insurrectionnelle »[17] même s'il confessait ne pas comprendre ce que représentaient ceux qu'il appelait lui aussi les « hippies ». Il envisageait une solution militaire, si nécessaire, en précisant à Peyrefitte que « si ça ne suffit pas, vous tirez dans les jambes[18] ». Plusieurs figures du gaullisme ressentirent la même chose, parmi ceux-là Maurice Druon pour qui mai 1968 représentait le surgissement dans la cité d'une pulsion nihiliste, anarchique, entretenue par l'intelligentsia universitaire et dénonçait « les philosophies les plus subtiles, les plus avancées, les plus compliquées, [qui] finissent par se réduire, sur le terrain social, à un mot d'ordre aussi simple que "démolir pour reconstruire"[19] ». Il y aurait là un nihilisme antérieur à toutes ses rationalisations théoriques. Druon opposait à cette révolte une fin de non-recevoir :

> Le progrès ne se recherche pas dans la mort. Le progrès s'accomplit à partir de ce que l'on a, par défense et meilleure organisation de la vie. Détruire le créé, ce qui paraît le dessin de cette agitation anarchisante, suppose la folle vanité de croire que l'homme, d'un jour à l'autre, peut se faire son propre démiurge. L'homme n'est pas le créateur de la vie ; il en est l'administrateur. L'homme est améliorable, mais certainement pas par le suicide[20].

Georges Pompidou, dans *Le nœud gordien*, ira aussi en ce sens avec encore plus de sévérité[21]. Chez les insurgés, Pompidou ne reconnaîtra rien d'autre qu'une fureur destructrice que la « sociologie » permettait de théoriser en y donnant une apparence de raison. « Ne croyant à rien, dégagés de tous les liens traditionnels, ayant renié Dieu, la famille, la patrie, la morale, feignant d'avoir une conscience de classe tout en sachant parfaitement qu'ils n'étaient pas des travailleurs, encore moins des prolétaires, mais des désoccupés sans vocation et par suite sans espoir, ils ne pouvaient que se tourner vers la négation, le refus, la destruction[22] ». Il ne masquait pas son mépris des contestataires lorsqu'il parlait des « meneurs gras et bien nourris » et d'un « certain nombre de jeunes filles du monde qui dénouaient précipitamment les chignons d'Alexandre et revêtaient des blue-jeans crasseux pour aller jouer aux barricades[23] ». Il ne fallait pourtant pas tourner cette révolte en ridicule, dans la mesure où elle était symptomatique d'une « sorte d'ébranlement intérieur », qui correspondrait à la « mise en cause [de la civilisation][24] ». Maurice Druon, encore lui, saisira cet état d'esprit « destructeur ». « Jamais on ne vit héritiers si avides, si pressés de saisir l'héritage. Et pour en quoi faire ? Pour le piétiner, pour l'incendier ». Il résumera le tout dans un propos surplombant les mouvements contestataires à la grandeur de l'Occident : « Les motifs proclamés de ces soulèvements variaient à l'extrême selon les lieux, mais partout, la révolte éclatait dans les capitales pour y attaquer un même ennemi : le pouvoir établi. Nous le savions. [25] »

À l'époque, on se demandait aussi si le « communisme international », ses organisateurs et ses militants, n'avait pas son rôle à jouer dans les événements qui se déroulaient partout en Occident. Dans ses *Mémoires*, Michel Debré, revient sur son état d'esprit au moment des événements : « Malgré ce qu'on me dit, je ne peux croire qu'il n'y a pas derrière ces agitations une manipulation politique, c'est-à-dire une volonté de certains groupes ou groupuscules d'affaiblir le gouvernement et l'État [26]. » On sait aujourd'hui qu'une telle explication des événements ne tenait pas la route et qu'elle situait abusivement la contestation dans le schéma classique de l'anticommunisme avec son attention portée à ce qu'il croyait être des techniques de subversion [27]. Mais à travers cette référence au communisme, plusieurs cherchaient à nommer un certain climat de contestation qui s'était installé dans les milieux intellectuels depuis les lendemains de la deuxième guerre et qui faisait de la Révolution l'alpha et l'oméga de la réflexion. Si le Parti communiste n'était pas coupable – il sera lui-même débordé par le gauchisme qui réanimera sur sa gauche l'utopie révolutionnaire – c'est néanmoins à partir de la matrice philosophique de la gauche radicale que le progressisme entreprendra sa réinvention stratégique avec une hypercritique de l'Occident. Les sciences sociales idéologisées y jouèrent un rôle important, dans la mesure où elles normalisèrent chez les élites intellectuelles et technocratiques un procès de l'ordre établi dont il fallait désormais observer les défauts au miroir grossissant[28]. La France serait victime d'une intoxication idéologique : « la maladie est mentale[29]. » Ce dont plusieurs avaient le pressentiment, c'était bien du rejaillissement dans le domaine public du vieux fond utopiste du marxisme, qu'ils assimilaient sans bienveillance à une forme de nihilisme actif. Ce n'est pas seulement une nouvelle idéologie qui poussait, mais peut-être même, une nouvelle civilisation et une nouvelle religion.

L'effroi devant le climat révolutionnaire des années soixante ne fut pas seulement le fait d'une élite politique contestée dans son rôle de gardienne d'un monde et des classes populaires conservatrices. Chez plusieurs intellectuels libéraux, qui affichaient alors une bienveillance critique envers le réformisme social, les événements de Mai suscitèrent une réaction d'effroi. Ils devinèrent qu'au-delà de l'agitation, au-delà des barricades et des manifestations, un retournement se produisait. Ce sera notamment le cas de Raymond Aron. Pourtant, on le sait, de mai 1968, Raymond Aron avait d'abord dit qu'il s'agissait d'un « psychodrame », d'une « révolution introuvable » qui relèverait surtout du carnaval étudiant. La France s'ennuie, écrivait Beuve-Méry dans *Le Monde* le 15 mars 1968. Elle s'amuse, tendait à répondre Aron. Sans les communistes en lutte pour la prise du pouvoir, comment pouvait-on sérieusement parler de Révolution ? Jusqu'où pouvait aller

« la récupération libérale des revendications liber-
taires », se questionnait Aron, sans nécessairement
révoquer à ce moment tout l'apport critique de la
« nouvelle gauche », qu'il souhaitait capable de revitaliser de l'intérieur les sociétés libérales [30]. Aron, au fil
d'une décennie qui le conduira à la rédaction de son
*Plaidoyer pour l'Europe décadente*, changera d'opinion
sur mai 1968. Dès 1969, il reprenait son analyse des
événements pour exprimer son malaise devant l'émergence d'une nouvelle gauche. Aron reconnaissait la
dimension culturelle de la dynamique idéologique
des années soixante-dix en disant des convulsions
des sociétés occidentales qu'elles étaient le fait de
« troubles moraux plus encore que sociaux [31] ». Non
seulement disait-il avoir ressenti une « indignation »
« dépass [ant] toutes les indignations éprouvées dans
[son] existence [32] » mais il avouait être blessé devant
« la négation radicale de la patrie, le nom de Che
Guevara substitué à celui d'un héros de la Résistance [33] ». « Négation radicale de la patrie » : la formule, qui tranche avec sa prose sobre, entre au cœur
de la sensibilité conservatrice qui se diffusera à
partir de ces années. Dès ce moment, il rappellera
que « l'ordre libéral, on l'oublie trop souvent, repose
sur le respect de la loi et des autorités respectables » et
avouait sa crainte non pas d'un bouleversement révolutionnaire mais d'une « décomposition diffuse de
l'ordre libéral » ainsi que la compromission « de certaines valeurs précaires et précieuses, plus faciles à
détruire qu'à reconstituer [34] ». Quelques années plus

tard, Raymond Aron ira encore plus loin en admettant que les institutions mises en procès par la génération 68 entraient effectivement en déliquescence. Il empruntait même à Malraux sa formule, quitte à en atténuer la portée : mai 1968 aurait représenté une crise de civilisation. « L'effondrement de l'autorité n'est-elle pas la vraie et seule "crise de civilisation"[35] ? » D'ailleurs, le titre de l'ouvrage ne manquait pas de dévoiler son sentiment : l'Europe serait entraînée sur la pente de la décadence. Aron, qui n'ignorait pas à quel point le concept de décadence était chargé et sujet à de nombreuses polémiques, n'hésitait pas à écrire qu'en « un sens du mot, la décadence de l'Europe occidentale ne prête pas au doute[36] ». C'est un fait qu'au fil du XXe siècle, surtout dans sa deuxième moitié, le sentiment d'un affaissement occidental s'est diffusé, avec « l'effondrement de l'autorité » entraînée par le découragement d'une élite ne croyant plus « à son droit de commander[37] ».

Cette analyse, Aron n'était pas le seul à la faire. À l'école du libéralisme de Raymond Aron se développera un néoconservatisme à la française – c'est-à-dire, un libéralisme conscient des fondements conservateurs de l'ordre libéral. On l'oublie souvent mais à sa droite, notamment dans les pages de la revue *Contrepoint*, se développait une analyse très critique de la contre-culture[38]. Selon la sociologie conservatrice, les sociétés occidentales allaient progressivement intérioriser la critique du radicalisme et se reconnaître dans le portrait déformant qu'en faisaient leurs adversaires les plus résolus. On critiquera « l'inversion du consensus » dans les sociétés occidentales, symptôme d'une « intoxication » de la culture par la philosophie progressiste. Les institutions avaient traditionnellement pour fonction de refouler dans les domaines de l'existence des pulsions que la psychanalyse aura l'idée de libérer sans se rendre compte que mises en philosophie, elles transformeraient la société en dissociété. Jacques Ellul, penseur absolument singulier et totalement inclassable, dans un ouvrage choc, *Trahison de l'Occident*, s'en prenait à certains intellectuels qui, depuis leurs premières armes dans l'anticolonialisme, avaient cultivé une hypercritique de l'Occident au point de le pousser à aimer tout ce qui entrerait en contradiction avec lui. « De [sa culpabilité historique] l'homme occidental commence à être bien convaincu. Et du moins dans la Gauche, du moins parmi les intellectuels, parmi les spirituels, naît de cette "prise de conscience" un puissant sentiment de culpabilité, un remords affreux. » Ellul devinait la conséquence d'un tel sentiment, d'une telle posture : « nous devenons les iconoclastes de tout ce qui fut l'Occident. Tout fut mauvais, et il faut tout détruire[39] ». La démocratie occidentale cultiverait exagérément son sens du remords, ce qui la pousserait à plaider coupable devant les procureurs lui reprochant son imperfection[40]. Certains, comme Julien Freund, dans ses écrits tardifs, déploieront cette critique sur le registre d'un procès de la décadence, en en recensant les signes les plus visibles.

Il y a, malgré une énergie apparente, comme un affadissement de la volonté des populations de l'Europe. Cet amollissement se manifeste dans les domaines les plus divers, par exemple la facilité avec laquelle les Européens acceptent de se culpabiliser, ou bien l'abandon à une jouissance immédiate et capricieuse, ou bien le renoncement à certains emplois qu'on abandonne aux travailleurs immigrés, ou encore les justifications d'une violence terroriste, quand certains intellectuels ne l'approuvent pas directement. Les Européens seraient-ils même encore capables de mener une guerre[41] ?

### LA DÉMOCRATIE CONTRE ELLE-MÊME
### OU L'HISTOIRE NATURELLE DE L'ÉGALITÉ :
### LE RETOUR À TOCQUEVILLE

Si ce diagnostic plus que sévère sur les années 1968 s'est approfondi dans la pensée américaine et, principalement, dans une mouvance conservatrice qu'on aurait tort de réduire à sa caricature, et qui s'est résolu à combattre l'héritage des *radical sixties*, en France, il ne traversera pas vraiment les années 1980. Non pas qu'on se soit soudainement résolu à chanter joyeusement les débuts d'un temps nouveau. Mais là où on avait bien mal reçu les sixties, on passera de la « contre-révolution », si l'on peut dire, à la résignation, devant un mouvement historique décrété incontrôlable – nous serions devant *le sens de l'histoire*, on ne pourrait rien faire contre lui, sinon s'y résigner et s'y adapter. En fait, c'est une autre école d'interprétation historique qui prendra le relais. La plupart des constats critiques envers les *radical sixties* migrèrent de la droite conservatrice vers une forme de sociologie républicaine « de gauche ». On changera aussi de perspective : il faudrait moins combattre le nouveau monde que chercher à s'y accommoder, puisque tel serait le nouveau visage de la démocratie. Le conservatisme de combat cédera le pas au libéralisme sceptique. La plupart des constats conservateurs furent récupérés à partir des années 1980, mais pour s'investir dans une sociologie historique et politique, qui proposait un nouveau cadre général d'explication de la métamorphose des sociétés occidentales, en centrant l'analyse sur les transformations de la dynamique démocratique, telle que l'aurait d'abord analysée Alexis de Tocqueville. C'est bien par ce que Pierre Manent a nommé un « mouvement de redécouverte de la pensée de Tocqueville » que la sociologie et la philosophie politique françaises ont entrepris un retour critique sur le XXᵉ siècle et ses nombreux visages[42]. C'est en réintégrant les constats critiques envers mai 1968 dans une histoire naturelle de la démocratie, ou si on préfère, sur la démocratie comme processus historique, qu'elle s'est questionnée sur les *radical sixties* en les assimilant, somme toute, à une radicalisation du processus démocratique au cœur de la modernité.

On le sait, pour Tocqueville, la démocratie était moins un régime politique qu'un processus historique. Certes, la dynamique de l'égalitarisme per-

mettrait de flexibiliser les rapports sociaux, de déconstruire certaines hiérarchies illégitimes, mais elle
risquait aussi d'acclimater les sociétés qu'elle convertissait à une malheureuse servitude. À la figure du
tyran se substituerait celle du tuteur : l'asservissement
serait plus doux, mais la conséquence serait la
même. La démocratie risquerait d'apprendre aux
hommes à ne plus aimer la liberté[43]. On connaît
sa prophétie sur les temps démocratiques, contenue
dans les dernières pages de son ouvrage *De la démocratie en Amérique* :

> Je veux imaginer sous quels traits nouveaux le des-
> potisme pourrait se produire dans le monde : je vois
> une foule innombrable d'hommes semblables et égaux
> qui tournent sans repos sur eux-mêmes pour se procu-
> rer de petits et vulgaires plaisirs, dont ils emplissent
> leur âme. Chacun d'eux, retiré à l'écart, est comme
> étranger à la destinée de tous les autres : ses enfants
> et ses amis particuliers forment pour lui toute l'espèce
> humaine ; quant au demeurant de ses concitoyens, il est
> à côté d'eux, mais il ne les voit pas ; il les touche et ne les
> sent point ; il n'existe qu'en lui-même et pour lui seul, et
> s'il lui reste encore une famille, on peut dire du moins
> qu'il n'a plus de patrie. Au-dessus de ceux-là s'élève un
> pouvoir immense et tutélaire, qui se charge seul d'as-
> surer leur jouissance et de veiller sur leur sort. Il est
> absolu, détaillé, régulier, prévoyant et doux. Il ressem-
> blerait à la puissance paternelle si, comme elle, il avait
> pour objet de préparer les hommes à l'âge viril ; mais il
> ne cherche, au contraire, qu'à les fixer irrévocablement

dans l'enfance ; il aime que les citoyens se réjouissent, pourvu qu'ils ne songent qu'à se réjouir. Il travaille volontiers à leur bonheur ; mais il veut en être l'unique agent et le seul arbitre ; il pourvoit à leur sécurité, prévoit et assure leurs besoins, facilite leurs plaisirs, conduit leurs principales affaires, dirige leur industrie, règle leurs successions, divise leurs héritages ; que ne peut-il leur ôter entièrement le trouble de penser et la peine de vivre [44] ?

Tocqueville permettrait de penser les deux visages de la démocratie, sa face éclairée, sa face sombre. Il avait les vertus d'une potion apaisante. Ceux qui traversaient son œuvre apprenaient les vertus d'un libéralisme sceptique envers les promesses du politique et plus encore, envers celles de l'égalité, qu'il fallait apprendre à contenir, sans la nier ni basculer dans la réaction. Tocqueville était un observateur contemporain des premiers moments de la dynamique égalitaire moderne (ou si on préfère, de sa première accélération), il avait aussi jeté un regard sur la démocratie dans son berceau américain, ceux qui le relisaient entendaient refaire le parcours d'une époque pour comprendre comment le long XIXe siècle puis le court XXe siècle n'en faisaient qu'un. Il fallait désormais prendre les mauvais présages de Tocqueville au sérieux en montrant comment la démocratie sans limites pouvait sécréter une passion mortifère, le démocratisme. Pour cela, le libéralisme français sera un libéralisme déprimé, plus défensif qu'offensif, ironisant sur l'époque sans pour autant chercher à la renverser[45]. Il reformulera ainsi la mise en garde tocquevilienne : se pourrait-il que la démocratie se retourne contre elle-même ? Se pourrait-il que le démocratisme ait enclenché une nouvelle dynamique historique qui diffuserait le virus d'un égalitarisme morbide dévorant les fondements de l'ordre social ? Revenant sur mai 1968, Alain Besançon fournira une interprétation tout à fait tocquevilienne :

> [L]e fait déterminant est la chute de l'autorité. Principalement de l'autorité qui s'exerce de personne à personne. Celle du professeur sur l'élève, du patron sur l'employé, du médecin sur le malade, de l'évêque sur le prêtre, du mari sur la femme, du père sur l'enfant. [...] La démocratie cantonnée jusque-là dans l'ordre politique déborde et s'étend à toutes les relations qui structuraient la société par le principe d'autorité.

Mai 1968 aurait hérité de la dynamique égalitaire de la Révolution française et l'aurait actualisée en l'appliquant aux relations sociales. Besançon dira de mai 1968 qu'il s'agit certainement de « l'événement le plus important depuis la Révolution américaine et française[46] ». La démocratie providentielle, écrira Dominique Schnapper en reprenant ce constat, étendrait son empire sans qu'il ne soit sérieusement envisagé de la contenir, encore moins de reprendre contre elle le terrain perdu :

La démocratie providentielle tend à refuser toutes les limites. L'inclusion politique devrait s'étendre toujours plus largement ; l'aspiration à une vie plus longue et à des conditions de vie meilleures ne devrait pas connaître de bornes ni la reconnaissance publique de la dignité des individus et des groupes. [...]. Qu'il s'agisse des droits politiques ou des droits au bien-être matériel et moral, l'utopie démocratique entretient des aspirations qui ne peuvent être pleinement satisfaites[47].

C'est aussi dans cette perspective que François Furet écrira, au moment de conclure *Le passé d'une illusion* que « la démocratie fabrique par sa seule existence le besoin d'un monde postérieur à la bourgeoisie et au Capital, où pourrait s'épanouir une véritable communauté humaine. [...] La fin du monde soviétique ne change rien à la demande démocratique d'une autre société[48] ». L'utopisme serait consubstantiel à l'existence moderne et toujours le besoin d'un autre monde possible surgirait des profondeurs de la société. Le principe démocratique prendrait toujours en défaut les institutions censées l'incarner. Si on suit le raisonnement de Furet, la démocratie libérale, parce qu'elle ne se situerait pas sur le registre de l'utopie d'une « véritable communauté humaine », trahirait secrètement l'idéal démocratique, elle serait constituée sur une faille idéologique et existentielle par laquelle surgirait régulièrement et nécessairement le désir d'une « autre société », qui, elle, tiendrait la promesse de l'égalité réelle parce qu'aspirant à un monde pleinement réconcilié avec l'idéal de la transparence égalitaire.

Ce « retour à Tocqueville » consacrait donc une migration théorique. De l'ardeur au dépit, de la contre-révolution à la résignation, c'est une posture qui se déploie par rapport à la révolution 68. C'est Marcel Gauchet dans une œuvre aussi puissante que pénétrante, qui développera de la manière la plus systématique l'hypothèse d'un retournement de la démocratie contre elle-même, à travers une réflexion sur les droits de l'homme et leur prétention à reconstruire l'ensemble des interactions sociales. Comme il le rappelle,

> [l]e génie de Tocqueville avait été de comprendre, dans les années 1830, que la démocratie, loin de se réduire à un régime selon les typologies anciennes, correspondait à un état social. [...] Il avait su identifier, grâce au laboratoire de la jeune République américaine, la force irrésistible de ce fait séminal capable d'engendrer un monde, « l'égalité de conditions » [49].

C'est à cette lumière théorique qu'il analysera la crise des années 1960-1970. Marcel Gauchet reconnaît l'ampleur de la révolution idéologique des dernières décennies, lorsqu'il parle de la « réorientation [...] mystérieuse de la marche de nos sociétés à partir des années 1970 [50] » et de « la survenue d'une phase de la modernité manifestement différente des précédentes depuis les années 1970 [51] ».

La question posée par Gauchet peut se formuler aisément : la démocratie radicalisée, pour ne pas dire la démocratie radicale, entendue comme déploiement d'un égalitarisme social, culturel, identitaire ne rendrait-elle pas la collectivité méconnaissable, incapable de se reconnaître un destin, d'agir dans l'histoire, d'assurer la préservation de la société en tant que réalité historique ? Pour les néo-tocqueviliens, la démocratie se contredirait en s'accomplissant, elle s'annihilerait en se radicalisant. Une égalité sans limites déstructurerait les sociétés occidentales en les évidant de leur substance historique pour les soumettre à l'idéalisme d'une transparence égalitaire contradictoire avec les exigences de la condition historique. Les droits de l'homme, revisités par la deuxième gauche et la sensibilité contestataire, seraient ceux d'un individu « antiautoritaire », « anti-institutionnel », « égotiste » et « hédoniste [52] ». La figure de l'individu se substituerait à celle du citoyen. Alors que Tocqueville s'inquiétait d'une démocratie qui acclimaterait les sociétés humaines à une nouvelle tyrannie, Gauchet se demande quant à lui si le progrès de l'égalité, qu'on assimile aujourd'hui à la reconnaissance de la différence, n'entraînera pas fatalement l'épuisement de la société, désormais condamnée au morcellement, et cela, en aggravant le sentiment d'une fragmentation de la collectivité et nécessairement d'une pesante impuissance politique. La démocratie se retournerait contre elle-même en se figeant dans une définition expansionniste. « Pis, elle érode ses

bases de fait au nom de ses fondements de droit[53] ».
Gauchet ajoutera : « La démocratie des fondements
est une démocratie sans consistance politique[54]. »
Comme il l'écrit, « le sol se dérobe en même temps
que le mécanisme interne se dérègle[55] ». Et encore,
« la consécration des droits de chacun débouche sur
la dépossession de tous. Un pas plus loin, [la démo-
cratie] en arrive, sur sa lancée, à se retourner contre
les communautés historiques où il lui revient de
s'incarner[56] ».

Si ce mouvement d'égalisation radicale des conditions sociales était contenu dans l'idée démocratique,
on pouvait difficilement l'anticiper, apparemment, le
mouvement de l'égalité agissant dans les profondeurs, sous le sonar sociologique, à la manière d'une
loi historique déployant ses effets avec ou sans la
volonté des acteurs sociaux. Pourtant, l'idée démocratique se serait emballée, elle ne se serait pas reniée :

> D'un bout à l'autre, il s'agit d'une seule et même chose :
> de déchiffrer et de comprendre les déconcertants visages
> de la démocratie nouvelle qui s'installe, triomphante,
> exclusiviste, doctrinaire, autodestructrice. [...] Nous
> l'avons vue rallier, au-dedans, les contradicteurs qu'on
> pensait les plus réfractaires. Et nous l'avons vue, au milieu
> de cette victoire intellectuelle et morale totale, perdre ses
> couleurs, se vider de sa substance, s'oublier dans un acti-
> visme où elle se nie en voulant se parachever[57].

Pourtant, nous demeurerions dans une histoire
interne de l'idée démocratique. Ainsi, le retournement

de « la démocratie contre elle-même » correspondrait à sa logique intime. Vision fataliste, voire tragique, Gauchet allant même jusqu'à parler d'une « radicalisation fondamentaliste et universaliste de l'idée démocratique[58] ». La démocratie se retournant contre elle-même ne serait pas pour autant une démocratie dévoyée. Nous serions devant un processus mal maîtrisé que les hommes devraient accepter avec mélancolie, sans pour autant entretenir l'illusion d'un détournement de l'histoire dans une direction neuve. Tout serait déjà écrit, et nul ne devrait entretenir d'illusions à propos d'un éventuel retour au monde d'hier.

## FIN DE L'HISTOIRE, FIN DES IDÉOLOGIES, FIN DU POLITIQUE : VERS LA GUERRE CULTURELLE

Cette histoire néo-tocquevilienne de la démocratie n'était pas sans rappeler toutefois la structure plus générale des philosophies de l'histoire héritées du XIXᵉ siècle et plus particulièrement, du marxisme, qui en aura représenté le plein accomplissement comme science du devenir des sociétés. La théorie tocquevilienne de la démocratie répond au moins partiellement à la sociologie de l'émancipation, généralement dominante à gauche, qui veut voir dans l'histoire un long processus d'affranchissement de l'homme, s'arrachant à la condition historique pour fonder une société vraiment nouvelle, dans la mesure où les deux font du déploiement de l'égalitarisme la trame fondamentale de la modernité. Le rapprochement de Tocqueville et de Marx mérite d'être exploré. Avec Marx, on apprenait à lire l'histoire humaine comme une dialectique aspirée par l'idéal d'une société abolissant l'hétéronomie des rapports sociaux. Le grand mythe était celui d'un monde délivré de l'hétéronomie, des institutions, de la distance entre le désir et le réel. Toutefois, on le sait, le marxisme a accouché de bien des désastres au XXe siècle et par vagues, les intellectuels ont cherché à s'en éloigner. Ainsi, au moment de sortir du temple prolétarien, plusieurs hérétiques du marxisme ne renoncèrent pas à l'interprétation de l'histoire sous le signe de l'égalitarisme démocratique : ils se contentèrent souvent de connoter négativement ce qu'ils connotaient auparavant positivement. Ils conservèrent néanmoins la même théologie historique, et leur sociologie avait tous les traits d'une philosophie de l'histoire, celle de Tocqueville, qui héritée elle aussi du XIXe siècle, permettait encore une fois d'écrire l'histoire humaine à partir de la matrice égalitaire, mais cette fois, à la lumière du scepticisme libéral. Autrement dit, de Marx à Tocqueville, c'est à peu près la même histoire de la modernité qui s'écrit, le paradis en moins. Une modernité traversée par une dynamique historique inéluctable, par le « fait démocratique », à partir duquel se recomposeraient nécessairement les sociétés occidentales. L'histoire de la modernité, qu'elle soit positivement connotée, chez ceux qui demeurent accrochés à la mystique progressiste, ou qu'elle suscite un peu plus d'inquiétude, chez les néo-tocqueviliens, demeure celle d'un processus historique. On pourrait parler d'une sortie en douceur du marxisme, qui formera sans qu'on ne l'avoue une synthèse avec le libéralisme de Tocqueville – qu'on pense à la doctrine bancale, mais pendant un temps populaire, des nouveaux philosophes qui crurent sauver la révolution d'un marxisme devenu «conservateur», celle d'un Bernard-Henri Lévy en particulier. D'une certaine manière, ceux qui passèrent du maoïsme au droit-de-l'hommisme n'ont cessé de définir la politique comme une activité rédemptrice, faite pour régénérer l'humanité et la délivrer du mal[59].

Sans se perdre dans d'inutiles spéculations biographiques, on pourrait peut-être interpréter ce remplacement de la sociologie de Marx par celle de Tocqueville comme le récit d'une génération qui a cherché à comprendre son propre rapport à l'histoire, à partir de son adhésion précoce au marxisme, qui avait tous les traits d'une religion séculière, jusqu'à ce qu'elle en sorte, sans pour autant consentir à déraper à «droite». Une génération peut-être victime de ses propres illusions et qui les considérant avec quelque gêne, décidera de les faire porter à la société. Il fallait donc un récit pour expliquer ce parcours et celui d'une redécouverte tardive des droits et libertés, présentés depuis les premières heures du marxisme comme autant de garanties juridiques illusoires qui ne devraient pas faire écran sur une liberté pensée à l'aulne de l'émancipation. On racontera alors l'histoire d'une société avec le marxisme dans sa cabine de pilotage mais qui, découvrant les charniers dont il se rendrait coupable, se convertit alors à la philosophie des droits de l'homme. Le socialisme réel conduirait au libéralisme des droits de l'homme, une étape après l'autre. Jacques Beauchemin a raison de dire que la critique marxiste fut prégnante jusqu'aux années 1980 à condition de savoir qu'elle fut prégnante dans les milieux intellectuels seulement, ceux-ci disposant du pouvoir immense de définir la société [60]. Pourtant, les libéraux et les conservateurs n'ont pas attendu de lire Soljenitsyne pour défendre la démocratie libérale, et on pourrait aisément faire l'histoire du xxe siècle comme celui d'une défense par les politiciens prosaïques du cadre institutionnel des sociétés libres contre l'intelligentsia qui voulait le révoquer, que cette dernière penche à gauche ou à droite importe peu [61]. Il suffit d'écrire l'histoire de la démocratie libérale non du point de vue des intellectuels mais de celui des hommes politiques qui se mobilisèrent pour la défendre contre le communisme intérieur et extérieur pour avoir une tout autre perspective.

## LA NOUVELLE QUESTION DU RÉGIME POLITIQUE

En un mot, dans la sociologie contemporaine, rabat-joie et laudateurs de la modernisation sociale et culturelle ont tendance à communier à une même philosophie de l'histoire de l'égalité qui dépolitise l'avènement de la société contemporaine et la neutralise dans une histoire de la modernité assimilable à une histoire naturelle de la démocratie, à observer avec des lunettes roses ou des lunettes noires. À la fois chez les héritiers de Tocqueville et de Marx, à la fois chez les libéraux et les néosocialistes, la démocratie est d'abord vécue, puis pensée, comme un processus historique. La mutation des années 1960 et 1970 n'est plus qu'un moment, qu'on chantera ou dont on se désolera, dans l'histoire de la démocratie. Elle façonne une psychologie politique : chez les progressistes, elle donne une confiance inentamable en l'avenir, chez les conservateurs, elle laisse croire que tout est perdu à l'avance et que si on peut retarder un peu la chute de telle ou telle institution, on ne saurait jamais regagner le terrain perdu, sans devenir franchement réactionnaire, ce que redoutent naturellement ceux qui veulent conserver leur respectabilité politique ou idéologique. Elle vient aussi décréter que toute résistance, en dernière instance, est vaine, car on résistera moins contre un projet politique que contre le déploiement inéluctable d'une civilisation qui inévitablement, prendra ses droits et laissera de côté ceux qui ne savent s'y rallier[62].

Cette théorie englobante de la modernité n'est jamais loin d'une théorie de la fin des idéologies, qui auraient toutes capitulé devant le mouvement démocratique, ou d'une théorisation de la fin de l'histoire, annonçant la fin des contradictions politiques dans les sociétés occidentales et leur prochaine conversion à une humanité administrée, pacifiée. Ce qu'on cherche à neutraliser, en quelque sorte, c'est le politique, qui pourrait infléchir significativement le destin d'une société, en rappelant que les choix d'hier n'ont pas nécessairement à être reconduits aujourd'hui, et pourraient même être abrogés. Daniel Bell, dès les années 1950, pronostiquait la fin des idéologies et la technicité grandissante du débat politique, désormais ramené à une simple mécanique d'ajustement pour des sociétés entraînées dans un mouvement de complexification sans précédent[63]. Nous y serions. Évidemment, Bell n'annonçait pas la neutralisation intégrale du politique : il n'y voyait plus toutefois le principal domaine d'investissement existentiel dans des sociétés sécularisées qui seraient trop complexes pour se laisser aller au dévoiement idéologique. Cette thèse, déclinée au fil des décennies, et de bien des manières, a été exprimée par Francis Fukuyama dans son maître ouvrage annonçant *la fin de l'histoire* et la dissolution des controverses existentielles qui alimentaient depuis toujours la vie politique. Le débat politique passerait désormais du registre du *projet* à celui de *l'adaptation perpétuelle* aux exigences de la modernité[64]. Le sens de l'histoire serait connu, il faudrait simplement en prendre acte et s'y adapter. Pour Fukuyama, il n'y aurait plus de controverses idéologiques significatives, l'histoire arriverait à son terme, non parce qu'aucun événement ne pourrait plus survenir, mais bien parce que ceux-ci ne parviendraient plus à déprendre les sociétés humaines du paradigme d'un accomplissement de l'idéal démocratique.

Cette lecture de l'histoire suscite quand même un immense malaise. À nous raconter le déploiement inéluctable d'une certaine modernité qui vide de leur sens les affrontements politiques, comme s'ils ne comptaient pas vraiment dans une histoire écrite à l'avance, c'est la liberté politique qui ressort mutilée. Cela ne veut pas dire que la philosophie de l'histoire n'a pas sa place dans la réflexion sur le destin des sociétés : elle peut venir après coup, comme d'un éclairage rétrospectif. On aurait tort, toutefois, de se plier à cette forme de pensée de l'inéluctable qui dissout le politique, une pensée qui représente une histoire sur laquelle nous n'aurions aucune emprise. Nous proposons ici une autre interprétation sociologique et historique du malaise démocratique contemporain et de la dynamique idéologico-politique qui l'a en bonne partie généré. Nous entendons revisiter le dernier demi-siècle à la lumière d'une histoire des idéologies, ou plus exactement, en retraçant le déploiement d'une idéologie si dominante aujourd'hui qu'elle est parvenue à s'imposer dans les mentalités et à gommer les nombreuses batailles qu'elle a menées pour triompher, faisant oublier des conflits où tout n'était pas joué d'avance. Raymond Aron écrivait que « les révolutions du XXᵉ siècle ne sont pas prolétariennes, elles sont pensées et conduites par des intellectuels [65] ». On ne comprendra rien au dernier siècle si on en évacue les idéologies, ceux qui les façonnent et les pouvoirs dont elles s'emparent pour reconstruire la société. Une histoire des idéologies, de ce point de vue, est d'abord une histoire du conflit pour définir la légitimité politique et pour savoir laquelle exercera une hégémonie sur la cité. Chose certaine, nous devons nous délivrer du grand récit de l'avènement naturel de la société diversitaire et post-nationale pour en faire une histoire politique, où tout n'est pas déjà écrit à l'avance.

Il faut en revenir à la première impression des témoins conservateurs de mai 1968, qui y reconnaissaient la conséquence d'une culture antisystème qui arrivait à maturation et qui comprenaient que la civilisation dont ils étaient les gardiens était agressée. Georges Pompidou avait eu le sentiment, l'intuition, d'une mutation dans la sensibilité révolutionnaire. «Les événements de Mai ont-ils agi comme révélateurs d'un trouble en profondeur? Est-ce la fin de quelque chose, les dernières fumées d'un volcan qui s'éteint – je veux dire, de l'esprit révolutionnaire de 1848 – mi-Proudhon, mi Marx à la sauce Marcuse? Est-ce le prodrome d'une série d'éruptions nouvelles? C'est ce qu'il convient de se demander pour en tirer les conséquences [66]». Maurice Druon en arrivait à la même conclusion: «qu'on ne s'y trompe pas. Cette crise insurrectionnelle, brève, incohérente parfois jusqu'à la parodie, et par chance fort économique de sang, est l'accident le plus modifiant arrivé à la société française depuis la fin de la guerre [67].» Un accident: le terme n'est pas neutre. Il évoque un événement qui aurait pu être évité, qui a brisé les digues par lesquelles se constitue la civilisation. Autrement dit, un événement moins culturel que politique, à tout le moins, un malaise culturel politiquement ressaisi et sur lequel la gauche idéologique est parvenue à capitaliser. On peut y voir un conseil de méthode : il y a là un moment de l'histoire à ressaisir, un moment à partir duquel une reconfiguration de l'imaginaire politique de la gauche occidentale s'est enclenchée. Il y a là un moment de réalignement idéologique qui s'accomplira sur plusieurs décennies. Nous devons donc nous déprendre du paradigme dominant où se situent la plupart des débats portant sur les causes de l'accélération de l'histoire dans les sociétés occidentales. Nous devons penser la mutation des années 1960, en suivre la trace, en reconnaissant que le grand travail de rénovation idéologique du progressisme à partir de ces années a eu de profondes conséquences sur le destin de l'Occident. La nouvelle gauche qui s'est imposée à partir de cette époque a elle-même suggéré de suivre cette piste, comme on peut le voir avec les travaux d'Alain Touraine. Au centre de ses études sur les nouveaux mouvements sociaux, on retrouvait l'investissement de nouveaux besoins, souvent qualifiés de postmatérialistes, dans le domaine public[68]. L'action politique et sociale ne portait plus exclusivement sur les dimensions matérielles de l'existence, mais sur les orientations culturelles qui définissent l'horizon et les frontières du pensable, du dicible[69]. On retrouve, dès ce moment, l'origine des fameuses questions sociétales qui monopoliseront la vie politique quelques décennies plus tard. De nouvelles idéologies jaillirent de la contre-culture et de l'implosion du marxisme, ce qui entraînera, pour une génération, la dispersion des luttes à travers une myriade de critiques spécialisées, qui parvinrent néanmoins à recomposer un projet politique, qui se déploie aujourd'hui sous le signe de la diversité.

Philippe Raynaud, dans une *Note de la Fondation Saint-Simon*, publiée en 1999, reprise et développée en 2006 dans *L'extrême-gauche plurielle*, prenait acte de la persistance d'un front idéologique ouvert sur le flanc gauche de la démocratie occidentale. Pourtant, Raynaud remarquait que cette tradition de contestation apparaît peu sur les radars sociologiques destinés à éclairer les différentes facettes du monde contemporain, contrairement à la droite « radicale » ou « populiste », dont les frontières sont bien découpées et perpétuellement repoussées, la réalité documentée, les acteurs suivis, pistés et traqués, les avancées ou reculs politiques commentés et les idées retracées patiemment pour en éviter la contamination explicite ou implicite – et cela, aux États-Unis comme au Canada ou en France, en fait, dans la plupart des pays occidentaux. Pour lui, si la gauche radicale existe encore, il semble bien qu'on ne parvienne plus à identifier clairement son influence et les luttes qu'elle privilégie. Corollaire, on peine à comptabiliser ses gains, à remarquer même jusqu'à ses apparitions dans la mesure où plus personne ne cherche à la reconnaître comme telle, sauf dans ses manifestations les plus caricaturales, qui relèvent de l'anarchisme encagoulé, vulgaire, casseur et grossier. On pourrait poser la question : comment la nouvelle gauche issue des années soixante, dissidente par rapport au catéchisme du marxisme-léninisme, en rupture avec le marxisme classique, si on préfère, a-t-elle pu acquérir une position hégémonique dans le débat démocratique ? Comment est-elle parvenue à transformer la vision globale qu'ont les sociétés occidentales de la démocratie ? Contrairement à ce qu'on laisse souvent croire, le radicalisme des années 1960-1970 n'est pas disparu au moment du passage à la maturité de ceux qui s'étaient lancés dans une des nombreuses luttes ouvertes par le gauchisme : tout au contraire, il a profondément transformé la culture politique et la dynamique idéologique des sociétés occidentales. On pourrait reprendre l'hypothèse de Philippe Raynaud : si la gauche radicale n'est pas reconnue comme telle, c'est en bonne partie parce qu'elle est parvenue à imposer ses catégories dans la vie publique. Elle est ainsi devenue invisible dans les catégories sociologiques de la modernité, ses luttes idéologiques étant pour la plupart naturalisées dans le récit de la diversité. Contrairement à ce que soutient Paul Yonnet, on ne peut dire que « c'est l'idée d'une alternative révolutionnaire qui a fondu, qui s'est défaite, sans que presque personne n'y prenne garde, c'est l'idée d'un autre ordre social, radicalement différent et nouveau,

qui s'est enfuie »[70]. L'autre ordre social est advenu.
Philippe Raynaud rappelait qu'« [o] n ne compte plus
les mouvements nés dans l'extrême gauche, ou du
moins soutenus par elle, dont beaucoup des principales revendications ont fini par être acceptées par la
quasi-totalité de la classe politique après avoir été
portées par la gauche réformiste. Aujourd'hui, la plupart de ces combats sont tellement lointains que l'on
oublie la charge "subversive" qui a pu être la leur,
alors qu'ils attaquaient de front une morale "traditionnelle" qui, si peu pudibonde qu'a été la France, restait
commune aux catholiques et aux républicains[71] ». La
Révolution serait derrière nous. La gauche de la
gauche est parvenue à revêtir les habits du centre
gauche. Il nous faut donc, pour voir comment la
gauche radicale d'avant-hier est devenue le centre
gauche d'aujourd'hui, retracer l'histoire de la guerre
culturelle qu'elle a menée.

Guerre culturelle : la formule circule beaucoup
aujourd'hui, même si on lui prête de nombreuses
significations, souvent contradictoires. Elle nous
aide pourtant à comprendre ce qui s'est passé au
cours des dernières décennies, si on veut se délivrer
de la téléologie progressiste. Si les thèses sur la *guerre
culturelle* ont émergé au cours des années 1990, c'est
parce que c'est à ce moment que les transformations
associées aux années soixante ont pris l'allure d'un
changement d'époque définitif[72]. D'abord, c'est à ce
moment dira-t-on, que la génération contestataire des
années 1960 et 1970 arriva en position d'autorité dans

l'ensemble des sociétés occidentales – elle l'avait déjà atteinte dans le milieu académique et médiatique dès les années 1980. C'est aussi avec les années 1990 que l'héritage idéologico-politique des *radical sixties* est arrivé à maturité, avec l'émergence de la question de la diversité, qui est née, comme l'a remarqué Paul Yonnet, d'«une transformation substantielle de la revendication sociale, qui impose une vision raciale, sexuelle, religieuse et par âge des rapports sociaux[73]». La chute du communisme favorisait un réalignement idéologique autour de nouveaux enjeux, parce que la gauche perdait une fois pour toutes l'espoir d'un autre monde réalisé dans l'univers du communisme réel, qui s'était investi dans l'histoire grâce à la brèche de 1917, mais aussi, parce que la droite perdait d'un coup son ennemi traditionnel, contre lequel elle avait fédéré ses courants et sensibilités au lendemain de la deuxième guerre. La fin du communisme dévoilait des controverses idéologiques et des convulsions sociales qui tardaient à prendre forme politiquement. Maintenant, elles auraient toute la place.

Notre monde, loin d'être sous-idéologisé, est «suridéologisé», mais nous n'en sommes plus conscients, tellement l'idéologie dominante est si écrasante qu'on ne voit plus qu'elle. La guerre culturelle portait d'abord sur l'interprétation à donner aux concepts de la modernité. Qu'est-ce que la démocratie? Qu'est-ce que la liberté politique? Qu'est-ce que l'égalité? Elle ne porte pas tant sur les «valeurs» au sens strict que sur la définition de la démocratie. Comme l'a déjà dit dans un autre contexte Daniel Halévy, « il faut montrer l'instant où les institutions ont été défaites ou se sont défaites, dissoutes ». C'est la question même du régime politique qui est posée par la guerre culturelle. Car derrière l'apparente continuité de l'histoire démocratique occidentale, c'est une guerre idéologique portant sur la définition même de la démocratie qui s'est menée. Les institutions restent à peu près les mêmes et, au premier regard, les démocraties occidentales écrivent leur histoire à l'encre de la continuité. Il n'en demeure pas moins qu'en s'investissant d'une toute nouvelle philosophie, elles ont transformé en profondeur leur vocation. La question du régime a l'immense vertu de ramener au cœur de toute analyse la question du pouvoir et de redonner une emprise aux hommes sur l'histoire. Du coup, elle réhabilite le politique et nous invite à revisiter le dernier demi-siècle pour voir comment ce changement de régime a eu lieu. Et comment ce qui est aurait pu ne pas être, ou pourrait bien ne plus être.

## 2

# La mutation de la gauche
# ou le moment 68

> Les intellectuels vont de système en système,
> comme un mauvais nageur d'une bouée à une
> autre. Le nageur est essoufflé. Trop heureux de
> se cramponner un moment, peu lui importe de
> savoir comment la bouée est attachée au fond.
> Plus exactement, il va d'un vocabulaire à un
> autre. Les philosophes sont en général les four-
> nisseurs du vocabulaire bouée.
>
> Raymond RUYER, *Le sceptique résolu*

François Furet, dans *Le passé d'une illusion*, son maître ouvrage sur l'idée communiste, a soutenu avec raison que le point de départ d'une exploration de l'imaginaire progressiste au XXᵉ siècle se trouvait en octobre 1917[1]. La raison est simple : la gauche occidentale, et plus particulièrement, l'intelligentsia occidentale, s'est laissée envoûter par ce que Furet a nommé « le charme universel d'octobre[2] », qui laissait croire à un recommencement à zéro de l'histoire, désormais à écrire à l'encre du socialisme. Du passé, on pouvait enfin faire table rase. Il faut bien voir la situation du socialisme au moment d'être porté au pouvoir en Russie : le socialisme, qui était alors une idéologie tiraillée entre plusieurs mouvements concurrents plus ou moins accordés sur la stratégie à suivre pour accoucher du monde nouveau, s'est transformé à partir de 1917 en une exégèse de l'expérience soviétique, qui par l'abolition de la propriété privée des moyens de production, aurait démonté le mécanisme de l'aliénation générée par le capitalisme. L'URSS a délivré le socialisme du registre exclusif de la spéculation utopique pour devenir une expérience à interpréter et à approfondir, pour tester la valeur et l'applicabilité des idéaux progressistes. La Révolution russe amorce le partage de l'Occident entre deux destins contradictoires qui se réclament également de la modernité démocratique mais qui prétendent l'accomplir différemment. Si le mythe soviétique est en pleine ascension à gauche dans les années 1930[3], alors que le socialisme en inspire plusieurs pour répondre à la crise de 1929, il culminera au début des années 1950[4], l'URSS, auréolée par sa victoire à Stalingrad et son rôle dans la victoire contre le nazisme, disposant de tous les titres de gloire nécessaires pour soutenir sa vocation de patrie révolutionnaire[5]. Le « tourisme idéologique » se développera et d'un retour d'URSS à l'autre, les témoignages émerveillés devant l'expérience communiste se multiplieront, les intellectuels de gauche se laissant bluffer par la mise en scène que leur offraient les régimes communistes, occupés à fabriquer un décor de carton-pâte où circulaient des travailleurs joyeusement émancipés et contraints par la police politique de bien jouer leur rôle[6]. On allait visiter un paradis prolétarien pour se convaincre qu'un autre monde n'était pas seulement possible, mais déjà en voie de construction. Évidemment, là où la chose était possible, il fallait soutenir le parti communiste local, représentant mandaté de la révolution mondiale dans son pays. La faune intellectuelle française des années 1950 en a donné un exemple particulièrement frappant : être ou ne pas être membre du PCF, telle était la question. Plusieurs crurent trancher la poire en deux en devenant « compagnons de route », Raymond Aron les appelait les « communisants[7] », qui avaient une fonction fondamentale dans la stratégie politique du communisme : sans répéter avec le dogmatisme des encartés les dernières encycliques moscovites, ils venaient valider l'orientation du parti et plus encore, la valeur théorique du marxisme, par rapport auquel ils se contentaient de réserves mineures, surtout lorsqu'ils venaient du sérail des chrétiens de gauche, qui fournirent un contingent de croyants contrariés dans la vocation messianique du prolétariat. Le parcours de Sartre, premier parmi les compagnons de route, chef de file des communisants, est ici exemplaire. En fait, c'est dans l'intelligentsia que le communisme trouvera ses militants les plus convaincus. Raymond Aron n'hésitera pas, d'ailleurs, à parler de « l'opium des intellectuels ».

Mais au milieu des années 1950, le socialisme tel qu'amendé par Lénine et mis en forme par l'URSS est à la veille d'une crise. La marche vers la société sans classes semble conduire tout droit en Sibérie. La « bolchevisation » des consciences entraînerait leur congélation et l'image de Staline, longtemps le petit père des peuples, se confond avec sa caricature, celle d'un tyran, d'un bourreau[8]. « L'utopie au pouvoir » vire à l'enfer concentrationnaire[9] et « la formation de l'homme soviétique »[10] correspond pratiquement à une politique déshumanisante, qui lacère l'homme réel et le laisse dans un piteux état. On se le chuchote sans le dire, mais on se l'avoue dans l'intimité : on commence à douter des Russes, peuple élu. Jules Monnerot l'a décrit dans sa *Sociologie de la Révolution*, le « système russo-communiste [...] ne répond plus, tel quel, pendant les années 1950, et moins encore pendant les années 1960, ni objectivement, ni subjectivement, aux exigences de révolutionnaires vivant en dehors de la sphère russe[11] ». Autrement dit, en tant que logiciel révolutionnaire, le marxisme fonctionne de moins en moins bien. Trois secousses successives provoqueront une profonde fissure dans l'architecture théorique du socialisme : la mort de Staline, le rapport « secret » de Khrouchtchev au 20e Congrès du PCCUS puis la répression de Budapest, en 1956. Il ne sert à rien de revenir sur chacune, sinon pour voir qu'elles se répondent l'une l'autre dans une remise en question d'un régime qui prétendait achever une forme de perfection historique et politique. L'Union soviétique déchoit et le socialisme avec elle, l'avenir radieux s'embrume, le paradis prend des allures infernales. On voulait la liberté totale, on découvre une émancipation fictive masquant mal une bureaucratie policière usant de la terreur de masse[12]. L'homme nouveau est surtout un homme défiguré, mutilé, enserré dans les tenailles de la bureaucratie, surveillé par la police politique, enfermé dans un système concentrationnaire. Le socialisme vire à la catastrophe – une découverte que feront en boucle les intellectuels occidentaux qui ne parviendront jamais à se déprendre de l'idée que le communisme est une belle théorie mal appliquée. Mais de toutes les explications possibles de cette dégénérescence totalitaire du communisme, c'est le rôle de Staline qui en viendra à incarner l'horreur concentrationnaire en Russie, un rôle principalement reconnu dans le rapport au 20e Congrès du PCUS qui prendra ainsi la forme d'un aveu, celui de la terreur. Mais comme l'a justement noté Stéphane Courtois, l'invention du stalinisme relevait moins de l'aveu que de la stratégie, la personnalisation des crimes du communisme correspondant à une stratégie de disculpation de l'idéal socialiste qu'il ne fallait pas tenir responsable de ses « dérives ». La criminalité du communisme ne lui serait pas intrinsèque. En faisant porter exclusivement à Staline la responsabilité de la criminalité communiste, le 20e congrès exonérait au même moment l'idéal du socialisme qui n'avait pas à prendre la responsabilité des crimes commis en son nom. Un mécanisme de disculpation fondamental se mettait en place : l'aspiration à la révolution ne devrait jamais se laisser décourager par son dévoiement empirique. L'emboîtement entre le socialisme et le soviétisme commençait à se fissurer. Les bons coups du socialisme devaient lui être attribués, mais jamais ses erreurs. Il ne fallait jamais tenir le communisme coupable des crimes commis en son nom.

Le dévoilement de la nature véritable du communisme soviétique privera un temps les progressistes de contre-modèle à braquer contre l'Occident libéral[13]. Maurice Merleau-Ponty, ébranlé un peu avant les autres dans sa foi révolutionnaire, a exprimé à quel point le décrochage par rapport à l'Union soviétique n'allait pas de soi pour ceux qui avaient cru voir l'an I s'annoncer à partir de Moscou. Dans *Humanisme et terreur*, paru en 1947, il révélait l'impasse où se trouvaient les intellectuels progressistes ayant accroché leur foi au marxisme : « la critique marxiste du capitalisme reste valable et il est clair que l'antisoviétisme rassemble aujourd'hui la brutalité, l'orgueil, le vertige et l'angoisse qui ont déjà trouvé leur expression dans le fascisme. D'un autre côté, la révolution s'est immobilisée sur une position de repli : elle maintient et aggrave l'appareil dictatorial tout en renonçant à la liberté révolutionnaire du prolétariat dans ses Soviets et dans son Parti et à l'appropriation humaine de l'État. On ne peut pas être anticommuniste, on ne peut pas être communiste[14] ».

L'échec du communisme soviétique ne rendrait pas plus appréciable la société libérale contre laquelle il a pris forme. Le problème posé par le marxisme demeurerait entier, celui de l'émancipation radicale marquant une rupture avec l'aliénation de l'homme, malgré «la dégénérescence bureaucratique de l'État ouvrier», selon la formule consacrée des trotskistes – trotskistes appelés à connaître une renaissance dans de telles circonstances, dans la mesure où ils furent les premiers à offrir une alternative au socialisme réel à l'intérieur même de l'extrême gauche. Merleau-Ponty réitérera ainsi la valeur du marxisme comme système d'appréhension intellectuelle de la société capitaliste : «Toute discussion sérieuse du communisme doit donc poser le problème comme lui, c'est-à-dire non pas sur le terrain des principes, mais sur celui des relations humaines. Elle ne brandira pas les valeurs libérales pour en accabler le communisme, elle recherchera s'il est en passe de résoudre le problème qu'il a bien posé et d'établir entre les hommes des relations humaines. » Merleau-Ponty disqualifiait aussi la question du régime en affirmant que «pour connaître et juger une société, il faut arriver à sa substance profonde, au lien humain dont elle est faite et qui dépend des rapports juridiques, sans doute, mais aussi des formes du travail, de la manière d'aimer, de vivre et de mourir. [...] Un régime nominalement libéral peut être réellement oppressif. Un régime qui assume sa violence pourrait renfermer plus d'humanité vraie». Derrière le propos de Merleau-Ponty, on trouvait une conviction forte : la culture des sociétés occidentales était à ce point aliénée qu'elle serait fondamentalement plus mauvaise pour l'homme dans la mesure où elle n'aurait pas encore connue la mutation qualitative rendue possible par la révolution[15].

On ne pouvait remettre en question l'URSS sans consentir en même temps à la validité théorique et philosophique du marxisme. À tout prix, il fallait rester dans la matrice de l'émancipation révolutionnaire. Il n'y aurait de critique légitime de la gauche qu'interne à la gauche. Il faudrait d'abord donner raison au communisme avant de lui donner tort. Pour révoquer le marxisme comme solution, il faudrait d'abord reconnaître qu'il aurait correctement posé le problème de l'émancipation humaine en montrant bien comment elle était contrariée par la société occidentale, avec son libéralisme éculé, qui ne chercherait pas à transformer radicalement la qualité de l'expérience humaine et qui serait prisonnier d'une philosophie politique héritée du XIX\ e siècle. La même matrice philosophique, autrement pilotée, pourrait aboutir à de nouveaux résultats, moins meurtriers dans la fabrique de l'homme nouveau. Mais comment sauver la Révolution de la catastrophe ? Autre manière, pour les communistes, de reprendre la vieille formule sur le bébé et l'eau du bain. Comme l'a écrit Edgar Morin dans son *Autocritique*, symptomatique de la vague de défection que connaîtra alors le PCF, « [...] le stalinisme était horrible ; je le sentis profondément en 1949. Mais cette horreur enveloppait ce que l'homme avait conçu de plus admirable : le communisme. Le mal et le bien étaient indissolublement mêlés. Combattre le mal, n'était-ce pas du même coup frapper le bien ? S'attaquer à la source du cancer, n'était-ce pas en même temps s'attaquer à la source de vie [16] ». La croisade ayant avorté, Morin souhaitait néanmoins poser « à nouveau le problème de la pensée et de l'action révolutionnaire » [17]. Car si « le nucléus même de la vulgate – l'identification du stalinisme et du socialisme – stérilisait toute recherche, toute critique, toute activité responsable [18] », il fallait renouveler les paramètres de la Révolution. Comme tant d'autres, Morin, en quittant le Parti communiste, ne croyait pas quitter la Révolution mais partir à nouveau à sa recherche. Le sillon d'une *nouvelle gauche* était tracé en distinguant l'idée socialiste de ses réalisations, les secondes trahissant la première plutôt que de la révéler [19].

## LA FAILLITE DE LA SOCIOLOGIE OUVRIÉRISTE

Ce n'est plus seulement la valeur de l'exemple soviétique qui est questionnée, c'est aussi la valeur théorique du marxisme tel qu'il s'était imposé dans l'intelligentsia occidentale. Dès le milieu des années 1950, on ne le trouve plus très convaincant. La chose n'est pas sans problème dans la mesure où il représentait non pas une variante de la gauche parmi d'autres, mais sa forme achevée – il représentait en fait le point culminant du progressisme moderne, par sa conjugaison d'utopisme et du rationalisme. Il représentait l'aboutissement d'une histoire intellectuelle faisant passer le souffle de l'espérance sur les cordes de la harpe révolutionnaire – Sartre n'a-t-il pas confessé qu'il s'agissait pour lui de « l'horizon indépassable de notre temps » ? Il était fait pour plaire aux milieux intellectuels auxquels il assurait par la maîtrise de quelques équations théoriques et syllogismes faussement complexes le contrôle du logiciel nécessaire au décryptage du mouvement historique. Le marxisme, parce qu'il conjuguait le scientisme et le prophétisme, permettait ainsi à l'intelligentsia de se poser comme classe annonciatrice de l'avenir radieux, comme classe médiatrice de l'histoire se faisant.

La crise du marxisme dans les sociétés occidentales est d'abord celle de sa déréalisation [20]. Sa valeur scientifique semble de moins en moins évidente. Sa capacité descriptive de la société capitaliste est compromise. La société occidentale sortie de la deuxième guerre ressemble de moins en moins à ce que le marxisme disait traditionnellement du capitalisme, à moins de se lancer dans une exégèse si subtile qu'elle le transforme en savoir ésotérique. À partir des années 1950, on commence à tenir pour acquis que les rapports de pouvoir sont infiniment plus complexes que ne l'avaient imaginé les marxistes. L'explication subtile du mouvement historique par la dialectique de la lutte des classes a de plus en plus l'allure d'une combinaison théoricienne – en fait, les rapports de classe ne sont plus aussi aisément discernables qu'ils pouvaient l'être au moment de l'industrialisation des sociétés occidentales, et la paupérisation assurée du prolétariat est démentie par l'émergence d'une classe moyenne accédant aux avantages partiels mais réels de la société de consommation. De nouveaux groupes sociaux émergent qui ne semblent pas entrer dans les catégories déjà découpées du marxisme savant – il faut bien dire que la démocratisation manifeste du progrès économique n'est pas de nature à exciter les passions des masses non plus qu'à susciter les jacqueries ou les émeutes dont pourraient s'emparer les mouvements révolutionnaires.

Si le marxisme demeure une référence obligée à gauche, les amendements qu'on lui apporte sont si significatifs qu'on se demande s'il n'existe plus que de manière nominale, à la manière d'un catéchisme dont on récite les prières sans l'accompagner par les œuvres appropriées. Ils seront nombreux, néanmoins, à chercher à repriser les trous dans la théorie dont ils avaient fait une religion. Jacques Ellul le remarquera ironiquement, « pleins de bonne volonté, des marxistes essaient sans cesse de refaire la toile déchirée, de recoudre les morceaux, de chercher de nouvelles formes en gardant les anciennes significations[21] ». Raymond Aron dira aussi sévèrement que « réduite à son noyau, l'histoire idéologique des marxismes se confond avec les hypothèses diverses ajoutées au prophétisme originel pour réconcilier celui-ci avec des événements qui, en apparence, le contredisent[22] ». Mais la scolastique marxiste a beau s'épuiser en fines distinctions, elle fige le progressisme dans une orthodoxie limitée à ses fidèles les plus pratiquants, peinant à déchiffrer le social et ses transformations, autant en surface qu'en profondeur. De Serge Mallet qui cherchera à dessiner les contours d'une « nouvelle classe ouvrière [23] » apparue avec les spécificités de la société technicienne à Nicos Poulantzas, distinguant quant à lui les structures de classe produites par le capitalisme et le positionnement des classes ne correspondant pas à leur situation réelle dans la logique des rapports de production [24], en passant par Louis Althusser lisant *Le Capital* [25] pour maintenir coûte que coûte le caractère scientifique du marxisme le plus doctrinaire, les tentatives seront nombreuses pour rescaper la théorie d'un réel qui la démentait. Au début des années 1970, en retournant sur les causes à l'origine de la Nouvelle Gauche, Herbert Marcuse parlera de la « pétrification » de la théorie marxiste, « une rhétorique sans plus guère de rapport avec la réalité [26] », qui n'est « pas à la hauteur de la pratique du capitalisme, qui est en retard sur elle [...]. La réduction de la théorie marxiste à des ''structures'' rigides détache la théorie de la réalité et lui confère un caractère abstrait distant, pseudo-scientifique, qui facilite sa ritualisation dogmatique [27] ».

Au cœur de cette transformation du marxisme se trouve la remise en question du prolétariat comme sujet historique porteur de la révolution. La question n'était pas neuve – plusieurs historiens du marxisme l'ont remarqué, le lien privilégié que le marxisme prétendait établir avec la classe ouvrière était hautement hypothétique. Comme l'écrira Jules Monnerot dans sa *Sociologie de la révolution*, la désignation par Marx du prolétariat comme classe porteuse de la contradiction révolutionnaire relevait davantage de la spéculation philosophico-historique que d'une sociologie des rapports sociaux propre à la moitié du XIXe siècle[28]. «L'immaculée conception du prolétariat» correspondrait à une simplification abusive de la question ouvrière dans un moment de transformation accélérée du capitalisme[29]. Marx aurait attribué des griefs sociaux potentiellement révolutionnaires à la classe ouvrière «avant d'en rien savoir[30]». Ce constat n'a pas été historiquement réservé aux sociologues, philosophes et historiens conservateurs. Les marxistes l'ont vite compris, et Lénine sera certainement celui qui prendra ce problème le plus au sérieux. Selon lui, la classe ouvrière n'était pas naturellement révolutionnaire – à tout le moins, elle n'accéderait pas d'elle-même à sa propre conscience révolutionnaire – elle était plutôt trade-unioniste, ou si on préfère, réformiste, ce qui l'a amené, d'ailleurs, à chercher à résoudre ce problème en formulant la théorie du parti qui serait l'expression consciente de l'aspiration révolutionnaire de la classe ouvrière, ce qui consistait à affirmer que la conscience ouvrière était moins portée par la classe ouvrière que par ceux qui s'en réclamaient en l'investissant dans une théorie révolutionnaire. Lénine formulait ainsi une théorie de la représentation propre au marxisme : la révolution a besoin d'un groupe porteur qui lui-même n'accède à la conscience révolutionnaire que par la médiation de l'intelligentsia, ou à tout le moins, d'un groupe organisé qui prétend en être l'expression la plus radicale. Autrement dit, même au cœur de la philosophie qui a le plus radicalement posé le problème de l'autonomie, la question de la représentation du pouvoir et de l'autonomie du politique a fini par resurgir – une représentation qui nous rappelle qu'aucune société n'est absolument transparente à elle-même. La question de la représentation, d'un pouvoir qui incarne toujours une certaine hétéronomie dans l'ordre social, est consubstantielle au politique. La classe ouvrière empirique, la chose est acquise dès le début du XXᵉ siècle, ne veut pas de la Révolution, et encore moins de la Révolution telle que pouvait se l'imaginer le marxisme tendance bolchévique. On pourrait résumer en disant que la relation privilégiée que le marxisme prétendait établir avec la classe ouvrière était dès l'origine une relation fissurée, moins réelle que fantasmée.

À partir de la fin des années 1950, cette tension à propos de la place du prolétariat dans la théorie marxiste se radicalise. C'est le soubassement idéologique du marxisme qui se révèle. Marx avait posé la nécessité d'une épistémologie de l'exclusion : c'est par le stigmate qui l'affligerait qu'un groupe serait appelé à devenir la base d'une théorie révolutionnaire. Le groupe porteur de la révolution le serait parce qu'il serait radicalement extérieur à l'ordre social : il ne se laisserait pas bluffer par les idéologies pour justifier les rapports de domination. C'est à cause de sa dépossession intégrale que la classe ouvrière pourrait incarner une reconquête de l'humanité par elle-même, à la manière d'une classe universelle. Mais le peuple des usines n'est plus extérieur à la société et ne piétine plus à ses portes avec des slogans révolutionnaires. Le prolétariat n'est plus rachitique et découvre le plaisir de la prospérité, de l'embourgeoisement. On commence alors à parler de la classe moyenne, Jacques Ellul allant même jusqu'à affirmer que « la vraie révolution au sens de mutation fondamentale des structures de la société, au sens de restructuration profonde, d'établissement de nouveaux clivages par effacement des anciens, est cette assimilation progressive de la classe ouvrière [31] ». Dans *L'homme unidimensionnel*, un ouvrage important dans l'histoire de la transformation de la gauche dans les années 1960, Herbert Marcuse allait même jusqu'à reconnaître que « le peuple, auparavant le ferment du changement social, s'est ''élevé'', il est devenu le ferment de la cohésion sociale [32] », ce qui l'amenait à parler avec dédain des « classes populaires conservatrices [33] ». Au début des années 1970, il en venait même à dire « qu'[u]ne conscience non révolutionnaire – ou plutôt anti-révolutionnaire – prévaut dans la majorité de la classe ouvrière, cela saute aux yeux. Bien sûr, la conscience révolutionnaire ne s'est jamais exprimée qu'en situation révolutionnaire ; mais la différence est maintenant que la condition de la classe ouvrière dans l'ensemble dessert une telle prise de conscience »[34]. Comme bien d'autres, il en tirera les conséquences attendues en notant logiquement que « [s]i la classe ouvrière n'est plus la "négation absolue" de la société existante, si elle est devenue une classe de cette société, qui partage ses besoins et ses aspirations, le transfert du pouvoir à la seule classe ouvrière n'assure plus le passage au socialisme en tant que société qualitativement différente[35] ».

En fait, « l'expression immédiate de l'opinion et de la volonté des ouvriers, des agriculteurs, des habitants du coin – en bref, du peuple – n'est pas progressiste en soi, elle n'est pas en soi une force de changement social, elle peut même être le contraire[36] ». On ne peut plus compter sur le prolétariat des usines pour renverser la société. Marcuse parlera aussi de l'« étiage du potentiel révolutionnaire » de la classe ouvrière[37]. Lier la révolution au seul parti, avec son idéalisation sorélienne d'une rupture spontanée et brutale avec l'ordre institué serait une stratégie contre-productive dans le cadre d'une société dépolitisant en profondeur la question ouvrière. Certains commencent même à faire le procès d'un marxisme conservateur, un reproche qui sera adressé tel quel au Parti communiste français au moment des événements de mai 1968, dans la mesure où ce dernier aura préféré s'entendre avec le pouvoir gaulliste plutôt qu'investir ses forces dans la brèche révolutionnaire ouverte par le mouvement étudiant (le gauchisme réhabilitera même la violence, on le sait, avec son culte de l'action directe, qui n'était pas sans lien avec sa vision spontanéiste de l'insurrection)[38]. Jacques Ellul en fera définitivement le constat : « le prolétariat n'est plus le moteur de la révolution. Et l'on cherche vainement la classe révolutionnaire[39] ». La classe ouvrière a déserté la Révolution. On en tirera bientôt une conclusion plus radicale : le peuple est l'ennemi de la Révolution. La gauche finira par se retourner contre lui.

## L'UTOPIE REDÉCOUVERTE OU LE FERMENT DE LA NOUVELLE GAUCHE

Devant cette situation, quelques-uns, comme Jacques Ellul, seront tentés de décréter « la fin de l'Occident révolutionnaire[40] ». Mais il faut tout de suite nuancer cette affirmation de Ellul par celle de Jules Monnerot qui parle plutôt de « l'usure du schéma révolutionnaire officiel[41] ». Comme il l'écrira, « [l]a Révolution nous tympanise dans les années 1960 tout autant que dans la décennie précédente. Le corpus doctrinal [du marxisme] est toujours au centre de l'activité révolutionnaire. Il l'est toujours au moins en ce sens qu'il n'y en a pas d'autre. Ce qu'on n'a pas remplacé, on ne l'a pas détruit. Mais le monopole du marxisme n'est plus aujourd'hui que l'absence d'autre chose[42] ».

La gauche attend donc cette « autre chose » pour retrouver sa vigueur perdue. C'est moins la révolution que la révolution *officielle* qui s'use. Mais le dépérissement du marxisme ne doit pas nous laisser croire à un dépérissement de l'imaginaire révolutionnaire. Ce qui se dessine dans la deuxième moitié des années 1960, c'est le désaccouplement de la sensibilité révolutionnaire d'avec le marxisme classique. La gauche radicale reprend à neuf la question de l'émancipation. S'ouvre le patient travail d'analyse du social pour reconstruire le sujet révolutionnaire sur des bases inédites, éloignées du marxisme sociologique et du léninisme politique. Il faut à la gauche non pas renier la question de la révolution, mais inventer une sociologie susceptible de repérer les nouveaux acteurs pouvant endosser la critique de la société. La philosophie marxiste, liée à une sociologie de la classe ouvrière ayant formé ses concepts à partir d'une observation effectuée au XIXᵉ siècle, doit s'investir pour cela d'une nouvelle sociologie. Il ne sert à rien de plier les concepts canoniques du marxisme à toutes les contorsions intellectuelles possibles pour y configurer ce qu'on cherche à y faire entrer. La rupture avec le marxisme classique est reconnue, consacrée. Il faudrait sortir de la sociologie marxiste pour en garder la philosophie vivante. Il faut reconstruire le sujet révolutionnaire sans préjuger de l'identité des candidats à cette vocation. La gauche doit s'émanciper du marxisme sans le renier, une entreprise qui s'échelonnera sur une vingtaine d'années, et qui mobilisera ses principaux intellectuels dans un grand séminaire à ciel ouvert voué à la rénovation du progressisme[43].

Au milieu des années 1960, la société occidentale semble trembler – plusieurs intellectuels associés au

libéralisme parleront des «incertitudes américaines[44]», appelées à se diffuser bientôt en Europe. À
partir de 1965, c'est une forte marée révolutionnaire
qui commence à se déchaîner sur les sociétés occidentales, les premières forces sociales à le noter étant
évidemment les élites conservatrices de l'ordre établi
qui devinent que ce sont les fondements mêmes de
l'ordre social qui sont compromis. Elles sentent bien
que la contestation de la société en place est d'abord
celle d'une civilisation. L'événement qui permet
d'éclairer la signification de cette période est
mai 1968, qui incarne la mutation la plus profonde
de la pensée révolutionnaire au XXe siècle et qui a
probablement une portée semblable à celle d'octobre 1917. Le marxisme exerçant à ce moment une
telle emprise sur la vie intellectuelle et culturelle,
c'est d'abord avec ses mots que les jeunes insurgés
voudront nommer leur révolte. Mais le langage révolutionnaire estampillé ne rejoint plus le sentiment
révolutionnaire, comme l'a remarqué Alain Besançon
dans son retour sur les événements de mai 1968 en
France en notant que «le langage dominant fut celui
du marxisme-léninisme» bien qu'il fût «de tous les
langages possibles le moins apte à traduire la réalité
des choses», à la différence du langage politique
utilisé aux États-Unis qui était d'abord «celui de la
moralité et de la justice» avant de virer au «radicalisme gauchiste[45]».

Claude Lefort a bien noté en temps réel comment
un des grands soucis de la sociologie radicale était de

faire entrer le mouvement de mai 1968 dans les catégories préfabriquées du marxisme – et pourquoi et
comment la théorie semblait à ce moment prendre
l'eau. « L'événement qui a secoué la société française,
chacun s'essaye à le nommer, chacun tente de le rapporter à du connu, chacun cherche à en prévoir les
conséquences. On monte à la hâte des interprétations,
on voudrait que l'ordre soit rétabli, sinon dans les
faits, du moins en pensée[46] ». Mai 1968 marque la
transition d'une époque révolutionnaire à une autre
et la fin de l'emprise du marxisme classique sur le
progressisme. Une nouvelle sensibilité se dévoile sur
la place publique. C'est un nouveau chapitre dans
l'histoire de l'émancipation qui s'ouvre : on ne
s'émancipera plus de la même manière et on ne
s'émancipera plus des mêmes dominations. Si,
comme l'écrit Ellul, « [l']absence de volonté révolutionnaire [de la classe ouvrière], de comportement
révolutionnaire, et même d'être, est clairement apparue en mai 1968[47] », c'est aussi à ce moment qu'on
constate que le foyer révolutionnaire s'est déplacé et
qu'on commence à envisager une mutation du conflit
social. La sociologie progressiste qui se penchera en
temps réel sur les événements de mai 1968 y reconnaîtra une poussée révolutionnaire originale permettant
de penser à neuf la question des rapports sociaux.
Comme l'écrira Claude Lefort, « [e]n un instant se
dissipe la croyance quotidienne en l'inéluctabilité
des règles qui soutiennent l'organisation de la société
et des conditions qui l'aménagent. En un instant, l'on

découvre que la prétendue nécessité de la soumission est fondée sur un rapport de force et que ce rapport peut être renversé[48] ».

Autrement dit, la société est disponible pour une transformation radicale. La légitimité de l'ordre social explose. Le monde tel qu'il était et tel qu'il semblait devoir évoluer est brutalement contesté dans ses fondements : c'est de civilisation qu'on veut changer. Alain Touraine a ainsi soutenu dans son ouvrage *Le mouvement de Mai ou le communisme utopique* que « le mouvement de mai a détruit l'illusion d'une société réconciliée avec elle-même par la croissance et la prospérité, remplacé le mirage du bien commun et de la rationalité sociale par le rappel aux contradictions et aux luttes de la société[49] ». Touraine parlait aussi d'un « conflit social nouveau, dont la nature et les acteurs ne sont pas les mêmes que dans la société antérieure, dans la société proprement capitaliste[50] ». D'ailleurs, comme il le dit encore du conflit révélé par mai 1968 : « celui-ci est donc social, culturel et politique plus que spécifiquement économique[51] ». Ce constat est important. Ce sont de nouvelles polarisations inexplicables par la sociologie ouvriériste qui prennent forme, et que Touraine expliquera plus tard dans sa théorie des mouvements sociaux en formulant ainsi une des théories les plus complètes pour comprendre la mutation de la revendication sociale dans la société postindustrielle. « Une pensée sociale critique vigoureuse » est une pensée sociale « qui recherche le lieu et la nature des conflits sociaux centraux ». Invitant la gauche à ne pas rester prisonnière des conflits sociaux « d'avant-hier » et « d'hier », il l'invitait surtout à « reconnaître les nouvelles forces sociales, les nouvelles contestations et le nouvel imaginaire qui vont animer notre société ». Et c'est ainsi qu'elle pourrait vraiment s'inscrire en continuité avec le marxisme : « au moment où s'écroule l'édifice historique du marxisme, il faut sauver ce qui a fait la grandeur de la pensée de Marx, la recherche des drames et des luttes à travers lesquels les hommes font leur histoire[52] ». Du point de vue de l'histoire de la gauche, le marxisme n'aura donc pas été d'abord une sociologie ouvriériste ou une critique du capitalisme mais une recherche du conflit social porteur d'une dynamique d'émancipation.

Le terme qui circule à l'époque cherche à marquer cette « rupture » : on parle d'une *nouvelle gauche*, armée d'un nouveau projet. Mais qu'est-ce que la vieille gauche et la nouvelle gauche ont en commun ? Ce qui se joue, c'est une réactualisation de la question de l'utopie à travers un bilan du moment marxiste. Mai 1968 réactive officiellement une tentation utopiste que le marxisme entendait désactiver en se présentant comme une théorie scientifique. On commence le bilan du marxisme, même si on ne le congédie pas d'un coup. En fait, mai 1968 marque un jeu de bascule dans la révolution, le communisme scientifique se faisant déclasser par le « communisme utopique », contre lequel s'était justement constitué le marxisme. Ce dernier s'est en bonne partie constitué sur le mythe du socialisme scientifique, et contre le socialisme utopique. Marx a construit le socialisme moderne sur une censure de l'utopie – avec Marx, le socialisme prenait la forme d'une philosophie scientifique de l'histoire qui reportait son surplus utopiste au terme du mouvement de la dialectique historique, la succession des modes de production devant apparemment culminer dans la société sans classe, délivrée de toute aliénation[53]. Lénine avait reproduit cette querelle dans sa critique du gauchisme, présenté comme « la maladie infantile du communisme », qu'il accusait d'irrationalisme et auquel il reprochait de ne pas comprendre le caractère scientifique de l'action révolutionnaire[54]. Pour lui, le spontanéisme du gauchisme virait au sectarisme révolutionnariste, alors que le travail de la Révolution exigeait plutôt un grand professionnalisme dans l'organisation d'une violence armée nécessaire. Le marxisme classique semblait terriblement asséchant pour une jeune génération s'en prenant au réductionnisme économique de ses théoriciens et ne tolérant pas de réduire la Révolution à une simple entreprise de transformation des rapports de production. Le sentiment d'aliénation, à la source de toute forme d'idée révolutionnaire, semble s'être transformé en profondeur. On cherchera ainsi à sortir de Marx ou encore, à réinterpréter Marx en accouplant sa pensée avec des préoccupations qui ne sont pas les siennes mais qui sont manifestement celles de l'ultra-gauche qui cherche à s'extraire d'une société qu'elle exècre. On cherchera même, un temps, à relire Marx à la lumière de l'utopie en redécouvrant ses écrits de jeunesse – si on préfère, on assistera ainsi à une tentative de sauvetage plus ou moins désespérée du marxisme à travers un retour sur l'œuvre du jeune Marx, principalement sur les manuscrits de 1844, qui dévoilaient un Marx plus prophétique et moins scientifique, plus près des sources vivantes de l'utopie égalitaire et n'hésitant pas à l'exprimer dans un certain romantisme révolutionnaire[55] – il suffirait d'ailleurs de se tourner vers le jeune Marx pour retrouver la sève idéaliste qui irriguera le marxisme avant sa formulation scientifique[56]. Theodore Roszack l'a noté, en soulignant la distance entre le jeune Marx et le Marx adulte :

> Il est [...] intéressant de considérer la manière dont le jeune Marx a abordé le concept d'aliénation. Un de ses premiers essais rattache l'idée d'aliénation du travail à la vie psychique de l'homme et aux relations de l'homme avec la nature. C'est là une conception de l'aliénation beaucoup plus importante (parce que plus généralisée) que celle à laquelle Marx reviendra dans son œuvre ultérieure.

Le marxisme était une science – il faudra en dégager la charge utopique, celle dans laquelle se retrouvera une bonne part de la jeunesse socialisée dans l'agitation étudiante et trouvant dans mai 1968 une occasion révolutionnaire authentique – une révolution qui a consisté, pratiquement, à déborder le marxisme sur sa gauche. Les *radical sixties* marquent ainsi un retour aux *sentiments fondamentaux* à l'origine du projet politique de la gauche, un retour à la part d'utopisme que le marxisme avait recouvert sans pour autant parvenir à le liquider. Edgar Morin formulera clairement cette exigence dans son *Journal de Californie* : « est-ce une retombée en deçà de Marx ? N'est-ce pas la redécouverte de ce que Marx a occulté[57] ? » Il faudra donc faire rejaillir la source utopique du marxisme, une entreprise qui sera principalement portée par les mouvements gauchistes. Mai 1968 marquera le débordement sur sa gauche du communisme par le gauchisme, dont la contribution principale, du point de vue d'une histoire de la gauche, sera de transformer radicalement son rapport au mythe révolutionnaire. La question du gauchisme n'est pas neuve dans l'histoire du communisme et Lénine avait déjà livré une sévère critique du révolutionnarisme qui en serait la cause profonde[58]. Le gauchisme dévoilait la charge utopique du marxisme, réinvestissait un élément contestataire dans une société trop ordonnée où même les forces révolutionnaires avaient été disciplinées et domestiquées par le capital dans la figure conservatrice d'un parti révolutionnaire organisé. Pour les gauchistes, comme Daniel Cohn-Bendit, le communisme professionnel associé à la structure du parti serait le mauvais double de la société bourgeoise, il serait aussi mortifère, aussi aliénant. Selon sa formule, le gauchisme représenterait le « remède à la maladie sénile du communisme[59] », ce qui pose clairement les choses : le gauchisme n'est pas sans lien avec le communisme, il en est plutôt le correctif, on dira aussi, la thérapie[60].

Il faut évidemment poser la question de la nature de l'utopisme[61]. Qu'est-ce que le progressisme ? Avant d'être un programme, on pourrait dire du progressisme qu'il est d'abord une disposition existentielle, une attitude devant la condition humaine. Le progressisme se fixe moins sur une vision clairement définie de l'avenir que sur un refus intransigeant du présent, de l'ordre social et des institutions qui l'incarnent. Autrement dit, en deçà du marxisme théorique, qui se présentait à la manière d'un rationalisme radical, on trouve à l'origine du progressisme l'utopie d'une transparence égalitaire, qui formule le rêve le plus simple qui soit : la planète devrait être un paradis[62]. L'idéal révolutionnaire est à fleur de l'existence sociale dans les sociétés modernes, d'autant qu'on promet sa matérialisation, qu'on multiplie pour cela les tentatives, toujours infructueuses, chaque déception étant suivie d'une nouvelle promesse. Autrement dit, à défaut de paradis prolétarien à portée de main, la gauche radicale n'en demeure pas moins commise avec l'utopisme intrinsèque de la tradition socialiste. Car le marxisme opérait en fait, du moins en partie, comme une religion révélée, avec ses dogmes et ses tabous, même ses incantations. À sa manière, le progressisme est une révélation : *la civilisation dans laquelle nous vivons est radicalement inacceptable*. La révélation exige non pas un patient travail de réfection de l'ordre humain, mais bien sa mise en accusation au nom d'une autre histoire à écrire, celle qui pourrait enfin se soustraire à la domination et à l'hétéronomie. Aveu qu'on trouve chez Marcuse, de façon très explicite : « J'ai essayé de montrer qu'un changement présupposerait un refus total ou, pour employer le langage des étudiants, une contestation permanente de cette société. Et qu'il ne s'agit pas seulement de changer les institutions mais plutôt de changer totalement les hommes dans leurs attitudes, dans leurs instincts, dans leurs buts, dans leurs valeurs, etc. [63] »

Le progressisme est une ontologie critique de l'existence sociale. On pourrait dire qu'il pose la question de la modernité dans le paradigme de « l'homme nouveau », qu'il s'agit toujours de le libérer d'une société qui le corrompt, le domine ou l'aliène. Le progressisme représente d'abord et avant tout une philosophie de l'émancipation radicale appelée à retrouver la vérité enfouie de l'être humain en dessous de l'ordre historique qui l'aurait mutilé. Il y a une « psychologie du radicalisme », surtout reconnaissable dans la croyance en la possibilité d'un *autre monde*. Le progressisme s'est d'abord défini par ce qu'il rejette, par un regard critique envers l'ordre existant avant de communier à quelque vision précise de l'avenir que ce soit – à moins de tenir pour précise l'image que donne Edgar Morin du socialisme, celle d'un « communisme libertaire et communautaire [64] », image d'une société délivrée des rapports d'autorité et n'ayant plus pour cela à s'instituer – les frères

Cohn-Bendit parleront plutôt de «l'organisation de la société socialiste, société non-autoritaire et non-hiérarchique[65]». Il n'en demeure pas moins que c'est d'abord la formule de Morin qui nous donne un bon indice sur la psychologie du radicalisme, dans la mesure où celui-ci voit toujours dans le monde, non pas une *civilisation*, mais une profonde *aliénation*, à travers tous les rôles sociaux qui éloigneraient l'homme de lui-même et dont il devrait se déprendre pour mettre au monde, comme le dira Merleau-Ponty, «des relations humaines entre les hommes». Il s'agit moins, dès lors, de transmettre l'héritage que d'en délivrer l'homme. Aliénation: voilà le mot-clef du renouvellement de la sensibilité révolutionnaire. Jean-François Revel, dans *Ni Marx ni Jésus*, reconnaîtra lui aussi cette aspiration chez les révolutionnaires contre-culturels américains:

> Au fond de toute aspiration révolutionnaire, on retrouve en définitive cette prise de conscience que l'homme est devenu l'instrument de ses instruments, et qu'il faut le faire redevenir but et valeur pour lui-même pour éviter une inversion du sens de la vie[66].

L'homme doit se déprendre de la société qui le forme en le prédestinant malgré lui à exercer certaines fonctions qu'il n'a pas nécessairement choisies, ce qui contribue à le rabattre dans l'univers des contraintes plutôt que dans celui des possibles. Elle le détermine plutôt que de lui offrir la possibilité de se recréer à partir de l'indéterminé. Cette déprise passe nécessairement par un changement fondamental, une rupture qualitative dans l'histoire humaine. Dit politiquement : une *révolution*, qui suppose toujours la possibilité de *recreer* le monde[67]. François Furet pose la question : « qu'y a-t-il de si fascinant dans la révolution ? C'est l'affirmation de la volonté dans l'histoire, l'invention de l'homme par lui-même, figure par excellence de l'autonomie de l'individu démocratique [...]. Elle compose une boisson assez forte pour enivrer des générations de militants ».

La révolution est d'abord un refus du monde adulte qui révèle à l'homme sa finitude. Edgar Morin fera la même analyse :

> La révolution culturelle, comme toute grande révolution, est la volonté de sauver et accomplir un univers infantile de communion et d'immédiateté ; le hippisme, par un aspect profond, est le monde imaginaire enfantin qui veut se réaliser dans l'adolescence, dans la vie[68].

Il a aussi noté que cette contestation du principe d'institution a d'abord pris forme dans l'institution scolaire :

> La mise en question de l'examen est une contestation du principe de sélection et de hiérarchisation sociale. Mais plus profondément, plus obscurément, peut-être, c'est le refus du rite d'initiation capital de la société moderne, c'est-à-dire du passage dans l'univers adultéré de l'adulte[69].

Morin soulignera à plusieurs reprises la dimension « festive » de mai 1968. Et même si l'autre monde possible ne trouve plus à se conceptualiser, encore moins à se matérialiser, même si on ne dispose plus de contre-modèle global, il n'en demeure pas moins que la critique de l'inscription de l'homme dans le monde doit encore être la critique de son aliénation par une société qui le happe, le détermine et l'étouffe. La déconstruction, qui offrira une belle carrière académique à ceux qui s'empareront d'une manière ou d'une autre de ce concept, représente la traduction universitaire de la pulsion nihiliste. C'est la lutte qui doit toujours se poursuivre, en campant les positions, chacun avec son rôle de dominant ou de dominé, le premier ayant le monopole de l'injustice, le second de la vertu, l'action politique devant non pas aménager le bien commun dans une société qui se sait imparfaite, mais émanciper l'homme de ce qui l'appesantit dans sa condition. C'est ce que critiquait Edgar Morin chez les partisans de la contre-culture : « Fascisme ou paradis : ils ne veulent voir que cette alternative ; ils la plaquent sur la situation présente.[70] » C'est qu'il faut préserver l'image d'un monde à rejeter dans lequel la seule dignité qui reste à l'homme vient de sa capacité de s'y arracher sans céder de quelque façon que ce soit aux illusions de la culture. Jean-François Revel, alors qu'il était encore compagnon de route de la gauche socialiste et libertaire, parlera quant à lui d'un « univers du tout ou rien, du pur et de l'impur » en précisant que de ce point de vue, « ce n'est pas l'action, c'est la rédemption qui est de mise[71] ». C'est dans sa capacité à être tout autre, à se métamorphoser dans la poursuite de son émancipation, que l'homme trouverait sa dignité.

## LA CONTRE-CULTURE :
### DE LA CRITIQUE DU CAPITALISME
### À CELLE DE LA CIVILISATION OCCIDENTALE

Le fond utopiste de la gauche radicale est remonté à la surface. C'est la contre-culture au sens large qui fournira la matière idéologique nécessaire au renouvellement de l'utopie. Les institutions et les traditions seront désormais considérées comme autant d'arrangements circonstanciels masquant des rapports de domination et refoulant dans les replis du social une dimension fondamentale de l'existence humaine, celle répondant aux exigences de l'authenticité existentielle. La gauche verra là un terreau fertile. L'exigence anthropologique de transmission sera disqualifiée : on n'y verra plus que du formatage, la tradition écrasant la nouveauté et la créativité des nouvelles générations qui pourraient pourtant incarner la jeunesse du monde. Dans un ouvrage programmatique qui a marqué toute une époque, *Vers une contre-culture*, Theodore Roszack a aisément démontré que la contre-culture se présente comme une remise en question des fondations de la civilisation occidentale[72]. Pour Roszack, c'est l'Occident qui a fait existentielle-

ment faillite et c'est dans ce qu'on a assimilé traditionnellement à « l'irrationalité » que se trouveraient les
ressources inédites de l'émancipation. Roszack voyait
donc dans ce qui avait été historiquement refoulé la
matière d'une nouvelle pratique émancipatoire, la
part d'humanité que ne parvenait pas à traduire socialement la société libérale occidentale. C'est une nouvelle civilisation qui commencerait à prendre forme à
travers l'inversion des codes culturels et du système
de valeurs qui étaient traditionnellement associés
aux sociétés occidentales. Edgar Morin dira dans
son *Journal de Californie*, de la contre-culture qu'elle
est « [...] aussi une révolution culturelle, qui affirme
ses valeurs positives. Certaines de ces valeurs
existaient déjà dans la société, mais elles étaient,
soit enfermées dans les réserves de l'enfance, soit
vécues comme détentes à la vie "sérieuse" du travail
(vacances, loisirs, esthétique) ou bien elles étaient
enfermées dans la gangue des religions, sans pouvoir
contaminer la vie quotidienne[73] ».

Dans *Thinkers of the New Left*[74], Roger Scruton a
montré comment d'un penseur à l'autre, le travail
intellectuel de l'époque consistait à invalider les institutions caractéristiques de la civilisation occidentale.
C'est ce que la civilisation occidentale avait refoulé qui
vient irriguer la société. Autrement dit, les instances,
les normes qui servaient de digues et qui permettaient
à la civilisation de se constituer sur le refoulement de
l'utopie et de l'aspiration à une société sans contrainte
sont amenées à céder les unes après les autres. Edgar

Morin définissait ainsi la démarche de la contre-culture :

> La rupture culturelle a donc été le jaillissement de ce qui était déjà présent, nourri, mais refoulé, désamorcé, dévié dans la culture même de la société. Et ce jaillissement s'accomplit dans et par la négation de ce qui refoulait et désamorçait[75].

Ce sont les codes du monde adulte qu'on fait tomber :

> Tous les courants qui s'affirment dans la révolution culturelle existaient déjà dans la société, comme contre-courants (néo-naturisme, néo-rousseauisme, néo-archaïsme) dans lesquels on se plongeait en alternance[76].

L'inversion de la norme devient la meilleure manière de renouveler une culture authentique de l'émancipation. Comme le dira encore Edgar Morin, « c'est la recherche du vrai monde caché sous le monde apparemment réel, recherche des secrets intérieurs de la psyché, recherche de la communion avec l'Être à travers la vie extatique, et à la limite, l'anéantissement nirvanien[77] ». Pour Morin, la contre-culture se substituait au communisme d'autant plus que ce dernier ne serait qu'une vision déformée de la civilisation occidentale :

> Alors que le communisme est un contre-courant issu du développement même du monde bourgeois occiden-

tal, il s'agit, dans l'extatisme d'un contre-courant venu de l'extérieur, mais happé et appelé de l'intérieur par les carences de l'Occident, et qui s'oppose à l'occidentalité elle-même, en ce qu'elle signifie activisme, dynamique historique, technique, rationalité et rationalisme[78].

Dans un même esprit, Morin affirmera que « je suis de ceux pour qui l'activisme du militant de parti est réactionnaire : ce qui est révolutionnaire, c'est le militant de l'existence[79] ». Morin conserve non seulement les catégories de réactionnaire et de révolutionnaire, il marque surtout le passage de la référence révolutionnaire à la recherche de l'authenticité, qui se trouverait en dessous de la société bourgeoise et dans les marges existentielles de notre monde[80].

On peut décrire aisément ce passage dans les termes du militantisme de gauche : la critique du capitalisme cède le pas à la critique de la civilisation, la critique économique se fait remplacer par la critique culturelle – même si la première demeure présente dans la seconde pour un temps[81]. C'est une nouvelle perspective sur la société qui s'impose. Comme le notait Irving Kristol, l'intellectuel principal du premier néoconservatisme, il faut prendre au sérieux la référence à la *contre-culture*, qui correspond exactement à ce qu'elle prétend être : un mouvement qui s'est constitué contre la culture et qui entend dévoiler à travers les processus de socialisation assurés par les institutions traditionnelles une dynamique plus générale d'aliénation – comme l'écrit encore Roszack, « la nouvelle gauche [...] voit dans l'aliénation le problème politique capital aujourd'hui[82] ». La contre-culture annonce ainsi un vaste programme : il faut renverser la société et redécouvrir le rêve derrière la fiction rationaliste de la modernité, réinjecter dans la société une charge utopique, une charge anarchique. Commentant à chaud la conversion culturelle du marxisme et ses théoriciens à la contre-culture, quelquefois par l'accouplement théorique de Marx et de Freud, Roszack remarquera ainsi que pour eux, « [l] e premier objet d'étude devient la totalité de la civilisation. Tout se passe comme si les néomarxistes voulaient réintroduire Marx dans le monde contemporain dans la foulée d'artistes, de philosophes existentialistes pour lesquels les problèmes immédiats de justice sociale, de lutte des classes et d'exploitation industrielle ne sont, au mieux, que des soucis subsidiaires »[83]. C'est « *à la civilisation elle-même* » que s'en prendront les promoteurs de la contre-culture qu'Irving Kristol présentera très justement comme une « *hostilité philosophique* » à la civilisation occidentale[84]. Cette nouvelle critique sera reprise par plusieurs philosophes et militants qui auront la prétention d'accoupler le marxisme avec le freudisme, en conjuguant la lutte des classes avec un accouchement au forceps du potentiel d'émancipation contenu dans le domaine de l'inconscient. C'est à la civilisation occidentale qu'il faut faire son procès, ce que le marxisme classique ne serait pas parvenu à faire, prisonnier qu'il était de ses grandes catégories idéologiques, dont il se contentait de fournir un double négatif.

Pour reprendre un concept psychanalytique, la *pulsion* de 68 est anarchique, c'est la pulsion du désordre et du chaos. Lutte avouée par Marcuse, qui disait travailler à libérer « des tendances anarchiques, désorganisées, spontanées, qui annoncent une rupture totale avec les besoins de la société répressive[85] ». L'autorité s'effrite, la culture est de plus en plus rejetée, la valeur des traditions et des coutumes passe du positif au négatif, les institutions qui assuraient hier la protection de la société et qui attiraient ceux qui voulaient la servir, comme l'armée, l'école ou l'État, sont désormais la cible d'une critique qui n'ira qu'en se radicalisant. Jean-François Revel le dira dans une liste pêle-mêle, néanmoins révélatrice de l'ampleur de la contestation :

> La métamorphose des mœurs, la révolte noire, l'assaut féminin contre la domination masculine, le rejet par les jeunes des objectifs sociaux ou personnels exclusivement économiques et techniques, l'adoption généralisée de méthodes non coercitives dans l'éducation des enfants, la culpabilité devant la pauvreté, l'appétit croissant d'égalité, l'élimination du principe de la culture autoritaire pour une culture critique et diversifiée, plus inventive que transmise [...], le mépris pour le rayonnement de la puissance nationale comme but de la politique étrangère, le besoin de faire passer la sauvegarde du milieu naturel avant le profit, aucun de

ces points chauds, dans l'insurrection de l'Amérique contre elle-même, n'est séparé des autres. Aucun de ces groupes ou thèmes de protestation, aucun de ces courants d'évolution n'aurait acquis autant de force s'il n'était, par un ou plusieurs liens, rattaché aux autres [86].

La liste des contestations alignées par Revel a le mérite de la clarté – il assimilera d'ailleurs ces luttes au « combat contre la société autoritaire » et notera qu'aucune de ces revendications ne peut vraiment s'affranchir de la dynamique idéologique plus vaste à laquelle elle participe [87]. Évidemment, la localisation des pouvoirs qui pèsent sur l'homme sera nécessaire à leur déconstruction. C'est le pouvoir qu'il faut repenser en dehors de la souveraineté qui permettait de le totaliser dans une instance politique. On envisagera non plus la structuration formelle du pouvoir dans l'ordre social mais les différentes modalités de sa diffusion. Ce sont les normes – ou les institutions responsables de la « normalisation » du social – qu'il faudra déconstruire. Il faut conséquemment partir des marges culturelles et identitaires de la civilisation occidentale pour découvrir les nouveaux dominés, appelés à s'enrôler théoriquement au service de la révolution.

## LE MOMENT FOUCAULT

C'est probablement chez Michel Foucault que l'on retrouvera la meilleure articulation entre une sociologie des marginalités et la constitution d'un radicalisme réinventé. Foucault prend le relais de Marx comme inspirateur de la gauche radicale. Foucault a établi une nouvelle sociologie théorisant de manière inédite la domination. Il théorisera explicitement l'idée d'une diffusion des pouvoirs – et des contre-pouvoirs – partout dans le corps social. La domination serait partout, surtout où on ne la voit pas : elle serait présente dans les rapports les plus intimes entre les êtres, elle serait constitutive de la culture. Foucault ouvre un cadre théorique où le pouvoir n'est plus pensé dans sa forme classique, mais bien tel qu'il se manifeste dans une série de micropouvoirs, qui compressent l'expression de la subjectivité en la modelant. Le pouvoir n'est plus un fait brut et massif, formalisé dans le droit – version libérale –, dans l'État – version républicaine – ou concentré dans les « rapports de production » – version marxiste –, mais bien un phénomène diffus, capillaire, partout présent mais inégalement réparti, qui toujours fait naître la résistance lorsqu'il se manifeste et s'institue. C'est dans l'intimité, dans les replis du social, qu'on cherchera à débusquer le pouvoir, en le définissant en dehors de la souveraineté et de sa conception juridique[88]. Foucault fournira au progressisme un nouveau vocabulaire, un nouveau langage scientifique qui permet de renouveler la critique sociale et un nouveau modèle, celui de la vie comme œuvre d'art, où l'individu est appelé à s'arracher aux déterminismes sociaux qui pèsent sur lui pour se réinventer en se créant lui-même. Il rendra possible une mutation de l'imaginaire de la guerre civile propre à la gauche radicale en disqualifiant les institutions de la société civile et de l'ordre politique pour les présenter comme des aménagements sociaux temporaires représentant une fixation circonstancielle des rapports de force. L'ordre politique ne représenterait plus le dépassement qualitatif de l'état de nature, comme l'avaient cru les philosophes contractualistes ou classiques, mais sa suspension temporaire – de ce point de vue, Foucault demeurait en continuité avec Lénine qui disait de la politique qu'elle représentait la poursuite de la guerre par d'autres moyens.

Si le pouvoir est partout, on fera donc la révolution partout, et tout le temps – c'est-à-dire que les luttes de libération des nouveaux groupes identitaires doivent être constantes et se répondre entre elles. Le grand soir hypnotise moins, mais la lutte n'en demeure pas moins marquée par la même intransigeance, celle des hommes pour qui la société ne peut être améliorée, seulement démontée puis reconstruite selon une toute nouvelle anthropologie. C'est dans cette perspective qu'un philosophe comme Marcuse, suivi en cela par plusieurs, travaillera à la politisation du quotidien qui révélerait de nouvelles manifestations de l'aliénation de l'homme. La politisation de l'intimité empêchera la société d'instituer des normes et des catégories qui prendraient l'individu dans une pâte étrangère. En fait, la nouvelle gauche cherchera à délivrer le socialisme d'une conception eschatologique de la révolution. L'objectif premier n'est plus compris comme une prise de pouvoir, mais bien comme une « transformation de la vie ». Le slogan est connu : le personnel est politique. Il ne s'agit plus de basculer dans l'action directe, mais de travailler toujours à se désinvestir des appartenances que prescrivent les institutions et la culture et qui rattrapent l'individu dans des catégories réintégrant une part d'hétéronomie dans la construction de sa subjectivité. La réapparition de la subjectivité dans ses manifestations, comme la race, le sexe, l'âge ou l'orientation sexuelle permet ainsi de multiplier dans le social les lieux de passage à l'action politique, autrement dit, les prétextes à la politisation des rapports sociaux, passage obligé de leur détraditionnalisation et de leur dénaturalisation. Dans une perspective qu'on dira libertaire, il faut pratiquer des ruptures constantes dans les mécanismes de socialisation, en minant les institutions qui les fondent, l'homme devant se déprendre de lui-même, en se soustrayant aux rôles prescrits et codifiés dans l'ordre social, comme le dira Foucault – ce qui amènera même ce dernier, d'ailleurs, à valoriser d'une certaine manière la criminalité qu'il présentera comme une stratégie de résistance contre l'homogénéisation de la société[89]. Cette disposition favorable envers la transgression ne s'exprimera pas toujours de manière aussi caricaturale : elle n'en viendra pas moins à définir en profondeur la culture idéologique de la gauche[90].

Foucault marquera profondément les esprits. La sociologie progressiste résumera cela à sa manière : tout est un construit social, car le monde humain ne serait constitué que d'une série de conventions arbitraires traduisant symboliquement des mécanismes de pouvoir et des luttes d'émancipation, les différentes sociologies disponibles sur le marché des idées caractérisant ensuite ces dominations au gré de leurs préférences idéologiques[91]. Car on ne comprendra rien à l'épistémologie constructiviste si on ne voit pas qu'elle accompagne, la plupart du temps, une philosophie politique progressiste, à laquelle elle sert de support théorique en lui faisant une sublime promesse : tout est possible. Le monde actuel ne serait qu'une configuration sociale parmi beaucoup d'autres. Si on cherche à dissoudre toute la réalité dans une purée herméneutique qui laisse croire dans la plasticité intégrale des rapports sociaux, c'est qu'on veut fonder théoriquement la possibilité du radicalisme avec sa prétention increvable à accoucher d'un autre monde possible, sans aliénation, enfin voué à l'avènement d'une transparence égalitaire définitive. Tout est construit, peut être déconstruit et reconstruit à souhait. Parce que le monde sociohistorique est conventionnel, il est donc tout artificiel. Le matériau n'est pas résistant, la plasticité du social est totale, celle du symbolique l'est tout autant, et la tradition n'est pas une pâte plus résistante que les autres lorsque vient le temps de travailler les représentations collectives. Le constructivisme donne une apparence scientifique au marteau-piqueur de l'utopisme. Toute autorité devient une domination illégitime à déconstruire : plus rien ne tient, le monde est friable.

## LES NOUVELLES LUTTES ET LA RECOMPOSITION DU SUJET RÉVOLUTIONNAIRE

Une chose est certaine : il ne saurait y avoir de renouvellement de la théorie de la révolution sans un renouvellement de la sociologie de l'exclusion. C'est donc à travers toutes les tensions que génère la contre-culture que la sociologie post-marxiste trouvera le moyen de révéler de nouvelles contradictions sociales. Pour reprendre les mots de Claude Lefort, il faut donner un nouveau visage à la catégorie de « l'étranger » – l'étranger, c'est-à-dire celui qui voit l'ordre social de l'extérieur à partir de la domination qu'il subit. Car la gauche radicale fonctionne d'abord à la manière d'une sociologie de l'exclusion et est égalitariste avant de savoir sur quel registre elle entend constituer la société égalitaire. C'est dans la culture et les nouvelles questions sociales qu'elle trouvera son inspiration. Il faut remplacer le prolétariat, imaginer la révolution sans lui, imaginer une autre révolution. Le paradigme de l'exclusion trouve ainsi à se renouveler au contact des mouvements contesta-

taires issus de la contre-culture. On entend documen-
ter les mécanismes d'aliénation qui se déploieraient
à partir des institutions qu'on tenait jusqu'alors pour
acquises. De nouveaux savoirs émergent – des contre-
savoirs, en un sens, visant à rendre transparents les
mécanismes de domination. C'est ainsi, par exemple,
que se développera l'antipsychiatrie, qui visait justement à problématiser les formes dominantes de la
rationalité[92]. C'est aussi dans cette perspective
qu'Ivan Ilitch mènera une critique fondamentale de
l'école qui assurerait la reproduction de pratiques
culturelles aliénantes[93]. Cette critique sera aussi
celle de Bourdieu qui reconnaîtra surtout dans l'école
une institution responsable de la reproduction des
hiérarchies sociales[94]. Il faudrait ainsi déconstruire
les mécanismes responsables de la transmission de
la culture et miser sur la spontanéité de l'enfance
pour inventer de nouveaux sentiments, une forme
de vie plus authentique. C'est le principe même
d'une institution soutenue et alimentée par une tradition qui sera aplati, évacué, exécuté[95]. L'éducation ne
vise plus la transmission mais la déconstruction :
l'école doit dans la mesure du possible imperméabiliser les nouvelles générations contre une culture
toxique, discriminatoire à l'endroit des minorités. Le
rapport pédagogique, peu à peu, s'inversera, d'autant
qu'on misera, au fil des ans, sur l'école pour inculquer
les valeurs issues de la contre-culture. Ce qui se laisse
deviner à l'horizon, c'est évidemment la nouvelle
éthique de l'authenticité qui est appelée à irriguer le

principe démocratique et la pratique qui l'accompagne – l'individu, ramené à sa vérité originelle, avant toutes les déterminations sociales et culturelles, pouvant céder enfin au fantasme de l'autoengendrement. Ce qui se dessine déjà, c'est la figure de l'individu auto-référentiel, hors-sol, délivré de tout rapport de filiation, et ne se reconnaissant aucune dette à l'endroit de l'héritage qu'il a reçu et de la communauté politique qu'il habite. L'authenticité se présentera et se pensera comme une critique de l'aliénation générée non seulement par le capitalisme, mais surtout, par les processus d'homogénéisation culturelle de la civilisation occidentale.

Les *nouveaux mouvements sociaux* repérés dès les années 1970 par Alain Touraine – on parlera plus tard, dans un même esprit, des *nouvelles radicalités* –, en politisant de façon inattendue le social, permettent ainsi d'en limiter la pacification, ce qui permet, au moins à basse intensité, de maintenir la société en état de « guerre civile » permanente. Ils ont surtout pour vocation de rendre visible le « travail de la société sur elle-même », d'actualiser sans cesse les pratiques émancipatoires. Ils auraient pour vertu de dévoiler les contradictions portées par l'ordre social et qui permettraient d'actualiser la recherche d'une plus grande égalité sociale. Autrement dit, ces nouveaux mouvements sociaux ont pour vocation de fournir un sujet révolutionnaire pluriel, inattendu, qui se recompose au rythme de la demande sociale, sans qu'on puisse préjuger du contenu de ses revendications. Alain Touraine repérera rapidement dans ces nouvelles luttes l'héritage le plus fructueux de mai 1968 en les définissant comme de « nouvelles formes d'arrachement à un passé épuisé ou médiocre[96] ». Le mouvement des « immigrés », celui des « femmes », celui des « homosexuels », celui des « prisonniers », celui des « psychiatrisés » – tous ces mouvements qui, en eux-mêmes, ont peu de choses en commun, sont appelés à féconder l'action politique, pour la décentrer des institutions prédominantes et ouvrir le domaine public à l'expression d'une diversité inédite de formes de vie, le point culminant de cette théorisation de l'émancipation se retrouvant dans les queer studies. Le marxisme se serait rendu coupable de réductionnisme économique : il ne faudrait plus réduire la référence à l'aliénation à celle générée par les rapports de classe. On multipliera les conflits sociaux. La politisation de la seule question ouvrière ne parvenant plus à opposer suffisamment les différents acteurs, la gauche radicale posera donc de nouvelles questions « en jetant dans la lutte politique la gamme des besoins autres que matériels[97] ». La théorie révolutionnaire devra repérer « l'émergence d'un groupe historique » susceptible d'entraîner les autres dans la contestation radicale de la société susceptible de faire exploser les tensions sociales en radicalisant les contradictions qui s'y manifestent « avant que les tendances à la normalisation et à l'intégration l'emportent[98] ». L'ouvrier déclassé pour cause d'entêtement non-révolutionnaire, le *marginal* le remplacera, bien que ce dernier

111

puisse avoir plusieurs visages, selon les circonstances. Marcuse écrira aussi qu'« [a]u-dessous des classes populaires conservatrices, il y a le substrat des parias et des "outsiders", les autres races, les autres couleurs, les classes exploitées et persécutées, les chômeurs, et ceux qu'on ne peut employer. Ils se situent à l'extérieur du processus démocratique ; leur vie exprime le besoin le plus immédiat et le plus réel de mettre fin aux conditions et aux institutions intolérables. Ainsi leur opposition est révolutionnaire même si leur conscience ne l'est pas. Leur opposition frappe le système de l'extérieur et, de ce fait, le système ne peut pas l'intégrer ; c'est une force élémentaire qui viole les règles du jeu et, en agissant ainsi, elle montre que c'est un jeu faussé[99] ».

Somme toute, ce seront les « exclus » qui fourniront les fantassins nécessaires à cette charge perpétuelle contre l'ordre social. Les sans-parts seront là pour fonder pratiquement une épistémologie sociale décentrée des institutions dominantes par la mise en scène d'un discours et d'une politique victimaire où les prétentions de la collectivité à se fonder traditionnellement ou philosophiquement sont toujours ramenées par les minorités à de purs rapports de domination. Même si, évidemment, elles se sont moins portées volontaires pour cela qu'on les a conscrites théoriquement de force.

## LA DÉMOCRATIE RADICALE ET LA SACRALISATION DE LA DIVERSITÉ (1980-1990)

Dans un ouvrage majeur paru au début des années 1980, qui marquait la naissance du courant « radical-démocratique », *Hegemony and socialist strategy. Towards a radical democratic politics*, qui récapitulait le parcours de la nouvelle gauche pour en tirer un cadre stratégique et qui sera considéré comme un texte fondateur pour une bonne partie des intellectuels progressistes, Chantal Mouffe et Ernesto Laclau remarqueront qu'en se positionnant dans la perspective d'un « réformisme radical », la nouvelle gauche pourrait s'approprier l'imaginaire démocratique en proposant une réinterprétation de ses principes directeurs. La démocratie étant sur le point de triompher du contre-modèle socialiste, il fallait pour la nouvelle gauche s'en emparer, la redéfinir et la réinventer. La démocratie libérale, que les marxistes assimilaient à une démocratie bourgeoise, ne sera plus pensée comme un régime politique limitant dans sa définition même l'imaginaire du radicalisme mais plutôt comme un « principe » de transformation des rapports sociaux. Surtout, la démocratie radicale proposera une réinterprétation du principe révolutionnaire et une nouvelle théorie du changement social, en se déprenant de la fiction du grand soir pour miser sur l'idée d'une transformation radicale constante. On reprisera les liens entre le socialisme post-marxiste et la démocratie devenue champ de bataille pour promouvoir les différentes luttes identitaires. Il faut bien voir d'ailleurs que la gauche radicale s'approprie à ce moment la référence à la démocratie pour y transposer désormais ses revendications. La démocratie ne se présentera évidemment plus comme l'expression adé-quate de la volonté populaire d'une communauté his-toriquement circonscrite et politiquement instituée dans une citoyenneté formellement égalitaire mais comme possibilité pour une société de se tenir à dis-tance d'elle-même dans une perpétuelle entreprise de déconstruction. La gauche post-marxiste ne reportera plus la révolution à un prochain moment dans l'histoire de la collectivité, mais la pensera comme une posture permanente d'hostilité à l'ordre établi. Ce qui ne devrait pas désespérer les progressistes, le passage de « la lutte finale » à « la révolution permanente » ouvrant une tâche politique infiniment plus vaste que celle accrochée à la lune utopique du grand soir[100]. Il s'agit de maximiser les relations égalitaires dans une culture appelée à se réinventer en s'arrachant non seulement à la tradition mais à l'idée même de tradition.

De la lutte des classes périmée, on passera à un nouveau modèle susceptible d'articuler les luttes sociales : *la politique des identités*. Les classes populaires ont déserté la guerre révolutionnaire ? Le peuple n'est plus à gauche ? On se fabriquera une série de petits peuples de substitution. « Un peuple de perdu, dix de retrouvés », écrira Éric Conan, qui précise que la gauche se définira désormais par « cet impératif dominant de la transgression obligatoire et radieuse [101] ». Si l'exotisme de la contre-culture est retourné dans les marges du social, chez les adorateurs des pratiques chamaniques, ou encore, si elle survit dans le kitsch de la spiritualité *new-age* il n'en demeure pas moins que sa charge normative a changé la gauche, qui aura finalement trouvé dans la déconstruction des valeurs et institutions son nouveau programme. Mouffe et Laclau ont parmi les premiers théorisés la mutation idéologique qui sera désormais le propre de la gauche post-marxiste : la pluralité des revendications identitaires se conjuguera à travers la figure de la *diversité*. C'est la diversité, ou si on préfère, la multiplicité conjuguée des identités subordonnées à l'hégémonie de *l'homme blanc occidental*, qui se constituera à la manière d'un nouveau sujet révolutionnaire. L'éclatement des luttes, dont on s'est souvent désolé en parlant d'une société où chaque groupe se laisserait aller au repli identitaire et corporatiste, ne représentera pour cette gauche qu'un moment dans l'histoire du projet progressiste. La gauche post-marxiste travaillera à la convergence des nouvelles luttes qui s'articuleront les unes les autres, ce que Mouffe et Laclau appelleront « a chain of equivalence among democratic struggles [102] », ce que nous suggère d'ailleurs la sociologie contemporaine, en appelant systématiquement à la conjugaison des luttes contre les discriminations. L'extension du principe égalitaire par la reconnaissance des différences devient l'horizon de la politique. La figure de l'Autre qui s'imposera, et à qui il faudrait s'ouvrir, sera parée de toutes les vertus : c'est que l'Autre aurait l'immense avantage de *ne pas être nous*. L'Autre sera le nouveau point d'appui à partir duquel mener une critique sans cesse reprise de la civilisation occidentale, pour la pousser toujours plus loin dans l'autocritique et la convertir à sa propre déconstruction. Un nouveau mal en viendra à surplomber tous les autres, le racisme, qui deviendra l'ennemi protéiforme contre lequel devraient se liguer les forces progressistes.

Il importera désormais d'élargir sans cesse les bornes définissant la communauté politique pour y admettre de nouvelles manières d'y participer, l'identitaire permettant ainsi à une série de groupes de se constituer politiquement et de réclamer un réajustement des rapports sociaux à leur avantage, pour ne plus subir ni tolérer la discrimination directe ou indirecte dont ils seraient victimes. Dans la mesure où la culture est désormais le principal domaine de formation de la subjectivité, il faudra transformer l'action publique pour l'amener à la reconstruire dans une perspective égalitaire, la sociologie des marges se reformulant à la manière d'une sociologie victimaire. C'est le multiculturalisme qui se dessine comme nouvelle figure de la communauté politique et avec lui, des revendications identitaires de plus en plus nombreuses qui veulent être prises en charge dans la communauté politique. La diversité est le terme logique des revendications identitaires mises en équivalence démocratique radicale. C'est sous le signe de la diversité que ces revendications se rassemblent, se reconnaissent. En un sens, et il faut le redire, c'est la diversité elle-même qui s'impose à la manière d'un sujet révolutionnaire de substitution. Ce pari sur les exclus passera par le démontage des institutions qui les tiennent à l'écart d'un plein exercice de leur citoyenneté « réelle » à partir d'une « discrimination systémique » structurant les rapports sociaux de manière hiérarchique. La lutte aux discriminations qui politise la proclamation d'un droit à l'égalité réelle philosophiquement déduit du socialisme sert de matrice à la reconfiguration des politiques publiques dans une société contemporaine qui se découvre coupable de discriminations systémiques. On refondera la citoyenneté occidentale, en dépassant l'égalité de droit entre tous les citoyens pour envisager l'égalité entre les groupes, entre les inclus et les exclus, pour déconstruire les logiques discriminatoires visibles ou invisibles, en refusant systématiquement d'établir une norme qui s'impose à tous du centre de la société.

## La *Third Way*, la normalisation gestionnaire du radicalisme et la stratégie des valeurs

Il fallait un clair changement d'époque pour permettre à cette mutation idéologique en profondeur d'aboutir politiquement, même si de la tentative McGovern en 1972 aux écologistes allemands, dans les années 1980, en passant par la deuxième gauche française dans les années 1970 et la mutation antiraciste du socialisme mitterrandien après sa déroute économique, elle s'installera peu à peu dans la vie politique occidentale. La fin de la guerre froide, la chute du mur de Berlin et l'entrée dans une nouvelle époque censée pousser encore plus loin la modernité, allait permettre un renouvellement des enjeux au cœur de la vie politique. Le socialisme classique étant définitivement vaincu, la gauche devait clairement préciser son nouveau projet, qu'elle associera à un programme de *modernisation* culturelle et identitaire des sociétés occidentales. Mais c'est à partir des années 1990 qu'elle s'imposera désormais dans les partis politiques, et plus largement, qu'elle en viendra à exercer une hégémonie idéologique sur l'ensemble de l'espace public.

Cette mutation politique sera associée à ce qu'on a appelé la « troisième voie », la *Third way*. La troisième voie a entrepris de piloter cette modernisation de l'identité culturelle et des pratiques sociales[103]. Étrangement, on l'accusera souvent de représenter un virage à droite de la gauche européenne, dans la mesure où elle s'est ralliée, pour l'essentiel, à l'économie libérale et plus largement, aux exigences de la mondialisation. Mais cela consiste à oublier que ses convictions fondamentales sont moins économiques que sociétales. Les cyniques le diront peut-être autrement : dans la mesure où elle a rejoint globalement les exigences de l'économie libérale, elle doit désormais

se différencier d'avec la droite sur les questions culturelles et sociales. Le partage des rôles sera désormais le
suivant : la gauche sera désormais le parti de la modernisation pluraliste de la société occidentale, la droite
celui de sa crispation identitaire. L'égalité pour
laquelle travaillera la Troisième voie ne sera pas l'égalité entre les individus consentant à la privatisation de
leur identité personnelle, mais bien l'égalité entre les
groupes, reconnus comme tels dans la constitution
d'une citoyenneté pluraliste. La lutte contre les discriminations et pour la reconnaissance de la diversité
deviendra le grand horizon de la politique démocratique et sera normalisée dans la construction de l'État
diversitaire.

Pour suivre l'évolution doctrinale de la troisième
voie, on peut se tourner vers son meilleur théoricien,
le britannique Anthony Giddens [104]. À l'origine, on
trouve le constat suivant : la politique de l'émancipation, qui caractérise le mieux le progressisme,
s'est historiquement échouée dans la criminalité
soviétique, *mais aussi*, dans la bureaucratisation des
rapports sociaux propres à l'État social, à l'État pro-
vidence. Il serait nécessaire de repenser le radicalisme,
sans renier ni ses finalités, ni ses objectifs, soit l'émancipation des classes sociales subordonnées, ou plus
exactement, dans le vocabulaire politique contemporain, des groupes culturels ou identitaires discriminés.
Avec lui, on comprend la portée d'une théorie de
l'émancipation dans une société qui n'envisage plus
la révolution comme un horizon historiquement

marqué mais comme un processus perpétuel de recomposition du lien social. Giddens posait la question ainsi : « Qu'est-ce que cela veut dire, aujourd'hui, que d'être radical politiquement[105] ? » Il ne s'agissait donc pas de renier le radicalisme mais de l'imaginer autrement. Le projet de la troisième voie consisterait à radicaliser les pratiques démocratiques dans tous les domaines de l'existence, ce qui passera principalement par la reformulation des problèmes d'exclusion dans le langage de la lutte contre les discriminations. Il s'agirait pratiquement de « démocratiser la démocratie[106] ». On en appellera à la planification administrative de tous les aspects de la société pour empêcher la reproduction de structures de domination héritées d'un ancien monde qui se poursuivrait malgré l'interdit dont on l'aurait frappé. Il s'agit de reprogrammer les processus de socialisation pour « faire évoluer » les mentalités, une tâche qui sera menée par les nombreuses agences et institutions liées à la mutation thérapeutique de l'État social. On fabriquera politiquement l'homme nouveau en le socialisant dès l'enfance et tout au long de sa vie selon la nouvelle culture progressiste de « l'omnitolérance antipréjugés[107] ». L'individualisme libertaire trouve ainsi à se conjuguer avec le managérialisme étatique. On pourrait parler de la normalisation gestionnaire du radicalisme, devenu technique d'adaptation de la société aux exigences de la diversité[108].

Ce modèle s'est généralisé à travers l'entreprise d'une modernisation du progressisme européen. Si une frange de la gauche radicale n'a pas abandonné la critique du capitalisme et milite encore pour un socialisme d'abord centré sur les questions économiques, il n'en demeure pas moins que la tendance lourde du progressisme depuis cinquante ans le porte à centrer son programme sur les questions sociétales plutôt que sur les questions économiques. Cette mutation stratégique et idéologique se confirme au fil de l'actualité, surtout lorsque la gauche constate la défection durable des classes populaires vers des « valeurs culturelles de droite ». On l'a vu au printemps 2011 en France lorsque la Fondation Terra Nova, a proposé explicitement au Parti socialiste d'assumer son changement de base électorale en sacrifiant les classes populaires virées conservatrices pour miser désormais sur les cadres supérieurs, les bourgeois bohèmes, les marginaux culturels et les immigrés. Le radicalisme postsoixante-huitard trouve ici à se traduire dans la sociologie électorale[109]. Les forces sociales porteuses de modernisation ne seraient plus les couches populaires mais les élites sociales et les minorités identitaires promues par le nouveau modèle démocratique postsoixante-huitard. Chose certaine, de la stratégie de « classe » à la « stratégie des valeurs », on peut aussi remarquer un passage de la lutte des classes à la politique des identités. Car une politique centrée sur les classes populaires serait, selon les figures dominantes de la gauche intellectuelle, une politique conservatrice. On comprend dès lors que la gauche terra-noviste privilégie les enjeux sociétaux : ils sont au cœur d'un projet fondé sur la quête d'égalitarisme identitaire. De ce point de vue, le terra-novisme de la gauche française n'est pas qu'une stratégie parmi d'autres possibles mais l'aboutissement presque naturel d'une philosophie politique qui a voulu transformer en profondeur la vision dominante de la société occidentale.

\*\*\*

L'histoire de la gauche idéologique nous conduit d'un paradis terrestre à un autre : de la société sans classe, où les rapports de domination seraient abolis, nous sommes passés à la société diversitaire, où les identités circuleraient librement sans qu'aucune ne se pose comme norme de convergence, sans qu'aucune ne soit assignée par une institution prétendant modeler la subjectivité des acteurs. Les différences se réconcilieraient les unes les autres sans jamais se contredire, dans une société se vouant dans l'unanimité au culte des droits de l'homme. Mais d'un paradis terrestre à l'autre, c'est la même structure de pensée qui demeure : pour qu'advienne une société sans autorité, ni institution, ni verticalité, une société absolument autonome, délivrée des contradictions humaines, affranchie des tensions qui constituent depuis toujours l'histoire des civilisations, il faudra passer préalablement par une politisation intense de tous les rapports sociaux, pour reconstruire l'existence humaine dans toutes ses facettes, sans n'en laisser aucune intacte.

Autrement dit, l'avènement de la société absolument libre sera précédé par un moment autoritaire, celui de l'État éclairé par la bonne doctrine – l'État multiculturaliste est un État idéocratique. L'État absorbera complètement la société, pour la reconstruire selon sa maquette idéologique : l'idéal diversitaire devra partout s'appliquer à travers le modèle de la lutte contre les discriminations. En embrassant dans le multiculturalisme une nouvelle utopie expiatoire, il engageait la marche vers un monde où la politique recoupera la morale, où la citoyenneté recoupera l'humanité. La civilisation occidentale, enfin affranchie d'elle-même, pourrait se confondre, désormais, avec l'humanité.

Pourtant, à travers cette mutation, plusieurs ont été tentés de reconnaître une sortie du radicalisme, un ralliement de la gauche à la droite. Pierre-André Taguieff reconnaîtra dans la troisième voie un réformisme dilué qui aurait renoncé à transformer la société, dont se serait rendu coupable notamment François Mitterrand, dès le début des années 1980 :

> La gauche s'est ralliée au modèle marchand et technicien. Le modèle révolutionnaire n'étant plus crédible, plus rien ne subsiste à l'horizon idéologique, sinon le discours néo-caritatif et misérabiliste sur l'exclusion [110].

Mais il n'est pas certain que cette perspective soit la plus avisée. Au moment du 40e anniversaire de mai 1968, sa principale figure inspiratrice, Daniel Cohn-Bendit reviendra sur les événements en écrivant que « 68, c'est la fin du mythe révolutionnaire, la fin de la révolution et le début des mouvements de libération qui continueront dans les années 1970, 1980, jusqu'à aujourd'hui[111] ». Il ajoutera que mai 68 ouvre la marche des sociétés occidentales vers le paradigme diversitaire : « ce sera pour moi le début de toute la réflexion sur la différence et l'acceptation des différences en tant que facteurs qui unissent. La reconnaissance de la différence peut nous unir et donner une force à la société. Et cela, c'est aussi 68[112]. » Si nous pourrions le chicaner un peu sur les termes utilisés, il n'en demeure pas moins qu'il analyse bien la mutation du projet de la gauche. L'évolution de la pensée de Cohn-Bendit, sur ces questions, est exemplaire de la mutation de la gauche dont il aura représenté pendant quelques décennies l'aiguillon moderniste. Piotr Rawicz, dans son journal des événements de mai 1968, y confessait cette intuition :

> Dans cinquante ans il y aura peut-être à Paris une station de métro « Cohn-Bendit », une place Cohn-Bendit, une rue Cohn-Bendit au même titre qu'il existe la rue Étienne Marcel. Des gosses à l'école se feront coller sur la date du 22 mars[113].

Chose certaine, le parcours de la figure iconique de mai 1968 représente bien le parcours de la gauche depuis la deuxième moitié du XXe siècle.

Que la nouvelle gauche n'ait pas fait que des heureux, en déplaçant son attention du capitalisme à la culture, nul n'en doutera. La querelle est connue, entre ceux pour qui les progressistes s'épuisent en de vaines tâches lorsqu'ils ne centrent pas leur critique sur le capitalisme mondialisé et les autres qui ont accepté, tactiquement ou fondamentalement, de changer le terrain de la sociologie critique pour la centrer désormais sur le social, la culture. Repli culturel du marxisme, ou recyclage conceptuel significatif ? La question importe peu, sauf pour ceux qui prient à la chapelle révolutionnaire et qui se font entre sectes d'obédiences distinctes des conceptions différentes de ce que serait la désaliénation de l'homme. On pourrait dire qu'on ne voit plus la révolution à l'horizon parce qu'elle est derrière nous. La gauche occidentale n'est pas sortie de l'imaginaire révolutionnaire, elle est plutôt parvenue à l'institutionnaliser. La gauche, aujourd'hui, est passée de l'État socialiste à l'État diversitaire.

# 3

# La grande noirceur occidentale
# ou l'histoire comme expiation

> Or nous savons bien que lorsqu'une nation prend mauvaise conscience, elle est prête à s'effondrer.
>
> Jacques ELLUL, *Trahison de l'Occident*

Dans ses *Chroniques de guerre*, et avec l'admirable lucidité dont il était coutumier, Raymond Aron a déjà noté qu'un « régime nouveau est toujours impatient d'affermir son autorité en détruisant les fondements du régime ancien ». Cette réflexion éclaire certainement cette tendance étrange que notre époque a l'habitude d'appeler la manie pénitentielle. C'est désormais un rituel, ou presque : d'une nation à l'autre, on exhume du passé des figures illustres ou oubliées pour les soumettre à un procès implacable : ils n'anticiperaient pas la société présente, ils ne se seraient pas pliés à l'avance aux valeurs que nous chérissons. Ils témoigneraient même d'un autre rapport au monde, qui nous est absolument incompréhensible. On laisse de côté ce que l'on croit être leurs exploits ou leurs mérites, et on cherche à voir comment ils ont péché d'une manière ou d'une autre contre la diversité. Car c'est finalement la seule question qu'on leur posera : avaient-ils, oui ou non, compris l'importance vitale de la lutte contre les discriminations ? Avaient-ils commencé la lutte au nom des minorités dominées ? C'est ce qu'appelle généralement la repentance, qui a partout la cote, qu'il s'agisse de renoncer à célébrer Austerlitz en France, d'accuser de sexisme le mouvement patriote du XIX^e siècle au Bas-Canada ou de déboulonner les statues qui, à Londres, rappellent trop la mémoire de l'empire britannique. C'est la passion morbide de la commémoration négative : nous ne tolérons plus dans l'imaginaire collectif des hommes qui, d'une manière ou d'une autre, contredisent le présent et laissent croire que l'humanité a pu vivre autrement, en vénérant d'autres dieux ou d'autres valeurs. Le nouveau régime diversitaire ne célébrera que ceux qui l'annonçaient, et noircira à outrance ceux qui n'entrent pas naturellement dans son panthéon idéologique.

Cette culture de la repentance est certainement un des principaux héritages de la dynamique idéologique des *radical sixties*. Dans la mesure où les années 1960 sont perçues comme porteuses d'une mutation identitaire radicale, elles ont généré un récit historique venant fonder cette prétention. Car toute société a besoin d'un récit qui structure son imaginaire et vient concrétiser la nécessité pour l'homme d'appartenir à une communauté qui s'inscrit dans le temps. La singularité de la mémoire contemporaine est toutefois d'être une mémoire de l'arrachement : elle n'entend pas nouer un lien avec le passé, mais justement, le dénouer. Même si elle était déjà présente auparavant, la chose est devenue visible au début des années 1980, comme l'a noté Pascal Bruckner qui en a mené une sévère critique en dénonçant « l'autocannibalisme » et la « culture de l'excuse », « le systématisme de l'expiation », « l'avalanche pénitentielle ».

Une partie du monde, la nôtre, est donc occupée de façon obsessionnelle à dresser la liste de ses torts et se forge une hautaine statue de tortionnaire. Dès l'enfance, nous sommes dressés à la pédagogie de l'autoréprimande. [...] Nous répugnons alors à défendre nos sociétés : plutôt nous abolir que de manifester à leur égard un tant soit peu d'attachement[1].

Les sociétés occidentales ont appris à avoir honte de leur histoire. Elles la croient entachée par une faute grave, indélébile, comme si la tradition était définitivement souillée. Ces querelles, évidemment, ne concernent pas que les historiens. Cette manie du repentir, que Jean Sévillia a nommé « l'historiquement correct » et que d'autres assimilent à une idéologie pénitentielle a suscité depuis le début des années 2000 l'agacement de plusieurs historiens et intellectuels qui en ont fait la critique, plus souvent qu'autrement en soutenant qu'elle reposait sur une mémoire fantasmée surchargée de griefs revanchards[2]. Mais la critique de cette tendance demeure minoritaire et s'inscrit à contre-courant d'un discours hégémonique sur la mémoire collective des sociétés occidentales.

Cette manie pénitentielle est normalement assimilée à une « repentance de la conscience moderne sur elle-même », comme l'a suggéré Alain Renaut dans un travail cherchant à introduire positivement dans la philosophie politique française la question du multiculturalisme[3]. Il parlait à ce propos d'un « humanisme de la diversité ». D'ailleurs, il décrit bien l'état d'esprit de ceux qui reconnaissent une vertu pédagogique à l'idéologie pénitentielle et qui pratiquent la « culpabilisation rétrospective » :

> Il suffit d'apercevoir [que cette repentance] procède à l'évidence du sentiment qu'un certain nombre de choix de valeurs, solidaires de la façon dont les Modernes ont longtemps compris le sens de l'humanisme, se sont au moins en partie retournés dans leur contraire. Là où il s'agissait, en particulier pour la composante républicaine de notre modernité, de faire abstraction des différences pour intégrer toute la variété des profils humains, individuels ou collectifs, dans un monde commun, les représentations qui se sont développées des conditions de possibilité d'un tel monde commun ont contribué et contribuent encore trop souvent à exclure celles et ceux qui ne correspondent pas à certains standards[4].

La repentance serait inscrite dans le déploiement de l'identité moderne passée de l'altérité substantielle prémoderne à l'égalité indifférenciatrice moderne et qui s'ouvrirait aujourd'hui à l'égalité différenciée liée à un retour de la modernité sur les processus d'exclusion qu'elle aurait légitimés. Autrement dit, l'histoire de l'identité exigerait aujourd'hui une « ouverture à l'autre » indissociable d'un retour sur les conditions et les discours qui avaient légitimé son exclusion. De l'universalisme du même, nous passerions à l'universalisme pluriel. En ce sens, l'apprentissage de la culpabilité serait une manière pour les sociétés modernes d'honorer leur fidélité à leurs idéaux. La repentance serait une forme supérieure de fidélité à soi-même.

Il nous faut pourtant nous éloigner de cette explication convenue, celle d'une société occidentale trouvant dans la repentance une manière de revenir sur son passé avec une modestie inédite, désormais informée de ses crimes et de ses fautes. Évidemment, la sensibilité historique des sociétés évolue, elle se transforme, elle mue, si on préfère, mais un retournement aussi complet du rapport au passé ne saurait s'expliquer de lui-même. Le passé, on le sait, n'apparaît pas sans médiation dans la conscience des hommes : il est l'objet d'interprétations multiples et concurrentes. C'est un enjeu politique, peut-être même le premier. « Qui contrôle le passé contrôle l'avenir », écrivait Orwell. Et « qui contrôle le présent contrôle le passé », complétait-il, dans une formule aussi tranchante qu'exacte. Le récit historique est indispensable à la construction de la légitimité politique. Pour ses promoteurs, qui croient enseigner la vérité enfin dénudée, la « mauvaise conscience » historique aurait la vertu d'une pédagogie nécessaire pour affaiblir le système immunitaire des sociétés occidentales et les amener à consentir à leur transformation radicale. Plus le présent hérite d'un passé coupable, plus il doit être transformé. L'idéologie pénitentielle n'appartient pas seulement à une histoire de la conscience démocratique de la modernité, mais a une fonction stratégique dans le dispositif idéologique du multiculturalisme. Le passé réinterprété est devenu une ressource politique et idéologique dans la lutte en faveur du régime diversitaire, comme le note Shmuel Trigano qui soutient que « les réputés conflits de mémoire ne font que traduire sur le plan idéologique le fait que des groupes sociaux militent sur la scène de l'opinion publique pour se faire une place au soleil [5] ». Olivier Mongin parle plutôt d'une « conception pénitentielle et réparatrice de l'histoire [6] ». On parle d'historiographie victimaire car c'est d'abord dans sa prétention à dévoiler la société moderne par ses marges qu'elle prend forme, en racontant désormais son histoire « du point de vue de ceux qui l'ont subie », selon la formule d'Alain Touraine, pour prendre leur parti et leur fournir une visibilité historique sans laquelle ils ne pourraient prendre collectivement conscience de leur situation de domination. Ainsi dégagés de l'hégémonie de ce qu'on nomme de plus en plus souvent la mémoire majoritaire, les groupes discriminés, parvenus à se reconstituer une certaine densité existentielle, disposeront des ressources identitaires nécessaires pour justifier leurs griefs, leurs revendications, leurs réclamations.

## DE L'INEXISTENCE À L'EXISTENCE : L'AVÈNEMENT DES « DOMINÉS » SUR LA SCÈNE DE L'HISTOIRE

L'histoire, en un mot, n'est pas une enquête neutre : elle est au cœur de la construction de la légitimité politique. Le discours qu'on tient sur une société la façonne intimement, délimite le possible et le pensable. L'historiographie victimaire dévoile le parcours de groupes sociaux ou identitaires dont l'existence avait été absorbée dans la conscience historique nationale, surtout dans son processus d'universalisation qu'il s'agit aujourd'hui de démasquer pour rendre visible les groupes discriminés et dominés. La mémoire devient ainsi un champ de bataille où les dominés d'hier prennent au temps présent leur revanche et fondent dans la mise en scène de leur parcours historique la légitimité de leurs revendications. Il faut désormais ouvrir la conscience historique pour la revisiter par ses marges et faire éclater la figure surplombante d'une nation qui aurait tout écrasé – et plus largement, pour jeter à terre toutes les grandes figures identitaires coupables d'avoir étouffé la diversité. Ce qui passe par la déconstruction des légendes officielles entretenant la légitimité politique. Les rapports sociaux seraient d'abord des rapports de domination, d'exclusion et de discrimination et l'historien devrait chercher à les décoder pour ensuite les dévoiler publiquement en construisant par là un programme de réparation sociale.

L'histoire devrait désormais dévoiler et expliciter les structures discriminatoires, les pratiques « exclusionnaires ». Il faudrait montrer comment derrière la fiction unitaire d'une société traversée par un même destin on retrouverait des groupes en guerre les uns contre les autres. Mais on ne se contentera pas de suivre les leçons du réalisme le plus élémentaire, qui analyse les conflits sociaux et les rapports de pouvoir : on prendra parti en donnant tort aux uns et raison aux autres. Reconstruire la conscience historique pour l'ouvrir à l'autre consisterait justement à décentrer le récit historique du groupe majoritaire de la nation ou de son corps historique et de contester la légitimité de sa souveraineté, pour l'amener à reconnaître ses crimes, réels ou imaginaires, tout en intégrant dans le récit collectif une diversité sans centre de gravité, pour s'assurer que chaque groupe puisse s'y apercevoir dans la reconnaissance de ses griefs légitimes. La reconnaissance des récits historiques marginaux serait le premier signe d'une thérapie identitaire destinée aux groupes historiquement subordonnés, qu'il s'agisse de certaines communautés culturelles ou de minorités sexuelles[7]. On rouvre le chantier de la conscience historique pour découvrir les mémoires enfouies, celle des groupes qui ont payé cher la souveraineté majestueuse de la nation, qui se serait construite en piétinant tout ce qu'elle n'était pas. Cette entreprise d'excavation serait un geste fondamentalement démocratique et s'accompagne du développement d'une sociologie victimaire à grande échelle qui entend déconstruire les fondements de la nation occidentale.

On pourrait parler d'une mutation victimaire de la mémoire, même de son renversement, particulièrement exemplifié par une formule utilisée en France : on s'intéresse de moins en moins à ceux qui sont *morts pour la France*, et de plus en plus à ceux qui sont *morts à cause d'elle*. Il faudrait non plus se recueillir devant la tombe du soldat inconnu, mais bien devant celle de « l'esclave inconnu », la grandeur d'une nation ne se remarquant plus dans la « magnification » de son histoire mais bien dans sa capacité à reconnaître ses crimes et ses fautes [8]. L'historiographie victimaire désigne les groupes qui sont en droit de réclamer une réparation historique et d'exiger un amendement de la société à leur endroit [9]. Autrement dit, la nouvelle histoire est d'abord là pour fonder le droit des victimes. Ce n'est que de ce point de vue, d'ailleurs, que l'on comprendra l'importance du paradigme anti-discriminatoire en histoire, centré sur la « race », le « genre » et la « classe », dans la mesure où il a justement pour fonction de dévoiler des processus de domination qui se seraient masqués dans les apparences d'une culture dépolitisée. Le renouvellement des sciences sociales dans le domaine des *subaltern studies* avait d'ailleurs pour fonction de dévoiler les groupes subordonnés dans l'histoire de la société libérale occidentale, de les transformer en acteurs historiques susceptibles de mener leur propre stratégie d'intégration sociale, à partir de revendications qui leur seraient

propres[10]. Paul Hollander parle méchamment des
« self-study fields » qui auraient surtout pour vocation
de légitimer les revendications les plus radicales de
groupes minoritaires dans le langage des sciences
sociales.

## L'HISTOIRE SOCIALE
### OU LA DÉSÉTATISATION DU POLITIQUE

Cette dynamique victimaire dans le rapport au
passé n'est pas seulement le fait des associations mili-
tantes mais s'est aussi imposée dans la recherche historique, la recherche savante. Une partie de l'histoire
académique, malgré sa prétention à la scientificité et à
se tenir à l'abri des controverses, et bien qu'on ne
puisse pas réduire ses travaux à une pure production
idéologique, a souvent relayé la mémoire militante
d'un groupe ou d'un autre : elle se reconnaît surtout
dans le grand chantier de la déconstruction. En fait,
l'émergence d'un nouveau paradigme invitant la
recherche historique à se décentrer des institutions
traditionnellement associées à l'action collective, a
correspondu au dévoilement d'un espace où les
revendications mémorielles pouvaient désormais
s'investir. Et c'est à travers le paradigme de l'histoire
sociale récupéré par la gauche radicale qu'on assistera
en bonne partie à cette mutation du rapport au politique et de sa représentation au fil de l'histoire occidentale. Cette nouvelle manière de faire l'histoire

correspondait non seulement à l'héritage des Annales, qu'on ne saurait jamais bêtement réduire à une simple entreprise idéologique, mais aussi à la mutation de la représentation du politique dans le cadre de la sociologie de la domination dans les années 1970. Car si les Annales négligeaient le politique, ou du moins, relativisaient son importance, l'histoire sociale telle que redéfinie dans les années 1970 a moins nié le politique qu'elle n'a transformé complètement sa représentation du pouvoir.

Quoi qu'il en soit, les revendications mémorielles disposaient ainsi d'un espace de validation scientifique de moins en moins ouvert aux formes les plus classiques de l'histoire nationale, déportées dans le seul domaine des idéologies régressives. Écrire l'histoire d'un peuple ou d'une nation deviendra pratiquement impossible dans le cadre académique – l'histoire nationale, en fait, sera pratiquement bannie, sauf lorsqu'il s'agira d'en faire le procès. La nouvelle histoire sociale, dominante dans la pratique historienne, et l'histoire postcoloniale qui est venue la renouveler à partir des années 1990, a cherché à se déprendre des institutions de légitimation par excellence que sont les institutions politiques pour dévoiler des acteurs qui auraient été neutralisés dans les catégories de l'État moderne, et auxquels il faudrait presque rendre la mémoire, pour leur redonner une capacité d'action collective, autrement qu'à la manière d'une fraction négligeable de la souveraineté générale. L'histoire politico-nationale centrée sur l'État aurait servi à masquer dans le langage de l'intérêt général ou du bien commun la domination d'un groupe hégémonique. Il faudrait donc conceptualiser la société autrement en ne reconnaissant plus la légitimité de sa représentation officielle, celle héritée de son expérience historique et constituée dans les institutions propres à la puissance publique. Il faut déconstruire les représentations historiques légitimant le pouvoir des dominants. L'histoire postcoloniale permettrait de voir le politique non plus seulement du point de vue étatique, celui des majorités hégémoniques, mais justement du point de vue des groupes qui ne disposeraient pas des institutions publiques pour formuler leur propre stratégie de revendication sociale et identitaire, en renversant la perspective sur le politique pour y reconnaître une dynamique émancipatoire, celle des groupes subordonnés ou neutralisés dans les catégories administratives de l'État moderne. On reconnaîtra dans la transgression juridique ou sociale des normes collectives une forme de lutte menée par des groupes contre un système exclusionnaire constitué contre eux – dans sa forme extrême, on dira du délinquant, quel qu'il soit, qu'il devient un résistant.

La démocratisation du politique consisterait justement à l'apercevoir, ou plus encore à le faire voir, à l'extérieur des institutions investies de la légitimité dominante, en reconnaissant conséquemment la légitimité des groupes minoritaires qui n'auraient pas disposé des institutions de l'État pour s'affirmer et se reproduire. En déplaçant les lignes du public et du privé, certains groupes fractionnés et privatisés par l'individualisme libéral adviendraient à l'existence collective, et pourraient ainsi politiser leurs revendications. Autrement dit, la nouvelle histoire serait porteuse d'une nouvelle cartographie mentale des sociétés occidentales, en permettant de les voir de l'extérieur, du point de vue de ceux qui les subissent, une posture qui était celle du marxisme et qui est encore celle du multiculturalisme, le stigmate de l'exclusion étant apparemment nécessaire pour apercevoir la société loin de sa légende officielle.

## L'APPRENTISSAGE DE LA CULPABILITÉ OU LA CULPABILISATION RÉTROSPECTIVE DU PASSÉ NATIONAL : LA MÉMOIRE À LA LUMIÈRE DE LA SHOAH

L'émancipation des groupes subordonnés aux institutions associées à la modernité occidentale et aux systèmes normatifs traditionnels qu'elle s'était appropriée, passe nécessairement par la désignation de coupables, à tout le moins dans une première étape. Il n'y a plus d'histoire édifiante, cumulative, mais une histoire à somme nulle. L'histoire n'est plus une école éduquant au patriotisme ou inculquant la vertu de gratitude. L'histoire n'enseigne plus la continuité et ne saurait pousser au développement d'un sentiment d'enracinement ou d'appartenance à une nation.

L'histoire ne transmet plus aux hommes un patrimoine précieux et fragile dont ils devraient se sentir
héritiers. C'est la logique même de la transmission qui
doit se gripper. Étudier l'histoire, c'est apprendre à
s'en délivrer. Car que retenir d'un monde qui s'était
édifié en écrasant la différence ? Dans sa formulation
la plus grossière et la plus caricaturale, l'historiographie victimaire finit toujours par désigner à la vindicte
publique *l'homme blanc hétérosexuel*, coupable d'une
société qu'il aurait construit à son avantage exclusif
et qui prend le relais du bourgeois bedonnant à haut
de forme [11]. Elle peut même nous fait même passer de
la lutte des classes à la lutte des races. Et on ne doit pas
sous-estimer la puissance rhétorique de cette caricature, dans la mesure où elle s'est diffusée socialement
et dans plusieurs agences technocratiques, à un point
tel que la construction des catégories administratives
nécessaires à l'identification des groupes subordonnés
passe souvent par une mise en contraste radicale avec
celle du *mâle blanc occidental*.

Mais la cible véritable de cette historiographie
victimaire, c'est la nation qui, dans sa construction
historique, aurait broyé une diversité identitaire fort
complexe à travers des pratiques étatiques qui relèveraient du racisme le plus éculé, par exemple en
cherchant à assimiler explicitement les populations
immigrées dans le creuset national par des pratiques
plus ou moins contraignantes [12]. Il n'y a aucune nation
épargnée par le syndrome de la repentance. La nation

ne serait finalement qu'une fiction entretenue à l'avantage des classes dirigeantes ou d'une majorité ethnique qui trouveraient le moyen de gommer, dans la célébration emphatique du destin collectif, les divergences de classe, la diversité des identités et la pluralité des intérêts catégoriels qui s'entrechoqueraient. La référence à la nation masquerait plus ou moins grossièrement, selon les époques, les intérêts exclusifs des couches supérieures de la société[13]. La gauche postmarxiste revient sur les origines de la nation pour y retrouver le signe primordial d'une violence illégitime, que l'écriture de l'histoire aurait justifiée, mais qu'une société se renouvelant dans l'ouverture à l'autre ne pourrait plus tolérer d'aucune manière. Selon la formule d'Étienne Balibar et d'Emmanuel Wallerstein, « le racisme est ancré dans des structures matérielles (y compris des structures psychiques et socio-politiques) de longue durée, qui font corps avec ce qu'on appelle l'identité nationale[14] ». L'identité nationale serait raciste.

Le débat sur l'histoire nationale, dans l'espace public, du moins, pose donc implicitement ou explicitement, selon les contextes, la question de la perpétuation de l'identité nationale et du maintien de la souveraineté nationale. Dans plusieurs contextes politiques nationaux, on a pu voir assez clairement la portée idéologique de la controverse autour de l'histoire nationale, autour des enjeux liés à la mémoire. Ce n'est pas sans raison qu'Ilan Greilsammer a pu écrire dans le cadre du débat israélien qu'il « [...] est clair que

ces théories anti-establishment ont été fortement ins-
pirées par les travaux des sociologues de la Nouvelle
Gauche dans les États-Unis des années soixante-dix et
quatre-vingt. Les jeunes chercheurs israéliens ont
accepté avec enthousiasme ces conceptions corrosives.
Pour eux, il n'y a plus de collectivité juive-israélienne
[...] : il y a une société où les groupes dominants ont
réprimé les groupes périphériques[15] ». Ce sont les
fondements de l'État qui sont en question. Pour Greilsammer, « repenser l'histoire d'Israël, c'est donc remo-
deler le présent de la société israélienne, et surtout
contribuer à son futur dans la région, parmi ses voi-
sins[16] ». Et chaque nation est invitée à se tourner vers
les zones d'ombre de son expérience historique pour
assurer sa mise en scène dans une paradoxale valorisation négative, centrée sur l'orgueil d'une culpabilité
pleinement assumée. À chaque nation son péché originel et sa manière de traduire son histoire dans le
langage de la culpabilité occidentale. À chaque nation
d'apprendre à se voir négativement et à se reconnaître
un programme d'expiation. Tout est alors question
d'interprétation, de mise en scène historique des événements auxquels on reconnaît à la fois une portée
traumatique et fondatrice.

On connaît la portée du traumatisme associé à la
Shoah. Plusieurs ont noté qu'à partir des années 1970,
et plus encore, des années 1980, elle était devenue la
référence à partir de laquelle réfléchir plus généralement à la culpabilité occidentale. La mémoire de
l'Holocauste joue un rôle central dans l'imaginaire

politique de la gauche multiculturelle qui a tendance à associer ses adversaires aux jours les plus sombres du XXᵉ siècle en mobilisant contre eux la rhétorique de l'antifascisme. Cette tendance est renforcée par la dynamique de la concurrence victimaire, dans la mesure où la reconnaissance de l'horreur suprême dans l'Holocauste entraîne désormais chaque groupe victimisé à comparer ses malheurs avec ceux du peuple juif et à réclamer conséquemment une égalité de traitement symbolique. La souffrance des uns valant toujours la souffrance des autres, cela entraîne une assimilation de chaque souffrance ou de chaque discrimination à celle subie par le peuple juif au moment de la Shoah [17]. Les crimes du nazisme deviennent rétrospectivement le point de convergence à partir duquel redéployer les histoires nationales et le vocabulaire qui lui est associé est instrumentalisé pour décrire les tensions interethniques ou simplement la défense des identités nationales. Il faut penser l'exclusion à partir du nazisme, et faire de ce dernier le point d'aboutissement de toute exclusion. Comme l'a écrit Jürgen Habermas après la querelle des historiens en RFA, au milieu des années 1980, la Shoah aurait désormais une vocation pédagogique universelle pour des sociétés cherchant le chemin vers la démocratie postnationale [18]. La querelle des historiens avait surtout pour vocation, selon Habermas, de recentrer l'identité allemande sur un patriotisme constitutionnel exclusivement défini par une adhésion à l'universalisme démocratique. Autrement dit, l'objectif était de recentrer la mémoire allemande sur celle de l'Holocauste pour en arriver, par effet de contraste, à la mise en place d'un patriotisme constitutionnel définissant l'appartenance à la société allemande par la seule adhésion aux valeurs universalistes contenues dans sa loi fondamentale. « L'hypermnésie des crimes du nazisme », selon la formule de Stéphane Courtois, permettant ainsi de toujours ramener dans une même trame l'histoire nationale, présentée à la manière d'un nationalisme débordant de ses limites, animé par une pulsion criminelle potentiellement génocidaire, l'exclusion devenant la catégorie fonda-mentale à partir de laquelle ressaisir l'histoire collec-tive pour faire apparaître les victimes nécessaires à sa mise en accusation[19].

Les crimes du nazisme ne lui seraient aucune-ment exclusifs mais seraient symptomatiques de l'allergie occidentale à la différence. Le pluralisme identitaire ne surgirait finalement qu'à la manière d'une revanche des dominés rendue possible par une civilisation poussant le crime contre la différence jusqu'au génocide. On voit même de plus en plus d'intellectuels mobiliser la mémoire de l'anti-sémitisme dans la dénonciation de l'islamophobie qui l'aurait remplacée. Lorsque se pose dans l'espace public la question de l'exclusion, surtout lorsqu'elle concerne des populations issues de l'immigration, la référence au nazisme n'est jamais éloignée, surtout par ailleurs, lorsque vient le temps de désigner la politique proposée par les partis populistes, ou encore lorsque vient le temps de dénoncer les politiques de la droite gouvernementale si elle s'engage dans la mise en place d'une politique de l'identité nationale. Cette mobilisation de la mémoire de la stigmatisation des juifs sous le nazisme était visible lors du débat de la fin de l'année 2009 sur « l'identité nationale » en France, organisé par Éric Besson, lorsque plusieurs intellectuels de grande renommée firent un rapprochement entre la politique française contemporaine et celle menée sous le IIIe Reich.

> Ce qui se passe en France depuis l'ouverture du débat sur l'identité nationale est insupportable. Ce qui se dessine, c'est la montée de l'ostracisme à l'encontre de toute population dont la religion, la couleur de peau, le langage ou la tenue vestimentaire, voire l'âge, sont susceptibles d'inquiéter les Français ou du moins une partie d'entre eux qui s'arrogent le monopole de l'identité nationale. [...] En raison même de l'idée que nous nous faisons de la dignité humaine, en raison du fait que la liberté religieuse et la liberté de conscience sont des droits humains fondamentaux, nous demandons que soit mis un terme à tout ce qui peut nourrir ou sembler justifier les dérives actuelles, à commencer par ce « diabolique » débat sur l'identité nationale qui ne sème que la division. Après l'étoile jaune, faudra-t-il un jour porter une étoile verte[20] ?

Cette nazification implicite de l'adversaire à partir de la mobilisation de la mémoire du IIIe Reich montre bien, par ailleurs, comment la mémoire occupe ici une fonction d'intimidation idéologique qui délimite les contours du pensable dans la démocratie multiculturelle – il y aurait au cœur de la civilisation occidentale un désir de persécution du minoritaire qui se serait porté sur les Juifs hier et qui se reporterait sur les musulmans aujourd'hui. Le monde d'hier a culminé dans le nazisme, se porter à la défense du premier consistera donc à se présenter comme un collaborateur conscient ou inconscient du second. Même en Israël, les nouveaux historiens ont ainsi revisité de manière hypercritique la guerre d'indépendance en créant un certain effet de miroir entre la destruction des juifs d'Europe et « l'expulsion » des populations arabes qu'elle a entraînée, en laissant entendre par là qu'à un génocide en aurait répondu un autre ne portant toutefois pas ce nom, histoire des vainqueurs oblige. L'histoire de l'État juif représenterait ici la dernière manifestation d'un colonialisme occidental conquérant au lendemain de la Deuxième Guerre mondiale[21]. L'essentiel est d'avoir les mêmes choses à se reprocher que les autres.

Aux États-Unis, c'est la mémoire de l'esclavage qui joue le rôle de souvenir fondateur à partir duquel penser une mémoire de la diversité. Au moment du mois de l'histoire des Noirs, en février 2009, Éric Holder, procureur général de l'administration Obama, invitait ainsi l'Amérique à revisiter l'histoire de ses relations interraciales en reconnaissant dans l'esclavage le péché originel de la nation américaine, qui devrait aujourd'hui l'amener à s'ouvrir à la diversité, pour éviter de commettre à nouveau un crime exclusionnaire[22]. C'est en intériorisant pleinement dans la conscience historique américaine le crime esclavagiste que l'Amérique apprendra véritablement la nécessité d'une société multiculturelle, susceptible d'inspirer les autres sociétés occidentales à réaménager leurs propres institutions pour s'ouvrir à leurs minorités. L'originalité de la situation américaine, selon Michael Lind, sera de transformer la communauté noire en équivalent moral pour l'Amérique du Nord de la communauté juive d'Europe, pour ensuite en faire l'étalon de mesure de toutes les situations discriminatoires que la société américaine a pu engendrer, chaque groupe culturel ou sexuel revendiquant finalement sa part de stigmates héritée du péché originel américain[23] – chaque fois, on abolit ainsi l'originalité de chaque persécution pour n'en faire qu'une manifestation plus ou moins brutale du système exclusionnaire occidental. De manière plus générale, c'est toute l'histoire de l'expansion européenne qui est réécrite pour faire du racisme sa trame dominante. L'histoire de l'État-nation serait celle d'une communauté politique institutionnalisée sur le fait même du racisme, dans la mesure où elle distinguerait entre un intérieur et un extérieur de la communauté politique, la distinction entre citoyens et étrangers en découlant entraînant nécessairement une criminalisation de la diversité culminant encore une fois, à les lire, dans la Shoah.

147

C'est la distinction entre le citoyen et celui qui ne l'est pas qui est remise en question par la réécriture culpabilisante de l'histoire sous le signe de ce que Finkielkraut appelle « la religion de l'humanité », qui consiste à chercher à renouer avec l'unité primordiale de l'humanité. Ce procès est aussi mené contre la civilisation occidentale dans son ensemble, principalement par un retour hypercritique sur la colonisation et le déploiement des empires européens. Le bilan de la colonisation s'écrirait avec la même encre que celui du communisme ou du nazisme – c'est à partir d'une telle lecture de la colonisation qu'on a pu tenir la conférence de Durban, 1 et 2, en faisant de la configuration stato-nationale le résultat d'un colonialisme raciste qui exigerait aussi des réparations massives à l'endroit des peuples du tiers-monde. La nation se serait constituée dans le cadre de l'histoire de la colonisation, de l'expansion européenne. La décolonisation des sociétés occidentales ne sera complétée qu'au moment où elles se seront culturellement et institutionnellement converties au multiculturalisme. On en trouvera même, à partir de l'historiographie victimaire, pour criminaliser la découverte de l'Amérique par les navigateurs et explorateurs européens, le plus célèbre d'entre eux, Christophe Colomb étant de temps en temps présenté comme le premier des génocidaires occidentaux[24]. En fait, la question de la découverte de l'Amérique, si elle est un peu défraîchie et n'occupe plus les commémorations, est au cœur de l'imaginaire multiculturaliste, dans la mesure où elle serait l'acte génocidaire inaugural de l'impérialisme occidental. L'expansion occidentale est transformée en entreprise prédatrice dépourvue de toute légitimité, les génocides s'accumulant dans une expérience meurtrière radicalisée d'un siècle à l'autre. C'est l'histoire même du déploiement de la civilisation occidentale qui est désormais classée dans la catégorie des crimes contre l'humanité. La civilisation occidentale aurait organisé le monde autour d'elle en le hiérarchisant à son avantage. Elle devrait conséquemment se dissoudre la première. La repentance représenterait le rituel expiatoire par lequel elle se délivrerait d'une tradition écrasante et renaîtrait dans l'ouverture à l'autre et le culte de l'humanité réconciliée. Elle devrait montrer l'exemple, en quelque sorte, d'une civilisation cherchant désormais à s'identifier à l'humanité dans son ensemble, en renonçant aux frontières culturelles et politiques qui la définiraient.

Le débat public français autour de l'histoire a permis d'apercevoir, depuis le début des années 2000, la portée de cette reconstruction de la mémoire occidentale autour des crimes du nazisme, devenus à la fois révélateur de l'expérience historique occidentale et point de comparaison auquel ramener de manière assez générale les tensions interethniques ou intercommunautaires. On le sait, par le génie politique du général de Gaulle, la France est sortie de la Deuxième Guerre mondiale du côté des vainqueurs, avec une mémoire centrée sur l'épopée de la France libre et de la Résistance[25]. Cette mémoire, malgré ses exagérations et ses limites, n'en correspondait pas moins à la disposition identitaire la plus naturelle qui soit dans une nation : tisser, dans le tumulte des événements, un récit victorieux et édifiant. Mais la mémoire glorieuse du relèvement national a cédé la place à une mémoire reconstruite dans l'intériorisation du mythe de « l'idéologie française », qui prétendait retrouver dans l'histoire française du XXe siècle une profonde tentation fasciste, faite de nostalgie communautaire et de désir de pureté raciale[26]. Alors que le général de Gaulle avait relevé la France du désastre avec un culte indéniable de la nation, dont il n'avait à aucun moment contesté le particularisme identitaire[27], en la définissant comme réalité historique enracinée irréductible aux autres nations, le patriotisme ordinaire sera de plus en plus associé à la mémoire exclusive de Vichy, l'accusation de pétainisme qualifiant désormais une proposition visant à reconnaître à l'identité française une densité historique et culturelle ne se limitant pas à la sacralisation de l'universalisme républicain. Mais si la mémoire de la deuxième guerre a déterminé les années 1980 et 1990, c'est plutôt celle de la colonisation qui s'est imposée depuis le début des années 2000 et cela d'autant plus que des mouvements sociaux issus de l'immigration, comme les Indigènes de la République, se sont réclamés de l'histoire coloniale pour fonder leurs attaques les plus virulentes contre la société française en la réinterprétant justement dans la matrice de l'antifascisme, comme si la colonisation préfigurait le nazisme et l'extermination des juifs d'Europe – Paul Yonnet a sévèrement parlé « d'une gauche pour laquelle la colonisation est devenue une sorte de nuit absolue dont l'identité française devrait indélébilement porter la marque et payer les dettes[28] ». L'aventure coloniale française, principalement en Algérie, a ainsi été présentée comme une entreprise d'« extermination » qui anticiperait le totalitarisme nazi et la solution finale[29]. C'est toute une historiographie de la « fracture coloniale » qui se déploiera pour ainsi dévoiler la dimension criminelle de l'histoire française, d'autant que la fracture coloniale se reproduirait aujourd'hui dans la crise des banlieues françaises. Les historiens à la tête de cette mouvance pratiquant le révisionnisme victimaire affirment ainsi que « [l]'histoire coloniale et les mémoires qui socialement la construisent touchent la France dans sa propre identité collective, remettant en question les manières dont est représentée notre histoire nationale ; mais aussi, en partie, la mythologie de la supposée spécificité du ''génie français'', composé de valeurs révolutionnaires et de mission universelle, de droiture républicaine et de tolérance indifférenciée à l'Autre, de ''mission civilisatrice'' et de peur de la différence[30] ».

La mission de l'historiographie victimaire à la française ne laisse pas vraiment de place au doute : elle doit affaiblir l'identité française, faire tomber ses mythes, déboulonner ses statues. On l'a vu avec la mise en scène d'un procès systématique contre Napoléon qui sera réduit à sa décision de restaurer l'esclavage, au point même où on ne tolérera plus les commémorations nationales célébrant ses victoires, notamment celle d'Austerlitz, Claude Ribbe, dans une stratégie rhétorique désormais bien connue, nazifiant l'empereur en le présentant comme un expérimentateur précoce de la solution finale[31]. Il n'est évidemment pas nécessaire de s'attarder trop longtemps à l'exemple français pour comprendre la dynamique de nazification rétrospective de la mémoire à laquelle nous assistons, d'autant plus qu'elle est reconnaissable dans toutes les sociétés occidentales, avec quelques variantes, cela va de soi.

## L'ÈRE DES EXCUSES
### OU LA COMMÉMORATION PÉNITENTIELLE
### (OU L'ENSEIGNEMENT DE LA PÉNITENCE)

Cette mauvaise mémoire doit être consacrée publiquement. On doit instituer un rituel pénitentiel. La gestion publique de la mémoire relève ainsi d'un dispositif commémoratif qui vise surtout à façonner une mémoire politique utile pour l'État diversitaire : on rappellera le passé dans la mesure où cela permettrait de s'y arracher. Ainsi, la mémoire est devenue un objet de politique publique dans la perspective d'une dénationalisation de la conscience historique, les gouvernements devant construire publiquement une mémoire « inclusive », susceptible d'assurer leur visibilité historique aux groupes marginalisés. C'est ainsi que les mois consacrés aux minorités marginalisées se multiplient et que les musées sont invités à exposer une nouvelle vision de l'histoire, ayant pleinement intériorisé l'impératif diversitaire[32]. Theodore Dalrymple a montré comment en Grande-Bretagne au début des années 2000, on a cherché à rendre le financement des musées conditionnel à leur capacité à attirer une clientèle provenant des minorités ethniques et culturelles. Évidemment, on tenait pour acquis qu'il serait pour cela nécessaire de transformer le contenu et la présentation des expositions pour les amener à participer à la reconstruction multiculturelle de l'imaginaire et de l'identité britannique. La mise en scène de la culpabilité occidentale est au programme. On trouve là l'explication pour comprendre la multiplication des excuses en provenance des autorités publiques, qui croient nécessaires de racheter leurs crimes passés en s'amendant symboliquement au temps présent, ce qui implique plus souvent qu'autrement une pratique d'ingénierie identitaire sur la conscience collective pour transformer les représentations qui seraient encore blessantes pour des groupes qui les associent, souvent pour des raisons fantasmées, à des épisodes historiques traumatiques. Comme l'écrit Yaël Tamir, avec une certaine satisfaction, il faut le reconnaître, « la présente vague d'excuses [...] atteste de la mort d'un vieux paradigme politique et de la naissance d'un nouveau, celui de l'État diversitaire[33] ». C'est ainsi au nom d'une mémoire multiculturelle que le gouvernement canadien a formulé des excuses, ces dernières années, à l'intention des groupes qui n'auraient pas disposé, à un certain moment de l'histoire, des pleins avantages de la citoyenneté [34], et c'est dans une même logique que le Parti socialiste espagnol a invité l'Espagne à formuler des excuses envers les Morisques [35]. Même les institutions les plus conservatrices en viennent à reprendre le discours de la repentance, comme ce fut le cas du Vatican qui dans les dernières années du Pontificat de Jean-Paul II, a fait pénitence pour les crimes historiques prêtés à l'Église catholique [36]. On a vu aussi de nombreux hommes d'État associés à la gauche occidentale s'approprier cette conscience coupable du destin occidental, parmi ceux-là le président américain Bill Clinton qui a fait pénitence à propos de l'histoire des croisades et cela surtout au lendemain du 11 septembre, en interprétant l'agression islamiste comme une riposte tardive aux excès des croisades, survenus 1 000 ans plus tôt [37]. La multiplication des « lois mémorielles » correspond à une nouvelle pratique de l'excuse et du repentir pour délivrer la société dominante de sa culpabilité historique [38]. Le devoir de mémoire qui a mobilisé une bonne partie de la réflexion historienne depuis une vingtaine d'années n'a de sens qu'à la manière d'un procès perpétuellement renouvelé contre la nation qui doit s'amender contre tous ceux qui se découvrent un destin discriminé et qui réclament désormais des droits particuliers pour le corriger [39]. Ce dispositif commémoratif travaille à la construction publique d'une mémoire pénitentielle, l'histoire des différentes minorités persécutées au fil du temps étant là pour institutionnaliser une pédagogie critique de la conscience historique. On cherche ainsi à transformer substantiellement l'identité collective pour faire naître un nouveau peuple, qui aura pleinement intériorisé l'idéal diversitaire. Le réaménagement symbolique de la conscience collective permet ainsi de forger une nouvelle mémoire de la diversité.

Il n'est pas surprenant, d'ailleurs, que l'enseignement de l'histoire soit devenu aussi déterminant dans la gestion publique de la mémoire et la reconstruction multiculturelle de l'identité collective[40]. L'enseignement d'une histoire réécrite dans la perspective victimaire vise à remplacer une conscience historique par une autre, cette mutation devant se parachever dans le retournement stratégique de la mémoire de la culpabilité en une mémoire de «l'ouverture à l'autre». Ce retournement à la fin des années 1960 correspond à une prise de conscience sans précédent qui amène la société occidentale à se lancer dans une entreprise de reconstruction politique et sociale par son décentrement identitaire. Au terme de la honte, il y aurait la renaissance diversitaire de la société. On a vu ce retournement stratégique de la mauvaise conscience s'opérer de manière particulièrement radicale aux États-Unis, avec la querelle des National Standards, au début des années 1990 lorsqu'on a entrepris une réécriture de l'histoire américaine, à la fois pour la dénationaliser et la désoccidentaliser, dans la mesure où il ne faudrait plus parler de la «nation américaine» mais des «peuples américains», et qu'il faudrait situer l'expérience historique américaine non plus dans la continuité de la civilisation occidentale, mais bien faire de cette dernière un élément parmi d'autres d'une identité appelée à se recomposer dans le multiculturalisme[41]. Cette controverse montrait comment la question de l'écriture de l'histoire avait une dimension transformative et visait à accoucher d'une conscience historique ayant pleinement intériorisé une nouvelle vision de l'identité américaine. On cherchait ainsi à montrer comment l'histoire du pays, au-delà de l'esclavage, était marquée par une culpabilité fondamentale envers les minorités et les groupes marginaux et que tous les systèmes discriminatoires s'entrelaceraient dans un système d'exclusion plus général. Mais justement, il faudrait raconter l'histoire comme une vaste entreprise d'émancipation des groupes refoulés et marginalisés, cette diversité sans point fixe radicalisant ainsi la promesse égalitaire formulée au moment de la naissance des États-Unis. La réécriture de l'histoire américaine avait pour vocation de la transformer en pédagogie progressiste pour les temps présents, les jeunes générations trouvant apparemment dans le texte constitutionnel les moyens nécessaires pour contester le système exclusionnaire et discriminatoire à partir duquel se serait constitué la citoyenneté américaine. L'histoire ne serait valable qu'à la manière d'une pédagogie pour l'avenir, le passé étant filtré à partir d'un présentisme intransigeant criminalisant les formes sociales et culturelles traditionnelles qui ne seraient pas compatibles avec les nouvelles exigences de l'émancipation[42].

## LA MÉMOIRE DU MULTICULTURALISME

L'historiographie victimaire travaille à invalider un ordre social dont elle criminalise systématiquement la genèse. Bernard-Henri Lévy disait « qu'être de gauche, dans la France de ce début du XXe siècle, considérer que cette affaire de droite et de gauche ne s'est pas vidée de sens, c'est ne céder ni sur Vichy, ni sur les crimes du colonialisme, ni sur mai 1968, ni sur, naturellement, l'héritage du dreyfusisme[43] ». C'est parce qu'elle est gardienne d'un paradoxal patrimoine de mauvais souvenirs que la gauche post-marxiste se donne le droit d'en appeler à une transformation aussi radicale de la société contemporaine. Selon la formule de Paul-François Paoli, « le chantage des partisans de la réparation historique peut se résumer ainsi : si vous n'acquiescez pas à notre vision de l'histoire, c'est que vous êtes du parti des bourreaux contre les victimes, dont nous sommes les représentants patentés[44] ». Ce renversement hypercritique de la conscience historique développe une culture revancharde chez les « fanatiques de la dette historique » qui voudraient transférer dans la colonne des passifs toute l'expérience historique occidentale[45]. Chaque groupe « culturel » prétextera de son mauvais sort pour se soustraire à la souveraineté nationale et pour se désaffilier de la collectivité. La mauvaise conscience vient justifier un écartèlement de la société entre groupes concurrents, mêmes ennemis, tout en invalidant les institutions politiques et sociales hier encore gardiennes de l'existence collective, ce qui criminalise à l'avance toute perspective conservatrice. Theodore Dalrymple souligne avec raison que « le fait de croire que notre histoire ne contient rien de bon ou de valable conduit soit à des rêves utopiques d'un nouveau commencement, soit à l'incapacité de résister à ces rêves utopiques : en d'autres mots, au fanatisme ou à l'apathie[46] ». Paul Yonnet notait d'ailleurs avec beaucoup de perspicacité que l'antiracisme avait principalement pour « travail historique de déconstruire l'idée de continuité nationale » autour « de la double idée des fautes inexpiables de l'identité française, et de la régénération nécessaire de la société par l'Autre immigré », l'objectif étant à terme que « l'identité nationale française se dissolve dans l'universalisme pluriethnique[47] ».

Ainsi, la mauvaise conscience occidentale est le récit fondateur de la société multiculturelle[48]. Comme le souligne dans le cadre français Daniel Lefeuvre :

[l'entreprise] alimente une campagne de dénigrement de la France et des Français eux-mêmes. En accusant son passé, c'est la République, ses valeurs et ses institutions que l'on cherche à atteindre, dans le but, avoué ou non, d'en saper les fondements[49].

Pierre Nora, au moment de l'émergence de la question postcoloniale dans le débat public français, s'en est ainsi pris sévèrement à « la rétroactivité sans limites et la victimisation généralisée du passé », qu'il présentait comme une double dérive entraînant une « disqualification radicale de la France » entretenue et relayée par « l'école publique [qui] s'est engouffrée dans la brèche avec d'autant plus d'ardeur qu'à la faveur du multiculturalisme elle a trouvé dans cette repentance et ce masochisme national une nouvelle mission[50] ». Mais c'est dans le rapport Parekh, rédigé au début des années 2000 par un philosophe majeur du courant multiculturaliste, et qui a joué un grand rôle dans la rénovation idéologique du travaillisme britannique en matière de diversité, qu'on retrouve la théorisation la plus explicite de la fonction d'une mémoire remaniée dans le postcolonialisme[51], la révision hypercritique de la mémoire obligeant les sociétés occidentales à choisir entre « l'inclusion et l'exclusion ». « À la croisée des chemins, les possibilités se résument à statique/dynamique ; intolérant/cosmopolite ; craintif/généreux ; insulaire/internationaliste ; autoritaire/démocrate ; introspectif/tourné vers l'extérieur ; punitif/inclusif ; myope/prévoyant. C'est le deuxième terme de chacune de ces paires qui évoque le genre de Grande-Bretagne que nous proposons dans ce rapport. La construction et le développement d'une telle société impliquent dès le départ une réinterprétation du passé ». Nous serions, selon la formule abusivement utilisée, à un tournant de l'histoire et l'historiographie pénitentielle permettrait justement d'en saisir la signification et la portée, en montrant bien le contraste avec la société d'hier et celle de demain. « La Grande-Bretagne tentera-t-elle de revenir en arrière en s'enfonçant, en défendant les vieilles valeurs et les hiérarchies archaïques, en s'appuyant sur une définition Anglo-centré et rétrograde d'elle-même ? Ou profitera-t-elle de l'occasion pour créer une image d'elle-même plus flexible, inclusive et cosmopolite [52] ? » À son point d'aboutissement, l'historiographie pénitentielle liquide ce qui pouvait rester de sa légitimité historique à la communauté politique. La société doit s'extraire de son expérience historique. Alain Renaut constate ainsi que « la conscience démocratique serait à même, par une sorte de réflexe ou de sursaut salutaire, d'inverser certaines tendances lourdes du passé [53] ». Ainsi, on comprend que la gauche multiculturelle entend faire société en construisant ou en réactivant, selon le point de vue, la mémoire des humiliations subies par les victimes de la civilisation occidentale. Il s'agit d'assurer les assises symboliques du nouveau régime qui se met en place. En s'engageant dans ce qu'on a appelé les guerres de mémoire, la gauche multiculturelle a reconnu l'importance vitale de l'interprétation historique dans la construction de la cité. Elle oblige l'homme à l'arrachement, à l'ingratitude, le pousse à se délivrer de la tradition et à déconstruire l'idée même de durée civilisatrice.

# 4

## La sociologie diversitaire et la société inclusive

> Étudier les dominés, ce n'est plus les surplomber, c'est donner statut à leur expérience, à leur révolte, à leurs représentations. Ces spécialités proliférantes sont donc comme autant de détectives poursuivant une même et implacable enquête : la White Male Study, l'étude des méfaits commis, depuis que le monde est monde, par les hétérosexuels d'Occident.
>
> Alain FINKIELKRAUT, *L'ingratitude*

On aurait beau chercher, on ne trouvera pas, dans la vie politique contemporaine, de partis politiques aspirant au pouvoir ou de grandes institutions sociales qui ne font pas une promotion de la diversité, ou du moins, qui ne reconnaissent pas qu'elle est une richesse. D'une certaine manière, elle représente le prisme de lecture dominant de la société : la diversité serait l'horizon indépassable de notre temps. Il faudrait reconnaître ses droits, et peut-être même l'inscrire dans la constitution des pays occidentaux, comme y a pensé un temps Nicolas Sarkozy dans sa présidence de 2007 à 2012, lorsqu'il pensait doubler la gauche en s'appropriant cet enjeu, en allant même jusqu'à affirmer que la diversité était à la base de la France. Il n'est évidemment pas le seul, même si on peut croire que bon nombre d'hommes politiques se plient à cette exigence diversitaire sans trop savoir sur quel terrain ils s'engagent, et en croyant simplement chercher à faire un peu plus de place à des citoyens issus de l'immigration. Ils croient généralement faire preuve de pragmatisme en tenant compte de la complexité des appartenances dans la société contemporaine. Du moins, telle est la doxa diversitaire, qui s'accompagne souvent d'un calcul statistique maniaque qui voudrait théoriquement assurer une représentation de chaque groupe dans les institutions selon sa proportion exacte dans la population : c'est le programme de la lutte contre les discriminations, qui serait la seule manière de promouvoir véritablement la diversité. Les grands rapports gouvernementaux faisant la promotion de la diversité comme nouveau modèle social sont aussi nombreux, qu'il s'agisse, en Grande-Bretagne, du rapport Parekh, au Québec, du rapport Bouchard-Taylor ou en France, du rapport Tuot. Mais la promotion de celle-ci par les institutions publiques se passe plus souvent qu'autrement de ces rapports qui ont le défaut d'attirer l'attention de l'opinion sur le chantier diversitaire.

La question de la lutte à la discrimination est vraiment arrivée dans la politique française dans la deuxième moitié des années 2000 – la France, par son égalitarisme républicain et sa culture nationale forte, avait plutôt résisté à cette nouvelle grille de lecture. La lutte contre les discriminations apparaît en France dans son expression la plus contemporaine, sans le lourd antécédent idéologique et historique qui peut la caractériser aux États-Unis, où elle est intimement liée à la question de l'esclavage et de la ségrégation qui a suivi. Mais pour emprunter la formule aujourd'hui consacrée, de quoi la diversité est-elle le nom ? Comment s'ouvrir à la diversité, et jusqu'où s'ouvrir ? On pourrait aussi se demander qui appartient à la diversité, et qui n'y appartient pas ? Longtemps associée principalement à la gauche antiraciste, à une mouvance comme SOS Racisme, la question de la discrimination a peu à peu progressé dans le débat public, sous l'influence conjuguée du discours médiatique, d'un virage progressif du Parti socialiste français vers le multiculturalisme et de l'activisme des institutions européennes qui ont fourni un cadre légal pour promouvoir un agenda antidiscriminatoire. Le discours diversitaire s'est approprié la référence à la République, qui lui semblait au premier abord assez contradictoire. Il fallait restaurer le mythe abîmé de la République en la définissant non plus dans le creuset de la culture nationale mais en l'ouvrant à la diversité des appartenances et des identités – on voit d'ailleurs ce glissement de la référence républicaine justifier le passage de l'assimilation à l'intégration, la première ayant désormais l'allure d'un rouleau compresseur alors que la seconde, on reconnaîtra aisément le jargon, permettrait au vivre-ensemble d'accueillir pleinement la diversité – le rapport Tuot, déjà mentionné, poussant cette entreprise jusqu'au modèle de la société *inclusive*, dans laquelle les minorités issues de l'immigration devraient définir à leurs conditions leur participation à la vie sociale sans avoir à se plier aux réalités de la vie française. C'est la figure achevée de l'inversion du devoir d'intégration, qui caractérise le multiculturalisme. La France aurait beaucoup à se faire pardonner en ce qui a trait à la diversité, comme le soutient une gauche radicale très militante qui associe les « déboires » réels ou fantasmés des populations immigrées à la reproduction d'un système colonial discriminatoire dans la France métropolitaine même[1].

## SOCIOLOGIE DE LA DIVERSITÉ, SOCIOLOGIE DES IDENTITÉS : L'IDENTITÉ VICTIMAIRE

Mais au-delà d'une société particulière, encore faut-il comprendre le fonctionnement du logiciel diversitaire, et surtout, sa manière de se représenter la société. Il s'agira donc, maintenant, de transposer le paradigme victimaire dans une sociologie qui permettra de voir comment se reproduisent actuellement, dans des processus de domination complexes, les structures discriminatoires historiquement identifiées, ce qui permettra de mieux savoir comment les démanteler. L'émergence du paradigme diversitaire est un des phénomènes les plus importants dans les sciences sociales contemporaines, d'autant plus qu'elles sont mobilisées par les pouvoirs publics dans un travail permanent d'ingénierie sociale et identitaire. C'est dans le paradigme antidiscriminatoire que prend forme la question de la diversité. Si l'histoire occidentale apparaît pour la gauche multiculturelle comme un dispositif d'exclusion systématique des minorités, il faut conséquemment entrer en lutte contre les discriminations qui affecteraient les groupes subordonnés rassemblés sous le parapluie théorique de la diversité. Il faut rompre les hiérarchies de la société, démanteler les structures discriminatoires, reprendre à neuf l'ordre social, l'aplatir pour mieux le rebâtir, le déconstruire pour mieux le reconstruire. Il faut imaginer une nouvelle société sachant revisiter la démocratie comme une idée authentiquement révolutionnaire qui à travers la question de la diversité, permettrait de créer une société désaliénée, authentiquement égalitaire. C'est dans la mesure où elle s'est constituée dans le rapport majoritaire/minoritaire et dans le rapport dominant/dominé que l'identité/différence se constitue comme catégorie politique. La diversité surgit ainsi dans un climat de « guerre civile » – la lutte politique devenant un jeu à somme nulle où les gains des groupes marginalisés se paieraient nécessairement d'une réduction de pouvoir du groupe dominant. La recherche sur les « identités traumatiques », selon la formule d'Olivier Pétré-Grenouillot, est intimement liée à la recherche sur les structures discriminatoires dans lesquelles elles auraient pris forme, à la manière d'identités stigmatisées, assignées de l'extérieur, porteuses d'aliénation.

Mais Anne-Marie Le Pourhiet le souligne justement :

> [i]l y a, en effet, sur le sujet des discriminations, une forte base idéologique, cousine du marxisme, consistant à analyser systématiquement les rapports humains ou sociaux en dialectique dominants/dominés ou bourreaux/victimes, et qui tend à interdire au dominant d'intervenir dans les recherches que seuls les « martyrs » auraient vocation et compétence à mener[2].

La catégorisation de la société moderne en groupes identitaires distincts reposerait d'abord sur leur hiérarchisation et la valorisation de la diversité correspond en fait à une volonté d'instrumentaliser les catégories stigmatisantes de la modernité pour les retourner en catégories d'affirmation et d'émancipation. La question de la diversité ne se configure ainsi véritablement qu'à travers celle de la domination/émancipation. Comment les identités se constituent-elles publiquement ? À partir de quel processus se politisent-elles ? Nous savons que, dans la perspective progressiste, elles ne réfèrent plus à un substrat historique, anthropologiquement repérable, mais s'expriment plutôt dans le langage de l'authenticité, qui correspond à une appropriation subjective de la référence à l'identité. L'identité, dans la perspective multiculturaliste, n'est pas d'abord et avant tout l'expression d'une culture historique mais le dévoilement d'un rapport de domination. D'ailleurs, Tariq Modood, un des plus importants théoriciens du multiculturalisme britannique, a bien montré comment la construction de la société multiculturelle présupposait une compréhension adéquate du système discriminatoire contre lequel elle est appelée à prendre forme :

> Une politique de reconnaissance de la différence doit commencer avec le fait sociologique de la « différence » négative, c'est-à-dire l'infériorisation, la stigmatisation, le stéréotype, l'exclusion, la discrimination, le racisme, etc. mais aussi avec l'identité que les groupes ainsi compris ont d'eux-mêmes. Ces deux aspects forment les données de base du multiculturalisme[3].

Et comme le suggère Patrick Simon, les minoritaires doivent poursuivre « une stratégie d'inversion du stigmate », ce qui leur permettrait de « rendre concret le système de hiérarchisation ethnico-racial ou sexué masqué derrière l'édifice égalitaire formel, ce qui permet d'actualiser l'état réel de la stratification sociale et des modes d'accès aux droits et ressources et d'exercice du pouvoir dans les sociétés multiculturelles[4] ». Les « identités traumatiques » doivent être stratégiquement retournées contre la société qui les a générées. Autrement dit, les victimes historiques et sociologiques de la société moderne, qui sont rassemblées sous le parapluie de la diversité, doivent assumer la position qui leur a été réservée et se déprendre de la fiction de la société libérale, qui masquerait derrière les droits individuels les rapports asymétriques entre les groupes. Cette critique, on le voit, hérite de la problématisation marxiste des libertés individuelles, qui étaient réduites au statut de « droits formels », surtout valables pour justifier l'hégémonie de la bourgeoisie. La diversité prend forme dans une matrice dualiste classique, reproduisant les schèmes classiques du marxisme, entre la culture dominante et les cultures dominées et cela dans la sociologie de l'inclusion/exclusion qui masque derrière la référence à la diversité une mise en procès de la civilisation occidentale. Le débat sur la diversité masque une fracture de la société entre ceux qui assument la légitimité de la civilisation occidentale et ceux qui travaillent à la déconstruire en multipliant les points d'appuis dans les marges, qu'elles soient ethniques, culturelles ou sexuelles. La liberté est indissociable, on l'aura compris, de l'historiographie victimaire sur laquelle elle s'appuie.

La théorie antidiscriminatoire qui structure la société dans un rapport dominant-dominé porte en elle-même une charge normative très forte. Elle porte en elle un appel à l'égalitarisme identitaire, social, voire économique. Autrement dit, elle présuppose qu'une société sans système d'exclusion serait nécessairement égalitaire, ce qui veut dire que chacun des groupes qui la compose serait représenté dans les institutions de manière exactement proportionnelle à sa présence dans la population – les cultures, en un mot, seraient absolument interchangeables et chacune, pour peu qu'elle ne soit pas entravée dans son expression, trouverait un statut égal aux autres. Il ne saurait plus y avoir de culture de référence ou de convergence – il n'y aurait que des cultures dominantes. La culture nationale, dans cette perspective, n'est plus qu'une culture majoritaire, ne devant pas abuser de ses privilèges démographiques pour s'imposer aux autres, et devant même faire tout ce qui est en son possible pour limiter ses privilèges.

## LA SOCIOLOGIE ANTIDISCRIMINATOIRE
### COMME CRITIQUE DE LA DÉMOCRATIE LIBÉRALE

Nos sociétés sont-elles, dès lors, derrière leur apparence libérale, d'immenses systèmes de domination moralement inadmissibles ? La sociologie antidiscriminatoire renouvelle la critique de la démocratie libérale et de l'économie de marché dans la mesure où, en reconnaissant la liberté de l'acteur individuel qui formulerait ses préférences économiques et sociales dans un contexte d'une culture justement traversée par des préjugés discriminatoires, risquerait de reconduire des schèmes discriminatoires qui s'imposeraient naturellement à lui. La liberté individuelle, façonnée par une culture discriminatoire, conduirait à la reproduction d'une structure sociale inégalitaire. L'individualisme libéral ou républicain dépolitiserait les problèmes de fond, les rapports de pouvoir, et produirait un mécanisme de reconduction en profondeur de l'ordre social. Il empêcherait la discussion sur les fondements de l'existence collective, sur les rapports sociaux et les rapports de pouvoir, en les ramenant à une simple question de préférences individuelles. Pour lutter contre les discriminations, il faut assumer une représentation multicommunautaire de la société et contester la figure libérale d'une société d'individus responsables de leurs actes et fonctionnant dans une concurrence légitime ou une compétition égale pour la promotion sociale. La citoyenneté libérale classique est accusée d'avoir neutralisé politiquement la prise en charge des discriminations tout en donnant bonne conscience à ceux qui en bénéficient. La société libérale dépolitise les dominations en les individualisant et dissimule derrière une prétention à l'universalisme l'hégémonie d'un groupe qui se masque derrière la neutralité des valeurs de l'État. La citoyenneté libérale masquerait le caractère systémique de la domination dans la sacralisation des droits individuels. L'individualisme libéral serait l'instrument d'une normalisation de la domination dans la mesure où il la dépolitiserait radicalement, en faisant disparaître du radar public les rapports entre les groupes et en délégitimant les revendications collectives en créant la fiction d'un progrès social basé sur la possibilité de l'ascension individuelle, sans pour autant remettre en question la structure discriminatoire dans laquelle prendraient forme les relations intercommunautaires[5]. Le procès du libéralisme est aussi celui du républicanisme à la française.

Au cœur de la sociologie antidiscriminatoire, on retrouve la volonté de penser la discrimination non plus comme un acte individuel et intentionnel, mais bien comme un système exclusionnaire. La discrimination contre laquelle il faut lutter n'est pas une discrimination individuelle : la sociologie doit révéler à la société ses structures secrètes de domination. Pour reprendre les mots de la Commission québécoise des droits de la personne et de la jeunesse, « s'il est un défi auquel sont confrontées toutes les commissions des droits de la personne, c'est la difficulté d'établir la preuve de la discrimination ethnoraciale dans un forum judiciaire, étant donné son caractère insidieux et voilé[6] ». L'épistémologie libérale ne permettrait pas d'apercevoir la société dans sa réalité. C'est une révolution conceptuelle qui est nécessaire pour désindividualiser notre conception de la discrimination. Autrement dit, on cherchera moins à prouver la discrimination contre laquelle on lutte par l'existence d'une intention discriminante (ce qui situerait cette problématique dans une perspective libérale) que par la mise en scène de son caractère systémique, qui se révélerait justement par l'effet statistique dispersé de certaines normes sociales par rapport aux groupes et communautés qui y seraient confrontés. On veut penser la discrimination dans sa dimension institutionnelle[7]. C'est le cas, par exemple, avec la lutte contre les discriminations portée par les institutions européennes où elle est définie comme « [...] une disposition, un critère ou une pratique apparemment neutre et susceptible d'entraîner un désavantage particulier pour des personnes d'une race ou d'une origine ethnique donnée par rapport à d'autres personnes, à moins que cette disposition, ce critère ne soit objectivement justifié par un objectif légitime et que les moyens de réaliser cet objectif ne soient appropriés et nécessaires ». La sociologie antidiscriminatoire théorise la discrimination comme un système au-delà des pratiques individuelles et qui consiste à reporter l'accusation sur la société dans son ensemble. Comme le souligne Patrick Simon :

[i]l découle de cette acception de la discrimination qu'elle ne préjuge pas d'une intention d'un acteur malveillant, et qu'elle s'apprécie essentiellement dans ses conséquences, ces dernières ne s'appréhendant que par comparaison. Cela suppose d'avoir au préalable construit les groupes à comparer (le groupe-cible d'une « race ou d'une origine ethnique donnée » et les « autres personnes »), puis de saisir les indicateurs susceptibles de décrire les discriminations subies : carrières professionnelles, niveaux de rémunération, trajectoires scolaires, durées d'attente pour un logement HLM, nombre de refus d'un logement sur le marché privé, taux de consommation médicale, proportion de refus de prêts bancaires... In fine, la notion de discrimination indirecte suppose, de façon implicite, que l'on dispose de « preuves statistiques » pour mettre en évidence son existence[8].

Plusieurs critiques de la sociologie antidiscriminatoire ont cherché à montrer le caractère problématique d'une telle désindividualisation de la discrimination : ne risque-t-on pas ainsi de commettre de sérieuses injustices en rendant les hommes coupables d'un crime inconscient ? Et les individus, en général, ne sont-ils pas libres de privilégier les critères de leur choix dans leur vie en société ? Cela ne cause néanmoins pas de problèmes aux partisans de la sociologie antidiscriminatoire. Dans la théorie antidiscriminatoire, on inverse de manière étonnante le fardeau de la preuve – c'est une institution, désormais, qui doit prouver qu'elle ne discrimine pas et qu'elle lutte contre le biais culturel majoritaire. Ce sont les effets différenciés d'une norme qui seraient révélateurs d'un système discriminatoire – cela présuppose naturellement que ces groupes, découpés statistiquement, devraient être absolument égaux. Comme l'écrit Belz, *the theory of disparate impact* permet de calculer les conséquences d'une norme sur les différents groupes de la population et d'évaluer ainsi la mécanique discriminatoire qu'elle enclencherait ou radicaliserait. La conséquence de cette désindividualisation de la discrimination est limpide : la société est coupable. Elle doit donc être mise en accusation, reconstruite, reprogrammée, reconfigurée. Et Simon précise ainsi qu'« il découle de cette acception de la discrimination qu'elle ne préjuge pas d'un acteur malveillant, et qu'elle s'apprécie essentiellement dans ses conséquences [9] », ce qui rendrait nécessaire l'interrogation des « logiques de hiérarchisation à l'œuvre ». La perspective est renversée dans la mesure où « il ne s'agit plus de s'intéresser aux auteurs des discriminations et aux pratiques individuelles, mais bien d'examiner leurs conséquences : qui sont les victimes ». Ainsi, la société doit s'apercevoir par ses marges et les inégalités entre les individus seraient nécessairement corrélées à des inégalités de groupes, s'expliquant par des rapports de pouvoir et de domination. Derrière la dispersion des destins individuels, il faudrait retrouver une mécanique sociale fonctionnant à l'exclusion.

## Un nouvel égalitarisme radical : la querelle de la discrimination positive et la logique de la parité

Car la déconstruction/reconstruction des rapports sociaux doit s'effectuer à partir d'une perspective très précise, d'un horizon normatif égalitariste radical. La sociologie antidiscriminatoire repose effectivement sur une ressaisie de la vieille aspiration socialiste à l'égalité réelle, désormais remaniée et adaptée à la société pluraliste et multiculturelle. Ce qu'il faut comprendre de la sociologie antidiscriminatoire, c'est que la simple inégalité des conditions entre les individus doit être appréhendée comme le résultat d'une inégalité entre les groupes, nécessairement généré par un ordre discriminatoire – et l'inégalité serait par définition injuste. Autrement dit, l'inégalité non pas formelle mais sociale ou réelle entre les groupes serait nécessairement illégitime, et la sociologie antidiscriminatoire est là pour proposer une analyse des processus sociaux en les plaçant en contraste avec l'aspiration à une société radicalement égalitaire, soutenue et construite à partir du droit à l'égalité. L'égalitarisme ne tolère plus sa limitation dans les termes classiques d'une philosophie libérale modérée par une préoccupation sociale et réclame sa mutation dans les paramètres de l'égalité substantielle – on parle aussi de l'égalité de résultats. Un groupe qui ne parvient pas à s'intégrer à une nation n'en sera jamais responsable : c'est plutôt la structure sociale qu'il faudrait remettre en question, dans la mesure où cette dernière aurait failli à tenir compte des traits spécifiques de ce groupe, qui serait victime d'un système d'exclusion. C'est qu'on l'aurait insuffisamment accommodé. Il ne sera plus permis de soutenir que la condition d'intégration d'un groupe à une société serait le fait qu'il en prenne le pli culturel et identitaire, qu'il s'adapte à ses mœurs. Il faut par conséquent reconstruire systématiquement la société à partir de la perspective des dominés. La sociologie antidiscriminatoire dévoile ainsi une mutation de la référence à l'égalité à gauche, ou si on préfère, une radicalisation de l'égalitarisme dans la mesure où se redessine, derrière l'appel à la lutte contre les discriminations, un appel à l'égalité substantielle, à l'égalité de fait, qui était traditionnellement la marque distinctive du socialisme[10]. La lutte à la discrimination passe ainsi par une reconstruction des institutions à partir de l'idéal d'un droit à l'égalité, sur lequel pourraient s'appuyer les groupes identitaires minoritaires pour justifier la mise en place de structures d'accession à l'égalité – ce qui nous amènera, pour un temps, à comprendre autour de quelle définition de la discrimination se structure la démocratie contemporaine, dans la mesure où cette dernière se donne pour mission de l'abolir. Il y a là une radicalisation de l'égalitarisme dans le langage des droits fondamentaux, et plus spécifiquement, du droit à l'égalité. La démocratie intériorise un nouvel horizon moral, celui de l'égalité entre les groupes constituant la société. Il faudrait désormais viser une pleine égalité sociale – on parle ainsi souvent d'un passage de l'égalité formelle à l'égalité substantielle, ou encore de l'égalité de droit à l'égalité de fait, repérable à travers la poursuite de l'égalité statistique[11].

La mutation de l'égalitarisme a généré un débat soutenu à gauche, et même à droite, dans la mesure où certains ont accusé la discrimination positive, qui est le principal instrument de lutte contre la discrimination, de neutraliser la question des inégalités sociales et de se contenter d'assurer la promotion d'une bourgeoisie diversitaire. On connaît le débat sur la redistribution ou la reconnaissance, qui a pris forme autour des thèses de Nancy Fraser[12]. La vieille gauche économique se serait fixée sur la première alors que la nouvelle gauche identitaire travaillerait surtout à concrétiser la seconde, et il y aurait entre les deux approches une incompatibilité aussi bien théorique que pratique. Faut-il parler pour autant d'une disparition de la question sociale, comme le font plusieurs sociologues associés à ce qu'on pourrait appeler la gauche conservatrice ? Non. La question sociale, loin de mourir, se recompose plutôt dans les catégories de la diversité identitaire. Plusieurs, surtout à droite, mais aussi à gauche, ont l'habitude de présenter la lutte contre les discriminations comme une forme de réformisme administratif qui ne porte pas à conséquence fondamentalement sur le plan des rapports de pouvoir et de la nature de la démocratie. C'est ne pas comprendre que le cadre théorique de la sociologie antidiscriminatoire entre en contradiction avec la démocratie libérale et en appelle à la fois au démantèlement de tous les systèmes normatifs sociaux et culturels traditionnels – principalement la famille, l'école et la nation, qui seront portés au banc des accusés de la sociologie antidiscriminatoire – et de l'universalisme. La discrimination positive est une question centrale dont on sous-estime souvent la portée en l'assimilant à un simple ajustement pratique de notre rapport à l'égalité pour favoriser l'intégration de certains groupes que l'on dit subordonnés à la société d'accueil [13]. Mais ce débat masquait en fait une adhésion commune au paradigme antidiscriminatoire n'ayant en rien renoncé à la redistribution des ressources sociales – le seul problème étant évidemment que les classes populaires « nationales » sont désormais classées parmi les populations « ennemies », ou à tout le moins, parmi les classes dominantes et qu'elles sont désormais appelées à sacrifier une partie de leur bien-être pour les nouveaux peuples marginaux dévoilés par la sociologie antidiscriminatoire.

Des auteurs comme Walter Benn Michaels contestent toutefois cette continuité en affirmant que l'égalitarisme identitaire représente une diversion dans la poursuite d'une « véritable politique de gauche » qui devrait consister à « réduire la réalité de la différence économique[14] ». Mais l'égalitarisme économique demeure à l'horizon de la gauche dans la mesure où les droits économiques et sociaux sont au cœur de son agenda politique et idéologique, et qu'ils se conjuguent justement avec le droit à la différence. On connaît par exemple l'argument utilisé par les socialistes français au moment du débat sur la parité : la culture politique étant fondamentalement patriarcale, elle découragerait la promotion des femmes dans les instances parlementaires. Cette logique est généralisée chez ceux qui, d'une manière ou d'une autre, militent pour les réformes paritaires. Il faudrait conséquemment rompre cette hégémonie et dégager un espace institutionnel où la subjectivité féminine pourrait prendre forme sans avoir à se soumettre à une forme de misogynie institutionnalisée. De la même manière, il faudrait imposer une représentation des groupes minoritaires dans les médias, dans les conseils d'administration, dans l'entreprise, pour briser l'hégémonie de la culture majoritaire. À ceux qui soutiendront qu'une telle politique risque de racialiser ou de sexualiser les rapports sociaux à outrance, et plus encore, de les bureaucratiser, dans la mesure où un tel modèle de gestion sociale risque de soumettre chaque organisation à une forme de comptabilité antidiscriminatoire écrasante, on répondra en fait qu'il s'agit de renverser les systèmes discriminatoires et qu'il faut politiser les interactions sociales pour corriger la matrice discriminatoire dans laquelle elles ont pris forme. À ceux qui reprocheraient à un tel système de désindividualiser le mérite et d'encastrer les individus dans des appartenances communautaires, on répondra qu'il serait nécessaire de s'émanciper de la définition occidentale du mérite et d'institutionnaliser une diversité de parcours possibles où d'autres visions de l'excellence et de la réussite pourraient prendre forme. Autrement dit, la discrimination positive ne relèverait pas d'une stratégie de compartimentation communautariste de la société libérale mais bien de l'institutionnalisation à l'échelle de toute la société des conditions nécessaires à la reconnaissance de la diversité des cultures et des appartenances identitaires sans préjuger d'une seule forme de parcours social légitime et reconnaissable.

## Un fantasme de contrôle social

Alain Gérard-Slama s'est demandé «à quoi rêvent les sociologues [15] ?» On pourrait lui répondre : à une pleine maîtrise sur les rapports sociaux, à une reconstruction égalitaire des mécanismes de socialisation. Cette prétention démiurgique a déjà suscité l'inquiétude de Paul Yonnet qui écrivait au début des années 1990 que « [l]'idée qu'une société pourrait s'organiser autour d'une conception de l'intégration définie par un cénacle de techniciens et de savants travaillant pour l'administration, fussent-ils les meilleurs, correspondrait à une douteuse ambition théorique de maîtrise politique des processus sociaux [16] ». Il y a là une tentation de contrôle intégral de la société. Si la lutte contre les discriminations détermine en profondeur la transformation de la légitimité démocratique, il faut souligner qu'elle demeure profondément impensable si on ne l'articule pas à une réflexion sur les moyens institutionnels qui assurent son effectuation, qui lui permet de transformer pratiquement la société en laboratoire. Autrement dit, la sociologie antidiscriminatoire transforme radicalement le paradigme à partir duquel est menée l'action publique. Et comme le souligne Patrick Simon, la théorisation adéquate des mécanismes discriminatoires et l'institutionnalisation de ce cadre théorique par l'État sont les conditions nécessaires à leur éventuel démantèlement, dans la mesure où « [l] a production de statistiques sur les discriminations raciales touche à ces différents niveaux de lecture et permet d'appréhender non seulement l'intelligibilité du social mais également les stratégies de transformation des systèmes de domination qui structurent les discriminations [17] ». La transformation multiculturelle de la société contemporaine n'est pas seulement l'effet d'un déferlement idéologique mais bien d'une mutation de l'action publique qui vient élargir significativement les fonctions de l'État pour l'investir d'une utopie reconstructrice portée par une expertise technocratique diversitaire. En un mot, l'utopie diversitaire ne s'implante pas toute seule, sans l'action intensive de l'État qui travaille à reconstruire la société à son image.

Ainsi, depuis les années 1970, en Grande-Bretagne et aux États-Unis, dans la plupart des sociétés occidentales depuis la fin des années 1980, on assiste au développement d'une bureaucratie antidiscriminatoire, qui prétend reconstruire la société et par là, notre conception de la démocratie. On l'a vu avec la Commission for Racial Equality en Grande-Bretagne, l'Office pour les affaires multiculturelles de Francfort, la Commission des droits de la personne et de la jeunesse au Québec, et plus récemment avec le Haut-commissariat à l'égalité, en France. Les agences gouvernementales travaillant à faire la promotion systématique de la lutte contre les discriminations sont en pleine croissance[18]. Ces agences participent par ailleurs à ce que plusieurs ont nommé l'extension de l'État administratif ou de la démocratie managériale, et qui correspond pratiquement à un transfert de pouvoir toujours plus massif vers une administration non élue qui tire sa légitimité de sa pratique des sciences sociales et de sa prétention paradoxale à reconstruire une société qui ne serait pas habilitée à se gouverner elle-même. L'État doit non seulement répondre aux exigences de la diversité : il doit produire cette diversité à partir de ses propres catégories administratives, ce qui veut dire que les groupes n'existent pas tant que l'État ne les a pas reconnus positivement. C'est seulement la bureaucratie antidiscriminatoire qui est en droit de reconnaître ou non l'existence d'un groupe et de le situer dans la structure discriminatoire où il se serait constitué historiquement. Seuls les experts pratiquant la sociologie antidiscriminatoire peuvent évaluer si oui ou non un groupe peut faire valoir que ses droits sont lésés. Cela favorise une hégémonie toujours plus grande de la sociologie antidiscriminatoire comme savoir étatique. L'expertise diversitaire joue ici un rôle fondamental, dans la mesure où un groupe doit être parvenu à se faire reconnaître comme victimisé avant de pouvoir reconfigurer son existence dans le dispositif technocratique propre à la lutte contre les discriminations, ce qui favorise évidemment le clientélisme identitaire-victimaire. On pourrait même dire que certains groupes ne préexistent d'aucune manière à leur reconnaissance politique et technocratique, tout au contraire, ce sont les pratiques de clientélisme identitaire propres à une certaine technocratie trouvant dans la gestion de la diversité le moyen d'un meilleur contrôle du social qui les font apparaître. Sans la subvention publique, ils seraient cantonnés dans l'insignifiance la plus absolue : c'est l'État qui les fait exister. Ce n'est pas toujours la diversité qui réclame sa mise en forme par l'État mais c'est ce dernier qui, à partir de la sociologie antidiscriminatoire qu'il institutionnalise à la manière d'une pratique technocratique, génère une dynamique de regroupement identitaire chez les acteurs sociaux lorsque vient le temps de formuler des revendications, comme le suggérait la Commission des droits de la personne et de la jeunesse québécoise en annonçant son intention de s'investir dans les milieux qu'elle croit victimisés sans qu'ils ne le sachent pour les amener à prendre conscience pleinement de la domination qu'ils subiraient[19]. C'est une dynamique de désaffiliation généralisée qui entraîne une décomposition de la communauté politique – une désaffiliation légitimée par la sacralisation du droit à la différence, qui n'est que l'envers de la diabolisation de l'assimilation, la différence devant non seulement s'exprimer dans le domaine privé, comme le permettait la tolérance libérale, mais être reconnue publiquement à travers la recomposition d'un espace public pluraliste.

\*\*\*

Une question revient souvent : la citoyenneté diversitaire n'a-t-elle pas l'immense vertu de faire de la place à tout le monde et d'accorder la reconnaissance désirée à toutes les identités présentes dans une société ? En quoi l'identité majoritaire devrait-elle se sentir compromise par ce réaménagement de l'espace public pour faire une place à tous ceux qui souhaiteraient s'y sentir chez eux ? C'est mal comprendre que la lutte contre les discriminations ne tolère tout simplement plus l'idée d'une culture commune nouée dans une histoire. Elle ne demande pas un ajustement

raisonnable de l'identité collective mais le déboute-
ment explicite de toute culture nationale, de toute
culture de convergence, pour reprendre la formule
de Fernand Dumont. Il n'y aura plus que des
communautarismes : le communautarisme majoritaire, toutefois, devra se dissoudre, puisqu'il n'existerait que dans le rapport de domination qu'il exercerait
sur les autres identités.

La lutte contre les discriminations, telle qu'entendue chez les constructeurs de la société inclusive, a
peu à voir, et pour tout dire, rien à voir, avec un simple
réformisme libéral visant à favoriser l'intégration à la
vie sociale de groupes victimes d'une forme explicite
et détestable de ségrégation, à la manière des noirs
américains jusqu'aux années 1960. Il s'agit plutôt de
reconstruire intégralement la société à partir d'une
nouvelle maquette, celle de l'égalitarisme identitaire,
qui se réclamera de la diversité inclusive. La conclusion politique n'est pas sans intérêt : l'État pourrait, s'il
le voulait, contribuer à réduire la fragmentation poli-
tico-identitaire de la société, en mettant de l'avant des
mesures qui poussent à la reconstitution d'un peuple
oblitéré. Il ne veut pas. Il veut même le contraire. Il
veut en fabriquer un nouveau.

# 5

## Fabriquer un nouveau peuple : la question de l'identité nationale

> J'apprends que le gouvernement estime que le peuple a « trahi la confiance du régime » et « devra travailler dur pour regagner la confiance des autorités ». Dans ce cas, ne serait-il pas plus simple pour le gouvernement de dissoudre le peuple et d'en élire un autre.
>
> Berthold BRECHT

La démocratie, théoriquement, n'est pas sans rapport avec le peuple. On le chante et on le célèbre, et c'est en son nom qu'on a longtemps cru possible de faire avancer le genre humain. Mais le peuple moderne n'est pas une société indéterminée : c'est une réalité inscrite dans les profondeurs de l'histoire. La démocratie n'a pas su, jusqu'à présent, se passer de la nation et du support qu'elle offrait. Mais la démocratie diversitaire voudrait bien, d'une manière ou d'une autre, s'en délivrer. Alors que la nation représentait la catégorie fondatrice de la philosophie politique moderne, elle passe désormais pour la principale responsable de l'oppression des minorités et c'est à sa reconstruction multiculturelle, difficile à distinguer de sa déconstruction, tout simplement, qu'une bonne partie de la gauche s'est vouée depuis une trentaine d'années. La logique de la décolonisation, amorcée avec la fracture des empires européens, devrait se poursuivre à l'intérieur même de chaque nation, qui se serait construite à travers l'hégémonie d'un groupe culturel particulier, une hégémonie reconduite sur les populations issues de l'immigration et constituées en minorités culturelles désormais porteuses d'un droit à la différence à faire respecter. De la décolonisation extérieure, nous passerions à la décolonisation intérieure. La fin de l'impérialisme devrait s'accompagner de la fin de l'État-nation. Le fondement de la communauté politique moderne ne serait plus légitime. La diversité ne devrait plus être refoulée dans les marges sociales ou privatisée dans le registre des préférences personnelles mais reconnue comme un fondement politique.

La nation, en se posant comme la seule source de légitimité politique, aurait en fait contraint la communauté politique à prendre forme dans une structure « moniste[1] », contradictoire avec l'expression de la diversité irréductible du social, qui ne disposait plus d'expression politique dans la mesure où elle fut privée de force, la citoyenneté se constituant dans la seule matrice de l'universalité, qui aurait par ailleurs masquée l'hégémonie contraignante et potentiellement tyrannique du groupe majoritaire. La désymbolisation radicale de la souveraineté nationale entraîne son dévoiement comme une manifestation pure de la domination. Il faudrait déboulonner la nation de son piédestal, refouler son hégémonie sur la définition de l'espace public et basculer du mythe de l'unité de la communauté politique à la nécessaire institutionnalisation de la diversité, ce qui implique évidemment d'ouvrir l'espace public à la diversité des revendications marginales ou minoritaires, qui prennent souvent la forme de revendications identitaires. La nation n'est plus qu'une majorité, non plus historique mais démographique, à laquelle on conteste désormais sa souveraineté, la communauté politique devant se désinvestir de son particularisme historique pour réaménager les rapports intercommunautaires dans une perspective explicitement égalitaire. Il faut viser un renversement du rapport de pouvoir que la majorité exercerait sur la minorité, ce qui impliquera de redéfinir la souveraineté démocratique en en inversant la signification : il ne faudra non plus assurer la pleine expression de la majorité mais assurer sa neutralisation pour qu'adviennent politiquement les minorités. La nation devrait donc s'ouvrir à la diversité, même s'effacer devant elle, la société devant désormais se penser comme une constellation sans point fixe ordonnant de manière autoritaire les identités et les représentations sociales. L'aplatissement historique de la communauté politique, sans relief identitaire, la mise à niveau de toutes les communautés qui s'y trouvent, peu importe leur enracinement historique, serait la condition première d'une identité collective démocratique. L'enjeu du multiculturalisme, du point de vue de la philosophie politique, est clair : il ne s'agit plus seulement de faire porter la délibération publique sur l'aménagement de la communauté politique, mais sur sa définition même, sur son existence même – sur son identité.

On parle encore de la France, de la Grande-Bretagne, de la Norvège ou du Québec, mais derrière la permanence du vocabulaire, on ne saurait identifier ce qui est spécifique à chacun de ces pays. Il n'est plus possible de tenir pour acquis la nation : elle n'est plus qu'un discours hégémonique au service d'une majorité s'appropriant le monde commun pour son bien exclusif. Défendre la nation consistera, de ce point de vue, à défendre simplement un communautarisme dominant sans légitimité. Conséquence de cela, c'est la référence à l'identité historique nationale en tant qu'identité substantielle (en tant qu'identité irréductible à l'imaginaire contractualiste, en quelque sorte, en tant que substrat historique, en tant que culture, héritage et mémoire) qui n'est plus compatible avec une démocratie reconstruite dans la lutte contre les discriminations. Une identité historique irréductible au consentement et aux paramètres du contractualisme appelée néanmoins à structurer la citoyenneté et la communauté politique serait un problème du point de vue de la démocratie. Car l'idéal démocratique réinventé par la gauche post-marxiste devrait penser la société comme une pure construction artificielle centrée sur l'idéal d'une citoyenneté radicalement égalitaire et appliquée au plus grand nombre possible de relations sociales. Et si l'identité nationale n'est plus qu'une culture majoritaire n'ayant pour elle que le privilège démographique, il faut donc encore une fois mettre à plat la communauté politique pour qu'une diversité d'identités puisse désormais s'y manifester.

Surtout, il faudrait démanteler radicalement les processus sociologiques et politiques qui travailleraient à l'assimilation des nouveaux arrivants dans un contexte marqué par l'immigration massive. Daniel Cohn-Bendit a défendu cet argument en soutenant que « lorsqu'une société ne laisse d'autre choix à ses nouveaux arrivants que celui de l'assimilation, cette mesure est en complète contradiction avec les droits civils[2] », ce qui légitime, implicitement ou explicitement, une forme de révolte contre cette démocratie piétinée. Selon la formule de Rick Muir, *there should be no cricket test*[3]. La citoyenneté devrait s'évider de tout substrat identitaire – il faudrait délier la citoyenneté et la nationalité en désarticulant la communauté politique et la communauté historique – la citoyenneté ne sera plus qu'un artifice juridique. Les institutions publiques devraient s'arracher à l'histoire pour accueillir la diversité des revendications cherchant à s'y faire reconnaître, ce en quoi la philosophie de la reconnaissance mobilisée par le multiculturalisme repose en fait sur l'oblitération préalable de la culture nationale. Le multiculturalisme entend neutraliser et même déconstruire la notion même d'une « culture de convergence[4] » – dans la mesure où celle-ci ne pourrait se constituer comme norme qu'à travers un rapport hégémonique consistant à instrumentaliser les institutions politiques au service d'un communautarisme majoritaire. La nation n'a ni substance, ni identité.

## QUELLE IDENTITÉ NATIONALE ?

Le débat sur l'identité nationale en France, lancé à l'automne 2009 par le Ministre Éric Besson, a donné un bon exemple de cette disqualification de plus en plus radicale de l'identité nationale au moment même où on cherchait politiquement à la réhabiliter, à une époque, plus largement, où ce qu'on nomme la question identitaire témoigne du désir de réenracinement des peuples. Mais la gauche idéologique française, dans son ensemble, dénoncera la référence même à l'identité nationale alors que la droite s'en tenait plus souvent qu'autrement à une définition minimaliste de celle-ci, à mi-chemin de la célébration des valeurs républicaines et de la sacralisation du métissage. Parmi tant d'autres, le démographe Hervé Le Bras a résumé l'état d'esprit de la gauche multiculturelle à ce sujet en réduisant l'identité française à une simple estampe administrative : « Pour moi, être Français, c'est avoir la nationalité française, un point c'est tout. Revenir là-dessus serait extrêmement grave. Les seuls qui ont essayé sont le gouvernement de Pétain et le programme du Front national. Ce parti, en son temps, voulait retirer la nationalité à certains naturalisés. Si vous remettez en cause la nationalité française, vous remettez en cause la démocratie. » Ainsi, tout appel à une définition substantielle de la nation, qui impliquerait une interpénétration plus marquée entre culture et politique, entre nationalité et citoyenneté, serait à classer à l'extrême droite, à l'écart du consensus démocratique et témoignerait d'une régression pétainiste[5]. Michel Rocard a lui aussi affirmé que l'identité nationale serait par définition « ouverte », dans une perpétuelle dynamique d'universalisation, sans quoi elle se dénaturerait. Autrement dit, le propre de l'identité française serait de ne pas être accrochée de manière fondamentale à un patrimoine historique ou culturel, de se déplacer à partir d'une « logique d'ouverture », « complètement évolutive » :

> La France est la seule identité nationale au monde qui soit en définition évolutive et constamment en train d'agglomérer de nouvelles sensibilités et de nouvelles représentations linguistiques ou de couleurs de peau.

Il faudrait donc censurer la question de l'immigration parce qu'elle problématiserait la prétention à définir une identité sans substrat historique :

> Se poser le problème de l'immigration, c'est se poser la question de la date à laquelle s'arrête la bienvenue que nous avons souhaité à tous ceux qui sont devenus Français en venant d'ailleurs, et qui sont aujourd'hui un bon

tiers, sinon la moitié, de notre population totale. Alors à partir de quand on crache dessus ?

La crainte de l'exclusion associée à une définition substantielle de l'identité nationale était clairement affichée :

> Ma crainte, c'est qu'on mette des frontières là où il n'en faut pas. C'est que parler de l'identité nationale nous convainque qu'il y a une substance de plus, quelque chose de qualitativement différent, entre ceux qui sont Français et ceux qui ne le seraient pas mais habiteraient quand même notre territoire. C'est ça le risque. Car l'enjeu, c'est une insertion décente de tous ces gens, comme nous l'avons toujours fait [6].

Il faudrait donc, pour éviter de blesser les nouveaux venus, dissoudre la culture dans une forme d'indétermination historique, la nation se réduisant désormais à un pacte juridique appelé à se refonder dans le cadre d'un contractualisme diversitaire. On peut aussi voir rapidement comment dans les débats les plus récents sur l'identité nationale, cette thèse a été reconduite d'une manière ou d'une autre. Dans le contexte du débat israélien portant sur l'identité nationale et le post-sionisme, la question posée était celle de savoir si Israël pouvait se définir encore comme un État juif, autrement dit comme un État investi d'une identité nationale historiquement définie et culturellement circonscrite, ou s'il devait plutôt se définir comme « l'État de tous ses citoyens », au point même où l'historien

Ilan Greilsammer e[...]
de David du drap[...]
passage d'un État [...]
libéral désinvesti de c[...]
En Grande-Bretagne, le [...]
substituer à cette notion racis[...]
une définition du pays en tan[...]
communautés[8].

Ce qui devient de moins en moins [...]
ce qui est caractéristique à chaque comm[...]
tique, son particularisme historique. Cette c[...]
tion de l'identité nationale se radicalise jus[...]
appeler à la désoccidentalisation de la commun[...]
politique, la chose étant particulièrement visible dan[...]
les questions touchant l'investissement dans l'espace
public des symboles religieux associés au christia-
nisme. John Fonte parle d'ailleurs du « *post-west syndrome* » pour critiquer cette volonté qu'ont les sociétés
occidentales de se dissoudre dans un universalisme
radical[9], qui se révèle souvent dans le désir de déchristianiser l'espace public, pour s'assurer que ce dernier
s'ouvre à la diversité des revendications identitaires à
fondement religieux, ce qui veut dire que les symboles
religieux associés à la majorité nationale ne devraient
plus disposer d'une légitime prédominance dans la
symbolique collective, surtout dans les institutions
publiques. On a vu ainsi se multiplier les tentatives
d'éradication des derniers symboles qui marquaient
l'enracinement des sociétés occidentales dans le chris-
tianisme. La plus visible de ces tentatives est certaine-

...e la droite américaine a nommé la *Christmas*
...consiste à chercher à déchristianiser les fêtes
...dans la mesure où elles consacreraient une
...nie dans l'organisation du calendrier collectif
...eligion majoritaire au désavantage des religions
...ritaires [10]. C'est moins, ici, le souci laïc qui com-
...de cette nouvelle lutte menée contre l'héritage
...étien des sociétés occidentales que la logique multi-
...lturaliste. Ce n'est pas parce qu'ils sont religieux
que les symboles chrétiens sont proscrits, mais parce
qu'ils représentent l'hégémonie culturelle du groupe
majoritaire.

## DE L'HÉRITAGE À L'UTOPIE :
### LA RADICALISATION DU CONTRACTUALISME

Cette aspiration à une société refondée dans le pluralisme identitaire explique probablement la fascination contemporaine pour le Canada qui représente
l'exemple même d'une communauté politique ayant
profondément rompu avec le modèle classique de
l'État-nation en se refondant sur un multiculturalisme
d'État qui prétendait décentrer la communauté politique à la fois de la nation canadienne-anglaise et de la
nation québécoise, celles-ci ne survivant institutionnellement qu'à travers un bilinguisme bureaucratique
vidé de tout substrat culturel significatif. Jacques
Attali a déjà réservé une sublime vocation à la fédé-
ration canadienne : elle représenterait le laboratoire de

l'utopie dans un monde apprenant à faire vivre ensemble les différences, un monde se laissant pleinement investir par l'idéal de la diversité[11]. On le sait, le multiculturalisme est une doctrine d'État au Canada, mais il faut voir à quel point cette mutation identitaire a été portée par la classe intellectuelle qui a reconnu justement dans sa reconstruction diversitaire la marque distinctive de l'identité canadienne. Sans abuser d'un langage paradoxal, on pourrait dire que le Canada trouverait son identité propre dans le fait de ne pas avoir d'identité nationale distinctive, John Ibbitson allant même jusqu'à affirmer que le génie propre à l'identité canadienne serait justement d'être porteuse d'aucune signification historique particulière, ce qui faciliterait son appropriation par les immigrés qui n'auraient aucunement à se départir de leurs appartenances culturelles préalables pour devenir Canadiens[12]. En fait, le Canada se serait reconstitué et refondé sur une dissociation radicale entre la communauté politique et son expérience historique, et c'est justement cette prétention à se fonder sur une utopie plutôt que sur une mémoire qui en ferait un paradis diversitaire à nul autre pareil parmi les sociétés contemporaines. Selon la formule de John Ibbitson, les pays qui ont le moins d'histoire seraient aujourd'hui ceux qui ont le plus d'avenir[13]. Le Canada serait ainsi exceptionnel dans son anhistoricité fondamentale. Il représenterait une césure fondamentale dans l'histoire politique du genre humain, une proposition reprise et radicalisée récemment par le gouvernement de Justin Trudeau [14].

D'autres, comme John Saul, chercheront plutôt à réécrire l'histoire du Canada en la désoccidentalisant radicalement pour mieux l'inscrire dans sa tradition amérindienne, qui l'aurait préparé à accueillir la diversité et à ne pas se laisser fixer dans une catégorie identitaire semblable à celle de l'État-nation généré par l'histoire européenne [15]. Surtout, par sa Charte, qui fournirait aux groupes subordonnés les moyens de se constituer politiquement en mobilisant le langage des droits, le Canada aurait créé un contexte institutionnel favorable à la pleine expression de la diversité, sur les plans culturels comme sexuels. Alors qu'il était premier ministre, Paul Martin a endossé avec fierté cette nouvelle définition du pays, en disant du Canada qu'il était la première communauté politique postmoderne, une thèse qu'avait déjà formulé Pierre Pettigrew à la fin des années 1990 en affirmant que le Canada était particulièrement adapté pour évoluer dans la mondialisation car il serait délivré de toute attache historique générant traditionnellement un réflexe de repli identitaire devant l'ouverture à l'autre [16]. Pour reprendre encore la description par Ibbiston du Canada comme une utopie, le Canada sera finalement le premier pays à ne plus rien devoir aux passions mauvaises qui auraient jusqu'à présent traversé l'histoire humaine [17].

Du point de vue de ses militants, la diversité promue par le multiculturalisme ne s'imagine pas comme une forme d'apartheid généralisé, dans la mesure où la question de l'intégration se recompose, comme l'a noté Anthony Giddens dans son nouveau *Manifeste progressiste*, dans la perspective des valeurs communes et dans la dissolution de la culture nationale. Car les valeurs communes doivent moins référer à une culture historique patrimoniale qu'il faudrait transmettre d'une génération à l'autre qu'à des valeurs universalistes qui sont celles de toutes les sociétés occidentales sécularisées, une proposition reprise à gauche comme à droite, comme on l'a vu avec Angela Merkel qui a critiqué le multiculturalisme en invitant désormais les immigrés à prendre le pli de l'universalisme occidental et de l'État de droit[18]. Dans un discours qui se voulait critique du multiculturalisme, après les attentats contre Londres de juillet 2005, Tony Blair a bien précisé d'ailleurs que la nouvelle cohésion réclamée par la société multiculturelle impliquait de rassembler la diversité non pas autour d'une culture nationale majoritaire mais bien autour de valeurs communes, celles d'un certain universalisme progressiste qui correspond normalement aux valeurs portées par les partis associés officiellement au centre gauche. « Lorsque nous avons gagné la compétition pour recevoir les Jeux olympiques de 2012, nous avons présenté une vision moderne et convaincante de la Grande-Bretagne : un pays à l'aise avec les différentes races, religions et cultures. Ce n'était pas la vieille Grande-Bretagne coincée que l'on voyait dans les sketchs d'humour des années 1970, mais une nation fière, désireuse et capable de se lancer et d'entrer en compétition sur ses propres mérites. L'ethos de ce pays est complètement différent de ce qu'il était il y a trente ans. Les tribunaux reconnaissent les crimes raciaux d'une manière qui était inconcevable à l'époque. Nous avons la législation la plus complète en matière de lutte contre l'anti-discrimination. Nous avons des lois exigeantes contre la discrimination basée sur l'orientation sexuelle, l'appartenance raciale, le genre ou le handicap. La Loi sur les droits humains offre une protection de base aux minorités ethniques et établit des standards minimaux. C'est une fierté pour moi qu'il n'y ait eu que les gouvernements travaillistes qui aient introduit cette législation anti-discrimination. Notre culture publique est aussi tout à fait différente. Nous avons maintenant davantage de députés, de pairs et de ministres issus de minorités ethniques, bien qu'il en faudrait encore plus. Nous avons eu le premier noir ayant servi comme ministre. Les médias sont généralement davantage sensibles et on trouve des journalistes et des chroniqueurs appartenant à des minorités ethniques. Le racisme, pour l'essentiel, a été éliminé du domaine sportif. Les remarques offensantes et les stéréotypes stupides ont été exclus de la conversation publique. En d'autres mots, les règles de base de la courtoisie ont été élargies à tout le monde ».

D'une Grande-Bretagne à l'autre, on serait passé d'un monde à un autre. La diversité serait la nouvelle marque distinctive de la *Cool Britannia*. Et le devoir d'intégration ne référerait pas à une culture nationale mais bien à des valeurs communes progressistes. Il ne faut donc plus intégrer les immigrés à la culture nationale mais intégrer toute la société à une nouvelle culture des droits de l'homme post-traditionnelle et bien évidemment, la majorité nationale sera la première à devoir se transformer, en renonçant à se définir comme une culture de convergence. À partir du cas canadien, Will Kymlicka a formulé une théorie de l'intégration qui nous donne une bonne idée de la cohésion sociale en société multiculturelle. Kymlicka affirme ainsi que loin de désintégrer la société, le multiculturalisme aurait tendance à la rendre plus cohésive en favorisant la participation des groupes minoritaires aux institutions communes, à condition que celles-ci ne soient plus la propriété dissimulée du groupe majoritaire. On peut parler ainsi d'une mutation du devoir d'intégration, dans la mesure où l'identité commune d'une société devrait se désinvestir du « communautarisme majoritaire » et se reconfigurer dans la culture des droits humains, seuls susceptibles de rassembler les hommes et les femmes dans un contexte de diversité profonde – c'est le cœur de la doctrine des accommodements raisonnables. Il sera possible alors de travailler à construire un nouveau peuple, à tout le moins, une nouvelle identité collective, qui ne sera plus assimilable à la seule culture majoritaire. Il n'en demeure pas moins que certains, à droite, se sont montrés très sévères envers cette vision post-nationale de l'intégration sociale. Il va de soi que cette description idéalisée de l'intégration multiculturelle correspond bien peu à la réalité, comme en témoigne la décomposition active des sociétés européennes. Que reste-t-il alors de la nation, au-delà du simple mot, auquel on réfère souvent d'autant plus qu'on ne voit plus trop la chose ? La nation, plutôt que de se constituer dans une tension créatrice entre la logique de l'héritage et celle du contractualisme, devrait désormais se définir exclusivement par la seconde. D'héritage, la nation devient projet. Le langage des « valeurs » sert ainsi souvent à redéfinir le sentiment d'appartenance à la communauté politique, non plus à partir de son existence historique mais bien à partir de la nécessité de s'y arracher.

## LA FAILLITE DE LA DÉMOCRATIE REPRÉSENTATIVE OU LA DÉMOCRATIE DIVERSITAIRE

La transformation de la démocratie entraînée par le multiculturalisme entraîne à terme une transformation de sa théorie de la représentation démocratique. La démocratie représentative semble périmée car elle ne sait plus trop quel peuple elle doit représenter. L'identité du peuple n'étant plus présupposée, son existence même étant remise en question, il n'est plus possible de penser l'espace public sous une forme unitaire, où les individus appartenant à une même communauté historico-politique se diviseraient ensuite selon des lignes essentiellement idéologiques.

Il n'y a plus de peuple non plus que de nation. Le substrat historique de la communauté politique disqualifié, il faut désormais prendre au sérieux la question d'une nouvelle invention du peuple, ou si on préfère le dire autrement, de la figure historique dépositaire de la souveraineté. Dans la perspective d'une mise en valeur de la diversité, il faut donc penser aux mécanismes adéquats permettant sa représentation. Il ne s'agira plus de représenter un peuple déjà là mais de mettre en place un mécanisme de représentation permettant aux différentes identités de se faire valoir. Pierre Rosanvallon, un des principaux théoriciens de cette redéfinition de la représentation, écrit que « [l]es difficultés de mise en forme du pouvoir démocratique sont les plus visibles. Elles dérivent du fait que le pouvoir du peuple ne peut s'exercer de façon directe dans le monde moderne : il n'a de consistance possible que médiatisé et instrumentalisé par les procédures du gouvernement représentatif[19] ». Le problème serait encore plus radical :

> Si la démocratie présuppose qu'il y a un sujet que l'on peut appeler « peuple » et que ce peuple est susceptible d'exprimer sa volonté, comment, alors, le définir et comment le reconnaître[20] ?

Rosanvallon ajoute que « ni le peuple ni la nation n'ont dorénavant de chair sensible », ce qui revient à radicaliser l'artificialisme contractualiste des modernes en vidant la figure du peuple de ce qui lui restait de consistance existentielle prépolitique[21], car « en désincorporant le social, le monde moderne implique un recours accru à la fiction[22] ». Rosanvallon insiste ainsi pour nous dire que « l'important est de souligner encore une fois que c'est le peuple concret qui reste indéterminé. [...] Le peuple ne préexiste pas au fait de l'invoquer et de le rechercher : il est à construire[23] ». Nous serions donc devant un paradoxe, une démocratie sans *demos*, un pouvoir ne sachant plus à quel peuple se référer. On voit où nous conduit le congédiement de la nation historico-politique. Il s'agira donc de renouveler la question du contractualisme et cela, bien évidemment, à partir de la diversité, ce qui implique une transformation programmée des processus de représentation. La délibération publique porte désormais sur la nature même du peuple qui prétend exercer la souveraineté. Autrement dit, en contexte multiculturel, non seulement on ne peut plus tenir le peuple pour acquis (et on ne saurait conséquemment dire que les institutions le trahissent, parce qu'il n'existe que par elles), mais une bonne partie de l'activité politique consiste à délibérer sur la nature de la société, sur ses contours – en d'autres mots, sur son existence. Le décret d'inexistence qui frappe le peuple s'accompagne nécessairement d'une faillite de la démocratie représentative, qui présupposait, on le sait, une collectivité suffisamment cohérente pour que le commun prédomine dans la représentation sur le singulier.

Il n'y a pas de démocratie sans *démos*, mais il n'y aura pas de démos sans diversité. Il ne faudrait plus désormais constituer le peuple dans le rêve d'une souveraineté indivisible. En fait, si la souveraineté ne trouve pas à renouveler sa légitimité dans la représentation de la diversité, elle sera désormais vécue et ressentie comme une pure domination. La démocratie, pour s'accomplir comme idéal, devrait passer par un nouveau processus qui ne chercherait plus à représenter la société comme unité, dans la mise en scène de grands projets concurrents, mais la société comme diversité. D'une certaine manière, c'est la référence même à la souveraineté qui serait périmée, comme le soutient Touraine en écrivant que « la démocratie n'est plus le triomphe de l'Un ou la transformation du peuple en prince [24] ». La démocratie reconnaîtrait sa vitalité non pas dans la mise en scène d'une souveraineté surplombante mais par sa capacité à faire surgir les paroles historiquement refoulées. Il faut donc assurer une inclusion systématique des groupes historiquement dominés dans l'espace public en tant qu'interlocuteurs incontournables, sans quoi la démocratie serait privée de toute légitimité [25]. L'institutionnalisation de la diversité serait nécessaire à la démocratisation de la communauté politique, qui devrait s'ouvrir au mouvement de recomposition continu du *demos* [26].

Cette critique de la démocratie représentative au nom de la diversité sociale ou identitaire, développée par les auteurs associés à la deuxième gauche française, se confond avec une critique de la démocratie libérale : il faudrait désormais ouvrir la démocratie aux nouveaux mouvements sociaux porteurs de sa promesse d'émancipation. La deuxième gauche, venue du marxisme, a cherché à le renouveler à travers une exploration à nouveaux frais de la question de la démocratie, d'abord sous la figure de l'autogestion, ensuite sous celle de la société civile, enfin sous celle de la diversité. La question posée par cette sociologie était celle d'un développement des institutions favorable à une participation toujours plus grande des acteurs sociaux aux institutions pour abolir la part d'hétéronomie constitutive de la démocratie moderne. De l'autogestion à la démocratie participative, la deuxième gauche a contesté la prétention à une souveraineté surplombante s'incarnant dans le nationalisme jacobin à la française, ce qui la prédisposait à accueillir favorablement l'appel au multiculturalisme qui traverse aujourd'hui toutes les sociétés occidentales. En fait, la démocratie représentative devrait s'incliner devant les acteurs sociaux appelés à instrumentaliser les institutions publiques pour faire valoir leur propre subjectivité politique[27]. Il y aurait plus de « réalité » dans les acteurs sociaux que dans les partis politiques. Mais ce préjugé favorable à l'endroit de la société civile et des groupes sociaux et identitaires qui la composent témoigne d'une mauvaise compréhension de la nature de la diversité dans la société des identités. L'existence des groupes discriminés est souvent dépendante de leur reconnaissance administrative et statistique, les discriminations ne devenant visibles sociologiquement qu'une fois construites politiquement par un État décidé à reprogrammer les mécanismes de socialisation pour les conformer à l'idéal d'une pure transparence égalitaire entre les individus mais plus encore, entre ces groupes dont il a favorisé l'avènement politique.

Cette rupture avec l'unité du sujet politique a été assimilée par la philosophie politique multiculturaliste à un passage du monisme au pluralisme[28]. Il faudrait transgresser consciemment le mythe de l'unité du *demos*, ce qui implique aussi de problématiser le principe majoritaire, la *majority rule* des anglosaxons, dans la mesure où il viendrait légitimer l'hégémonie d'un groupe masquant derrière une vision universaliste de la démocratie son hégémonie. Une société démocratique ne trouvera plus sa légitimité dans l'exercice d'une souveraineté majoritaire mais justement dans la neutralisation de sa majorité hégémonique. Pourquoi soumettre les droits des minorités aux caprices de la majorité ? On poussera de plus en plus pour l'abolition du moment unitaire de la démocratie, sacralisé dans la démocratie moderne à travers la mécanique électorale, qui permettait au peuple de manifester son existence unitaire en reconnaissant l'antécédence du tout sur les partis. Il faudra, dans la mesure du possible, vider de leur contenu politique les élections. Ce qui est révoqué aussi, c'est le moment formel de consultation de la souveraineté populaire, dans la mesure où les institutions qui assureraient encore son expression seraient désuètes et ne serviraient pratiquement qu'à reconduire l'hégémonie des majorités démasquées par le travail de déconstruction. Le référendum est particulièrement congédié : ce serait l'instrument privilégié de la tyrannie de la majorité. On ouvrira les institutions et le débat public à la représentation d'identités culturelles ou sociales minoritaires, la souveraineté devant s'effacer, ou à tout le moins, se faire modeste, devant une pluralité sociale qui demanderait moins qu'on la discipline derrière la fiction de l'intérêt général qu'on ne la représente dans la diversité. Il ne faudrait plus refouler la pluralité des appartenances dans le domaine privé mais justement les investir dans le domaine public. Le politique ne devrait plus être une instance de dissolution, d'atténuation ou de modération de la pluralité, mais bien de son institutionnalisation – le pouvoir, ici, n'est plus conservateur des fondements d'une société mais bien celui qui doit les transfigurer. C'est à cette lumière, d'ailleurs, que s'éclaire la question de la société civile. C'est un nouvel espace de représentation du social qui prend forme dans la société civile et qui permet ainsi aux acteurs associés à la diversité d'apparaître publiquement sans avoir à neutraliser leur spécificité identitaire ou culturelle dans un collectif magnifié qui masquerait derrière sa prétention à l'universel les intérêts exclusifs de la majorité – elle incarnerait, en fait, un parlement alternatif médiatiquement consacré. Ce n'est qu'ainsi, d'ailleurs, que l'on peut comprendre la popularisation des modèles liés à la démocratie participative. La société se substituera à l'espace politique dominé par les partis qui contraignait traditionnellement les acteurs sociaux à formuler leurs intérêts dans une perspective totalisante, avec un souci du bien commun. Pour emprunter les mots de Touraine, « il ne s'agit plus d'abolir les différences sociales et culturelles dans une volonté générale, mais au contraire, d'accroître le plus possible la diversité interne d'une société, d'avancer vers une recomposition dont l'objectif est, en même temps que de créer un monde nouveau, de retrouver ce qui a été oublié, méprisé [29] ». La démocratie ne serait qu'une mise en forme de la diversité contre l'hégémonie institutionnalisée dans l'État-nation.

## L'IMPERIUM DES DROITS
### ET LA JUDICIARISATION DU POLITIQUE

John Fonte a affiché sa méfiance envers l'« inclusivisme », dans la mesure où l'incorporation de nouvelles communautés dans l'espace politique risque bien de transformer la citoyenneté en machine à générer des revendications identitaires, chaque communauté réclamant désormais son droit de veto sur les questions qui la concernent, ou sur l'aménagement plus général des institutions politiques. Chaque groupe réclamerait désormais ses droits – on parle conséquemment d'une inflation des droits ou encore, de la judiciarisation du politique. La souveraineté ne parvenant plus à se constituer dans le corps politique de la nation, elle s'égrène, elle s'émiette, pour ensuite être récupérée par la démocratie managériale, ou si on préfère, par une certaine technocratie qui prétend disposer d'un savoir unique et indispensable dans les questions liées à la gestion de la diversité. Si la question de la diversité compte, c'est qu'elle annonce une mutation du processus de composition du sujet politique[30]. Autrement dit, la démocratie et le pluralisme identitaire seraient désormais indissociables. Il faut non seulement mettre en place un espace politique permettant aux groupes identitaires de se déprendre des formes classiques de la représentation moderne en autonomisant leur représentation collective, il faut aussi assurer une neutralisation conséquente de la souveraineté populaire, ce qui correspond à la dynamique de la judiciarisation des rapports sociaux. Ce n'est pas sans raison qu'on parle aujourd'hui de l'imperium des droits fondamentaux dans la mesure où ces derniers prétendent transcender la neutralisation de la souveraineté populaire, désormais réduite à un espace minimal, les questions touchant aux « droits des minorités » ne devant pas être soumises à la majorité – on voit mal toutefois qui décidera à l'avance ce qui relève des droits des minorités. L'enjeu de la judiciarisation du politique, c'est évidemment de bâtir un ordre politique protégeant les droits des minorités contre les institutions politiques traditionnellement associées à la démocratie représentative, pour éviter tout *backlash*.

Les sceptiques se demanderont d'où vient l'immense pouvoir qui permet de transformer en droits fondamentaux garantis par les tribunaux des revendications qui passaient encore hier pour des demandes politiques ou même, pour des caprices sociaux. Le langage des droits devient donc celui qui est privilégié par ceux qui veulent démonter et défaire la souveraineté populaire. Dans les débats entourant l'immigration, on assiste ainsi à l'instrumentalisation des « droits humains » dont la liste est en perpétuelle expansion par des communautés qui parviennent ainsi à s'imperméabiliser contre la société d'accueil en faisant valoir leur droit à l'identité culturelle. Ce qui a amené certaines féministes, d'ailleurs, à s'inquiéter du multiculturalisme dans la mesure où il permettrait de reconstituer dans les sociétés occidentales certains communautarismes au contraste trop affirmé avec les valeurs libérales d'une société post-traditionnelle. La souveraineté doit s'effacer devant la justice sociale multiculturelle. La légitimité démocratique passerait désormais par une reconnaissance de la souveraineté du droit. D'autant plus que les droits viennent légitimer pratiquement une vaste entreprise d'ingénierie sociale à faire valoir contre les institutions, traditions et coutumes. Si la souveraineté populaire n'est pas officiellement abolie, évidemment, elle est désormais réduite à une portion minimale du pouvoir politique et n'est plus investie d'aucune charge existentielle. Le pouvoir démocratique est condamné à l'impuissance. Un constitutionnalisme approprié à la société pluraliste sera appelé à exercer une souveraineté surplombante sur le corps social pour justement piloter sa transformation égalitariste dans le langage du droit[31]. Les groupes marginalisés, les minorités sont appelés à faire valoir leurs droits contre les pratiques sociales qui limiteraient leur émancipation, le droit devenant un recours prioritaire à mobiliser contre la souveraineté populaire, assimilée plus souvent qu'autrement à une tyrannie de la majorité, la gauche multiculturelle voyant justement dans les droits humains un instrument privilégié pour piloter à l'abri des controverses politiques classiques l'avancement des revendications minoritaires. Un changement de régime s'opère sans dire son nom.

On peut dire que la judiciarisation du politique représente le point culminant de la dislocation de la démocratie libérale, l'imperium des droits de l'homme se substituant finalement à la souveraineté populaire, devenue une relique symbolique dont on réserve apparemment la défense à la « droite populiste ». La démocratie achève ici sa dissociation d'avec la souveraineté populaire. Car si les groupes subordonnés doivent s'émanciper d'une tutelle nationale qui les amenait à neutraliser leur identité dans une collectivité historique, et s'ils doivent aussi disposer de leur propre représentation publique dans une démocratie remaniée dans la reconnaissance des identités, ils doivent finalement consacrer juridiquement et constitutionnellement l'existence de droits différenciés, qui seront mis à l'abri de la souveraineté populaire. Tout cela transformera la nature même de la délibération démocratique, un nombre croissant de questions seront déportées du domaine démocratique au domaine juridique, considéré comme plus adapté à la gestion des droits et revendications dans une société plurielle, parce que ne risquant pas d'exercer un jugement contaminé par une culture formée dans des schèmes discriminatoires. La judiciarisation du politique vient ainsi consacrer une nouvelle dynamique politique de neutralisation de la démocratie classique, où les enjeux fondamentaux sont transférés dans un domaine où l'exercice du pouvoir ne se réfère plus à la souveraineté populaire mais bien à une rationalité supérieure, censée correspondre aux exigences du vivre ensemble multiculturel. À travers la rationalité juridique, c'est une rationalité politique supérieure qui s'exprimerait, qui permettrait d'articuler le politique non plus à la souveraineté populaire mais à une théorie de la justice, ce qui représente d'ailleurs la forme privilégiée de la philosophie politique dans les sociétés anglophones depuis une trentaine d'années. La tentation du despotisme éclairé n'est pas loin. Mais chose certaine, les groupes sociaux sont invités à ne plus formuler leurs revendications dans la perspective d'un compromis plus vaste qui permettrait d'apercevoir au moins une vague image du bien commun, mais bien dans celui des droits, ce qui n'est pas sans durcir, nous le savons, la nature de ces revendications, qui deviennent soudainement des droits fondamentaux, et conséquemment, des droits non négociables. L'imperium des droits vient limiter les prétentions de la souveraineté à la verticalité, ce qui lui permettait traditionnellement non seulement d'arbitrer entre les droits, mais aussi de les relativiser par rapport à la figure de l'intérêt général.

## LA RECONNAISSANCE
### COMME GESTION THÉRAPEUTIQUE DE LA DIVERSITÉ :
### FABRIQUER UN NOUVEAU PEUPLE

Mais une telle refondation de la démocratie sera incomplète tant qu'elle n'aura pas été radicalement intériorisée par la population, tant que cette dernière n'aura pas transformé intimement son identité. Car le peuple réel, celui associé à l'ancien monde, et qui existe encore, résiste de bien des manières à sa dissolution – il continue de penser en des termes classiques la question de son appartenance au monde. C'est un obstacle majeur sur lequel bute l'État diversitaire : il ne doute pas, toutefois, de sa capacité de l'abattre et de fabriquer un nouveau peuple. Il faut, à terme, reprogrammer les pratiques sociales et culturelles pour démanteler les schèmes discriminatoires et le système exclusionnaire qui les articulent. Il faut non seulement déprendre l'emprise de la majorité sur les minorités : il faut réformer la majorité pour l'amener à consentir à ce nouveau monde où elle ne sera plus qu'une communauté. La majorité doit vouloir la fin de ses privilèges, elle doit désirer ardemment s'en déprendre, s'en délivrer. Il ne suffit pas d'ouvrir la citoyenneté aux groupes minoritaires qui prétendent se constituer dans une dynamique revendicative : il faut ouvrir la société, ce qui implique de transformer plus généralement les schèmes culturels, et cela à travers une action publique conforme à ce que plusieurs ont appelé, dans la suite de la critique de l'École de Francfort, le paradigme thérapeutique. Il faut transformer les attitudes devant la diversité : la majorité doit s'enthousiasmer du fait qu'elle deviendra une minorité, elle doit aimer le multiculturalisme. Il s'agit donc de lutter contre la vieille culture pour la remplacer par une nouvelle. Mais pour que la diversité puisse se manifester librement, pour que les modes de vie alternatifs ne subissent pas la stigmatisation au niveau des pratiques sociales, il faut reconstruire les schèmes culturels dominants qui s'étaient historiquement constitués sur le refoulement de la différence. Il faudrait construire une nouvelle représentation de la collectivité, véritablement inclusive, et ensuite travailler à l'implanter en changeant les mentalités et les attitudes devant la diversité, ce qui passe souvent par un plaidoyer justifiant le passage de la tolérance à la reconnaissance.

Comme l'écrit Jean-Michel Chaumont :

La réparation des offenses passe surtout par la révision du discours de la culture dominante. [...] Éradiquer
le mépris, cela commence par la rectification de la vision
des vainqueurs [...][32].

Il faudrait reconstruire la culture de l'homme occidental pour l'amener à consentir à sa propre commu-
nautarisation dans une société multiculturelle, en
appelant à démonter les représentations discriminatoires, les reprogrammer, en un sens, pour qu'une
culture de la reconnaissance de la diversité en vienne
à s'imposer. L'ingénierie sociale connaît donc un tournant psychologisant et identitaire[33]. Le chantier politique qu'ouvre cette théorie est vaste : lutter contre les
préjugés et reconstruire la société dans le vivre
ensemble diversitaire. L'identité collective n'existe
plus qu'à la manière d'un lieu de rencontre où les
droits des uns se conjuguent avec les droits des autres.
Christina Hoff Sommers s'est montrée très critique
envers cette mutation thérapeutique de l'action
publique, qu'elle assimile à « La rectitude émotion-
nelle », reposant sur la thèse que toute contrainte extérieure dans la formation de l'identité de l'individu ou
d'un groupe serait nécessairement aliénante[34]. La
culture des sociétés contemporaines baignerait dans
un vieux fond xénophobe, sexiste et homophobe et
devrait être reprogrammée – d'autres disent qu'elle
devrait faire l'objet d'une politique de rééducation
pour enfin s'ouvrir à l'autre, ce qui explique certainement l'importance prise aujourd'hui par les politiques

d'éducation au pluralisme, à la diversité et à la citoyenneté. La prochaine bataille est déjà engagée, c'est celle contre la transphobie. La question des droits des minorités sexuelles a ainsi justifié une reconstruction complète des normes associées à la famille traditionnelle pour contester sa prétention à se poser comme norme sociale.

Cette mutation thérapeutique de la démocratie théorisée dans le modèle de la politique de la reconnaissance est associée principalement au philosophe Charles Taylor. Taylor, à partir d'une philosophie hégélienne de la reconnaissance, en est venu à faire de la reconnaissance publique de l'identité des groupes une dimension fondamentale de la démocratie contemporaine, dans la perspective d'une maximisation du respect[35]. Ce que les groupes demanderaient, c'est la reconnaissance de leur identité, indispensable à l'estime de soi des minorités. Comme l'écrit Taylor :

[l]a thèse est que notre identité est partiellement formée par la reconnaissance ou par son absence, ou encore par la mauvaise perception qu'en ont les autres : une personne ou un groupe de personnes peuvent subir un dommage ou une déformation réelle si les gens ou la société qui les entourent leur renvoient une image limitée, avilissante ou méprisable d'eux-mêmes. La non-reconnaissance ou la reconnaissance inadéquate peuvent causer du tort et constituer une forme d'oppression, en emprisonnant certains dans une manière d'être fausse, déformée et réduite[36].

Tant que les pratiques sociales ne maximiseront pas le respect entre les groupes et les individus, entre les identités et les communautés, l'État aura une responsabilité particulière dans la construction d'une culture n'endommageant par l'autoreprésentation des groupes composant la société. La théorie de la reconnaissance vient ici fonder la légitimité de l'action thérapeutique d'un État devant travailler à rehausser l'estime de soi de ceux qui l'habitent. Transformer la culture et construire une image positive de tous pour tous constitue une tâche conforme à la défense des droits fondamentaux, le droit à la reconnaissance en faisant désormais partie :

> Le défaut de reconnaissance ne trahit pas seulement un oubli du respect normalement dû. Il peut infliger une cruelle blessure en accablant ses victimes d'une haine de soi paralysante. La reconnaissance n'est pas seulement une politesse que l'on fait aux gens : c'est un besoin humain vital[37].

De la politesse à l'obligation d'aimer. Du respect de son prochain à l'amour obligatoire de son prochain ! On voit là l'ambition de la politique de la reconnaissance. C'est notamment dans cette perspective que s'est développée depuis une quinzaine d'années une nouvelle forme d'ingénierie identitaire qui prend la forme de l'éducation au pluralisme, et dans sa formulation encore plus radicale, de l'éducation antiraciste et qui demeure une tâche à reprendre sans cesse.

L'État thérapeutique demandera à l'école de reconstruire la culture pour la disposer favorablement envers le multiculturalisme à la manière d'une thérapie pour réformer une culture indisposée envers les manifestations du pluralisme identitaire [38]. À terme, il faudra créer la culture commune la moins offensante possible envers les minorités, ce qui impliquera souvent, comme on le voit de plus en plus depuis le début des années 1990, de multiplier les «speech codes» et de criminaliser les propos offensants, dans la mesure où la liberté d'expression ne devrait pas tolérer l'expression de propos en contradiction avec les formes contemporaines du vivre-ensemble [39].

On connaît les origines du politiquement correct, qui se trouve dans les campus américains marqués par l'héritage des *radical sixties*. Mais on peine plus souvent qu'autrement à en trouver une définition rigoureuse. Le politiquement correct se présente ainsi comme une forme de discipline morale de la parole publique dans une société reconnaissant par exemple le droit de ne pas être offensé, le droit aussi de ne pas voir transgressés ses symboles identitaires les plus fondamentaux. On pourrait parler d'une reformulation postmoderne de la censure. Il faut ainsi assurer une surveillance rigoureuse aussi bien des discours militants que de l'humour, pour s'assurer qu'ils n'expriment aucune contestation de la nouvelle orthodoxie de la reconnaissance. On réduira plus souvent qu'autrement la contestation à autant de propos haineux, cette catégorie en venant à s'étendre progressivement à toute défense significative des valeurs traditionnelles ou nationales[40].

La démocratie pluraliste devait aboutir à la formation, dans la culture, d'un modèle de la personnalité démocratique, à situer en contraste avec ce que l'École de Francfort nommait la personnalité autoritaire, ce qui veut dire qu'à travers sa mutation thérapeutique, l'État diversitaire entend faire naître un nouveau type d'homme. La démocratie ne sera véritablement légitime que lorsqu'elle aura accouché d'un nouveau peuple qui lui, sera digne d'exercer la souveraineté, car il sera purgé de l'identité du peuple ancien. En fait, la société, devenue laboratoire de l'utopie, est absolument absorbée par l'État, qui à travers son dispositif technocratique et juridique en vient à s'emparer de tous les processus de socialisation. L'État diversitaire renoue ainsi avec la fabrique de l'homme nouveau : il entend en fait fabriquer le type d'homme nécessaire à son projet politique.

Ce n'est pas le moindre paradoxe de la culture libertaire qui a pris forme avec les *radical sixties* qu'elle ne peut se diffuser qu'à travers une reconstruction autoritaire de la société.

# 6

# L'idéologie de la mondialisation

> Intervieweur : Vous réclamez des hommes politiques qu'ils sortent enfin de leur ombre et entreprennent de reconstruire l'État social au niveau supranational. Est-ce que c'est au niveau d'un tel engagement que vous placeriez la barre pour mesurer la réussite politique de Gerhard Schröder ?
>
> Habermas : C'est exact ; c'est bien la perspective dans laquelle je m'inscris. Sans aucun doute, elle vise au-delà de l'Europe, vers une politique mondiale intérieure dans un gouvernement mondial. Mais chaque chose en son temps, et la première question qu'il nous faut trancher est celle de savoir si nous voulons vraiment construire une Europe capable d'agir politiquement.
>
> Jürgen HABERMAS, *Une époque de transitions*

En 2008, alors qu'il marchait encore vers la présidence des États-Unis, Barack Obama, dans un discours à Berlin, s'est fendu d'une étrange déclaration : il se désignait comme *citoyen du monde* ! Il s'agissait, de la part d'un homme aspirant à gouverner un pays en particulier et non pas l'Organisation des nations unies, d'une singulière affirmation, qui fit d'ailleurs réagir vertement son adversaire républicain, John McCain, rappelant, quant à lui, qu'il était d'abord au service des citoyens américains. Elle témoignait pourtant d'un préjugé commun à l'époque : les nations ne comptent plus vraiment et c'est l'humanité qu'il faudrait désormais constituer politiquement. Les élites mondialisées tolèrent de moins en moins l'État-nation. L'homme de qualité ne s'enfermerait plus dans ses frontières nationales, et travaillerait même à les déconstruire.

En fait, le grand travail de construction d'un nouveau régime diversitaire aurait été condamné à l'inachèvement s'il n'avait pas remis en question la forme même de l'État-nation. Et on peut constater que la souveraineté nationale, aujourd'hui, trouve bien peu de défenseurs, encore moins de défenseurs résolus, comme si l'indépendance des peuples était désormais à classer parmi la nombreuse liste de convictions qui peuvent faire d'un homme un réactionnaire. C'est du dedans et du dehors que la nation est déconstruite. La reconstruction multiculturelle de l'identité ne saurait faire l'économie d'une reconstruction cosmopolitique de la souveraineté. Selon la formule de Giddens, *cosmopolitanism and multiculturalism merge around the question of immigration. A cosmopolitan outlook is the necessary condition of a multicultural society in a globalizing order* [1].

## CONSIDÉRATIONS GÉNÉRALES
### SUR L'ÉTAT UNIVERSEL

Si, comme nous l'avons suggéré, la gauche est d'abord l'expression politique de l'utopisme moderne, il va de soi que tôt ou tard, elle est tentée d'en finir avec le cadre politique qui limitait par définition l'application de ses idéaux. Les grandes médiations historiques, qu'il s'agisse de la culture ou du politique, sont ainsi vues comme des obstacles qui empêchent l'homme de se réconcilier pleinement avec son humanité. On sait que les Lumières formulèrent une théorie du lien politique qui reposait sur la figure du contrat, un contrat qui pouvait éventuellement s'appliquer à l'humanité entière, même si certaines figures majeures, comme Rousseau, ancrèrent aussi leur théorie constitutionnelle dans une étude des mœurs propres à chaque peuple. Le marxisme reprenait et radicalisait à sa manière l'universalisme des Lumières. Il n'est jamais vraiment parvenu à penser la souveraineté autrement qu'à la manière d'un concept dérivé des autres rapports de pouvoir, plus authentiques, plus profonds. C'est parce qu'il n'avait pas de philosophie du politique et pourrait-on ajouter, pas de pensée de la nature humaine, comme si cette dernière, au contraire, était d'une plasticité absolue. La gauche post-marxiste héritera de cet universalisme radicalisé et critiquera aussi la souveraineté nationale tout comme elle critiquera le caractère illusoire du politique s'il ne se rapporte pas à l'échelle mondiale.

La théorie de la citoyenneté au cœur de la modernité repose sur un contractualisme qui a esquivé la question fondamentale de l'identité des contractants et qui s'est immédiatement imaginé destiné à l'humanité entière. En un mot, on rêve d'une société contractuelle, fondée en raison, mais on esquive plus souvent qu'autrement la question des hommes et des femmes appelés à signer le contrat, ce qui obligerait à s'intéresser à la question de l'héritage, du déjà-là. Cette question reviendra hanter la politique du XIXe siècle, non seulement à travers la philosophie conservatrice anglaise, mais aussi à travers le romantisme qui transposera dans le langage de la philosophie politique l'existence des cultures.

Mais pour notre propos, l'essentiel est là : la gauche trouve philosophiquement son acte de naissance dans la découverte de l'homme universel et la volonté de le déprendre de ses appartenances, de la culture, pour le livrer à l'humanité entière. On peut le dire autrement : la gauche, par universalisme, est consubstantiellement mondialiste et on retrouve dans son histoire intellectuelle un questionnement sans cesse repris sur l'avènement d'une *politie* mondialisée, qui dans l'histoire de la pensée politique, a souvent pris la forme de l'État universel[2]. L'utopie du rassemblement des hommes dans une même communauté politique n'est pas exclusive à la gauche, bien évidemment, si on situe le clivage gauche-droite dans une perspective contemporaine. Il n'en demeure pas moins que le conservatisme s'est historiquement montré très critique envers la prétention à constituer la communauté politique à partir d'un principe prétendant transcender la diversité historique des sociétés humaines. La fracture entre la gauche et la droite, dès ses origines, s'est d'ailleurs constituée autour de la prétention qu'avait la première à rassembler le genre humain pour mener à terme son émancipation, la deuxième formulant contre cet idéal démiurgique une critique non seulement politique mais anthropologique, l'homme privé d'ancrage était condamné au dénuement. À ce premier constat s'en ajoute un autre qui en découle logiquement : le progressisme n'a jamais considéré la nation, au mieux, qu'à la manière d'un stade temporaire dans le développement politique du genre humain et l'approfondissement de la conscience universelle. De la tribu à la nation, de la nation à l'humanité, les formes politiques se définiraient de moins en moins à partir d'un substrat historique et de plus en plus à partir d'un contenu philosophique. La particularisation du lien politique serait toujours accidentelle et l'homme appartiendrait au genre humain avant d'appartenir à une communauté historique singulière. Il faudrait imaginer une communauté politique susceptible d'embrasser la figure d'une humanité sortie de ses divisions anthropologiques et politiques et enfin réconciliée avec elle-même. Le progressisme ne consent pas à ce qu'on pourrait appeler une limitation anthropologique du politique. La division politique de l'humanité n'est pas fondamentale, elle est accidentelle. Il ne s'agira pas seulement de reconnaître à l'humanité des valeurs communes appelées à définir un horizon moral commun balisant l'exercice du pouvoir au nom des droits élémentaires du genre humain mais de transformer dans une perspective universaliste l'identité de chaque communauté politique, pour atténuer le sentiment de la différence historique entre les nations.

C'est là tout le sens du discours sur les valeurs qui définiraient la communauté politique, celles-ci n'étant porteuses d'aucun particularisme substantiel et se laissant aisément retourner contre une définition de la nation fondée sur son expérience historique, comme on le constate aisément en France avec la mobilisation du triptyque républicain pour fournir une définition si épurée de la collectivité qu'elle pourrait aisément convenir pour chaque société moderne avancée[3]. Il y avait ainsi dans la référence même à l'Union des républiques socialistes soviétiques une volonté de gommer la Russie historique pour la remplacer par une union purement idéologique, dont le principe de constitution serait extérieur à l'histoire ainsi qu'à la géographie. On sait par ailleurs que les circonstances historiques ont vite amené les communistes soviétiques à faire appel à l'identité nationale russe, au moment de la Deuxième Guerre mondiale, le sentiment patriotique étant nécessaire pour assurer la mobilisation maximale du pays dans l'effort de guerre. Cette tendance universaliste dans la définition de l'identité collective laisse deviner sa conclusion : la ressemblance entre les hommes étant infiniment plus grande que la différence entre les communautés politiques, il ne serait pas impensable de neutraliser les secondes pour permettre à ceux qui partagent un même destin de l'apercevoir dans la figure d'un bien commun mondialisé.

La scène fondatrice de cette histoire, on la trouve évidemment avec les débordements de la Révolution française qui a cherché à s'exporter à toute l'Europe en formulant une vision de la nation avec pour seul horizon l'universalité du genre humain, à la différence des révolutions anglaise et américaine, moins universalistes et certainement pas désireuses d'accoucher de l'homme nouveau. Le progressisme assimile l'émancipation à la désincarnation d'une société. Longtemps, d'ailleurs, la Révolution française aura conservé pour ses admirateurs l'allure d'une révolution inaugurale, marquant l'avènement d'une humanité bien disposée envers son perpétuel recommencement[4]. Lénine n'hésitait pas à faire de la Révolution d'octobre l'héritière de la Révolution de 1793 en prétendant en accomplir pleinement la promesse, celle d'un ordre social intégralement voulu, délivré des héritages et des privilèges, conjuguant une fois pour toutes rationalité scientifique et utopie. La Révolution, pour s'accomplir vraiment, devait déborder de ses frontières. C'est une même réflexion qui a mené Éric Hobsbawm, dans ses considérations sur l'après-communisme, en disant des régimes qui s'en inspiraient qu'ils avaient au moins eu la vertu « d'avoir limité les effets désastreux du nationalisme en leur sein », ce qui consiste à dire que l'empire glacial du communisme totalitaire valait mieux que les indépendances en chaîne qui suivirent son affaissement[5].

Le communisme incarnera au XXe siècle la promesse d'une humanité enfin unifiée. Les partis socialistes et les partis communistes ont toujours misé sur leur coordination internationale, persuadés qu'ils étaient que le socialisme ne pouvait sérieusement s'accomplir que dans un cadre mondialisé. Edgar Morin le résumera ainsi : « L'humanité était mon mythe matriciel, et la guerre me révélait que l'URSS en était le champion[6]. » Au lendemain de la dernière guerre mondiale, la gauche occidentale reconnaissait le principal héros dans une bataille pour la « liberté du monde » dans le communisme soviétique, puis passera d'un sujet révolutionnaire à un autre, sans jamais reconnaître dans la condition nationale autre chose qu'une aliénation et une entrave dans l'avènement de ce qui s'est souvent présenté comme « l'autre monde possible[7] » – sauf lorsque la nation se définira par le tiers-mondisme comme un vecteur révolutionnaire. Au-delà de ses incarnations géographiques successives, l'utopie internationaliste a souvent pris l'allure d'une recherche d'un nouveau commencement politique pour le genre humain, ce qui amènera l'intelligentsia progressiste à pratiquer tout au long du XXe siècle une forme de « tourisme idéologique », pour trouver le lieu d'un nouveau commencement, d'une histoire radicalement nouvelle qui pourrait interpeller toute l'humanité[8]. De nombreuses destinations touristiques se sont succédé dans l'imaginaire de l'intelligentsia pour faire correspondre l'utopie du recommencement avec une tentative de réaliser l'avènement du socialisme en temps réel[9]. Elles avaient toutes en commun de prétendre ouvrir un moment qualitativement distinct dans l'histoire du politique, censé rendre possible son universalisation définitive. Mais cette universalisation désirée de la communauté politique s'est un temps déprise de la figure de l'État mondial ou de l'État universel, assimilée à une forme d'impérialisme même chez les défenseurs du communisme, qui préférèrent généralement sa version exotique à l'industrialisme froid de la Russie. Avec la régression du communisme et son tassement dans l'imaginaire progressiste, les crimes de l'Union soviétique ne parvenant plus à se justifier dans la comptabilité fantasmatique du meilleur des mondes dont on ne pourrait accoucher par une politique virginale, la gauche européenne a entrepris une métamorphose qui l'a fait passer du tiers-mondisme au multiculturalisme avant d'aboutir dans une reconstruction de l'universalisme progressiste sous le signe d'un nouveau mondialisme dont nous sommes aujourd'hui les contemporains.

## LA GOUVERNANCE MONDIALE
## COMME POLITIQUE INTÉRIEURE MONDIALE

Mais ce n'est qu'avec les années 1990, avec la fin de la guerre froide, que le mythe de l'État mondial a soudainement gagné en crédibilité, avec sa reformulation dans le langage de la gouvernance mondiale[10]. La chute du communisme et du mur de Berlin a laissé croire à l'avènement possible et prochain d'un grand mouvement d'unification planétaire. La mondialisation par le marché et les droits de l'homme succédait à la mondialisation par la Révolution. L'accélération du processus historique réclamerait l'ouverture de la communauté politique et sa désubstantialisation pour que s'élabore une figure unifiée de l'humanité trouvant dans la démocratie mondialisée son accomplissement philosophique. Pour les uns, ce nouveau système de gouvernance globale prendrait nécessairement la forme d'un fédéralisme mondial reposant sur un principe de subsidiarité bien articulé sachant laisser à ses provinces la gestion de leurs affaires locales tout en reconnaissant à la souveraineté planétaire les moyens nécessaires pour assumer la prise en charge des affaires humaines. Pour d'autres, il s'agira plutôt de mettre en place les structures pour l'instant encore imprécises d'une gouvernance mondiale nécessaire à la constitution politique de l'humanité. D'un coup, la conscience, pourtant ancienne, d'une pluralité de peuples et de civilisations exigeant une grande prudence dans la politique internationale est déconsidérée : la pluralité du monde qui se déployait à travers la pluralité des souverainetés n'est plus qu'une vieillerie bonne pour l'histoire des idées, mais sans pertinence aucune pour le monde à venir.

Avec la fin de la guerre froide, nous assistons donc à la reconduction de l'internationalisme dans de nouveaux termes. Le cosmopolitisme à venir sera le nouveau cadre de redéfinition de la légitimité démocratique sous le signe d'une justice globale rendant pensable le passage de la charité universelle à la solidarité mondiale. On travaillera à construire de nouveaux modèles de gouvernance et la conceptualisation de ces derniers occupera une place centrale dans la théorie politique. La révolution tranquille du transnationalisme s'appuiera sur une analyse de plus en plus fréquemment menée depuis le début des années 1990 : la gouvernance globale serait nécessaire pour répondre aux défis de la mondialisation. Les problèmes mondiaux seraient désormais impensables dans les paramètres de la nation. Il faudrait les imaginer à leur véritable échelle et réaménager les institutions en conséquence. La mondialisation deviendra une authentique philosophie de l'histoire à partir de laquelle réinterpréter le parcours des sociétés humaines, pour les délivrer de « l'optique nationale », selon la formule d'Ulrich Beck, d'une vision du monde où la nation serait encore un cadre d'interprétation et de réalisation légitime de l'action humaine[11]. Une dynamique de mondialisation sans précédent disqualifierait les structures politiques associées à la nation. La mondialisation ne révolutionnerait pas seulement le processus économique, à travers le développement sans précédent du libre-échange : elle transformerait la nature même des relations entre les groupes humains, qui se présenteraient de moins en moins comme des nations et de plus en plus comme des sociétés [12]. On parlera même de l'avènement d'un « village global » pour convaincre les hommes de leur nouvelle solidarité. On réinterprétera le mouvement historique dans le langage de la mondialisation, et on reconnaîtra ses vagues successives, en parlant d'une première mondialisation, puis d'une deuxième, et d'une troisième. Autrement dit, le mouvement historique correspondrait à la mondialisation, à laquelle correspondrait une universalisation de la conscience. Dans son ouvrage le plus célèbre, Francis Fukuyama annonçait que l'histoire des hommes, d'un point de vue philosophique, avait connu son ultime dénouement et que la souveraineté nationale entrerait nécessairement dans un long processus de relativisation, la croissance de l'économie mondiale, le développement des technologies, la facilité du transport planétaire, contribuant à diluer significativement l'existence politique des nations [13]. On peut le dire autrement : l'histoire du politique serait marquée par l'interpénétration croissante des sociétés et par l'inévitable mise en scène mondialisée d'une société s'élargissant à l'ensemble du genre humain. D'autres ouvrages à grande diffusion populaire reconnaîtront dans la fin de la guerre froide le nouveau visage de la « mondialisation heureuse », celui d'une civilisation mondiale prenant forme dans une prise de conscience sans précédent de l'unité du genre humain. Nous serions contemporains non pas du choc des civilisations, mais de leur métissage mondialisé.

Au discours sur la mondialisation correspondra celui sur la postmodernité censée disloquer les appartenances et dissoudre le politique, stationné dans l'enclos national et condamné pour cela à l'impuissance. La postmodernité se reconnaîtra surtout par une dynamique de déstructuration des identités qui s'étaient historiquement fixées sur une communauté politique. « La constellation des appartenances [14] » se déploierait désormais dans des espaces beaucoup plus nombreux et la prétention à fonder la communauté politique sur une nation historique ne correspondrait plus à la sociologie la plus empirique dans sa documentation de l'expression contemporaine du sentiment identitaire. En Amérique comme en Europe, le sentiment identitaire ne serait plus confisqué par la référence nationale, et on assisterait à des croisements de plus en plus féconds entre les groupes culturels, ce dont rendra compte une sociologie particulièrement attentive au métissage des identités collectives, les croisements identitaires accouchant de collectivités hybrides qui ne réclameraient plus une différenciation politique forte sous le signe de la souveraineté nationale [15]. Ce sont les identités marginales qui seront valorisées, dans la mesure où elles naîtraient de l'effet de désagrégation de la nation. Ces identités plus mobiles, déprises du référent national, seraient conséquemment plus appropriées à une époque mondialisée, elles accéléreraient justement la circulation des références culturelles en les dénationalisant [16]. Le capitalisme porterait en lui-même une force révolutionnaire parce qu'il permettrait la détraditionnalisation et la dénationalisation des sociétés où il se déploierait. De ce point de vue, il généraliserait la nécessité d'une politique de l'émancipation. Nous serions ainsi contemporains de « la fin des territoires », selon la formule de Bertrand Badie, où les espaces flous se croisant et s'hybridant permettraient ainsi à de nouvelles identités de se manifester, ce qui contribuerait encore une fois à désinvestir de toute sacralité l'État-nation tel que nous le définissions classiquement. La fin des territoires correspondrait naturellement à « un monde sans souverainetés », où les droits de l'homme pourraient s'investir d'une nouvelle utopie, qu'il n'est pas insensé de présenter comme une forme d'impérialisme humanitaire, où le nomade se substituera à la figure plus classique du citoyen et la diaspora, à la nation, cette impression étant confirmée par l'ampleur des mouvements migratoires transplantant dans les vieilles nations européennes des populations neuves ne consentant pas à s'acclimater à leurs nouveaux cieux identitaires, et cela d'autant plus que les gouvernements nationaux travailleront eux-mêmes à rééduquer leurs populations pour ouvrir la citoyenneté à sa recomposition multiculturelle [17]. L'hybridité identitaire postmoderne accoucherait d'une mutation postnationale de la souveraineté, les deux mouvements s'accompagnant dans une transfiguration du lien politique plus ouvert à l'idéal d'une citoyenneté globale.

C'est toute l'épistémologie politique des modernes qu'il faudrait réviser radicalement, comme le suggérera Ulrich Beck dans une série d'ouvrages de grande ampleur qui auront pour fondement une critique du « nationalisme méthodologique » dans les sciences sociales et de l'optique nationale dans l'agir politique. Les sciences sociales auraient tort de situer encore l'étude des phénomènes sociaux dans l'enclos national car l'action publique qui s'inscrirait dans le cadre national se paralyserait elle-même tant ses paramètres ne correspondraient plus à l'échelle des problèmes auxquels elle prétendrait apporter une réponse. Le nouveau monde serait mondialisé et à moins de consentir à l'impuissance politique des sociétés européennes, ce qui favoriserait d'ailleurs l'émergence d'une mouvance populiste nécessairement régressive, il serait plus que nécessaire d'entreprendre une transformation radicale de l'appareil conceptuel des sciences sociales, pour représenter les nouvelles réalités qui déborderaient le cadre étroit de la souveraineté nationale. Il faudrait ainsi déconstruire le nationalisme sur le plan épistémologique pour constater l'inexistence des formes historiques et politiques auxquelles il prétend se rapporter. Les sociétés humaines seraient déjà engagées dans une dynamique d'interdépendance radicale qui réclamerait l'établissement d'une souveraineté cosmopolite [18].

## UNE SOCIÉTÉ CIVILE MONDIALE

Mais il y a dans l'État une pesanteur qui est celle d'un acteur historique n'entendant pas nécessairement se laisser disloquer au nom de la construction d'une démocratie cosmopolitique, pour l'instant plus hypothétique qu'autre chose. Il y a surtout dans l'État la pesanteur d'une institution qui se croit dépositaire d'une légitimité supérieure, générée par le croisement de la souveraineté nationale et de la souveraineté populaire. C'est pourquoi, comme le suggérera Habermas, c'est plutôt à partir de la société civile mondiale que devrait et pourrait se constituer un « nouveau peuple » mondialisé qui serait désormais dépositaire d'une souveraineté universelle, à tout le moins d'une légitimité surplombant qualitativement les souverainetés nationales [19]. Cette société civile mondialisée travaillerait à la constitution d'un nouvel espace politique où pourraient émerger des préoccupations globales qui aboliraient à travers leur simple mise en scène l'arrogante prétention des souverainetés nationales. La multiplication des acteurs non gouvernementaux contribuerait ainsi à l'émergence d'une société civile mondiale qui fournirait son substrat sociologique à la démocratie mondialisée. La gouvernance globale et la société civile mondiale se répondront l'une l'autre dans des institutions qui seraient fondées sur la transgression de la souveraineté nationale comme principe fondateur de l'ordre politique. Cette thèse sera reprise par la plupart des théoriciens d'une mondialisation du politique en reconnaissant qu'une nouvelle dynamique institutionnelle exigerait la valorisation de nouveaux acteurs porteurs d'une vision profondément transformée du politique, une vision fondamentalement incompatible avec le système westphalien. Seule une souveraineté globale ne serait pas une souveraineté illusoire. On pourrait certainement contester cette thèse empiriquement, en montrant par exemple comment les États disposent encore de grands pouvoirs de protections identitaires qu'ils aliènent consciemment par des traités internationaux ou par leur soumission à l'idéologie des droits. Mais ce discours a moins pour fonction de décrire le monde que de décrier celui qui résiste à la mondialisation et de déclarer vaine toute forme d'attachement à la souveraineté[20]. C'est ainsi qu'on contournera la critique souvent menée du déficit démocratique qui accompagnerait la transnationalisation du politique. La démocratie cosmopolitique ne serait pas, ne sera pas, une démocratie des États mais une démocratie de la société civile mondialisée, dans laquelle les États apprendront progressivement à évoluer et par laquelle ils seront domestiqués[21]. La société civile mondiale, par son œuvre créatrice, sur le plan politique, créerait un nouvel espace délibératif qui correspondrait davantage aux contours des nouveaux enjeux mondialisés que l'espace délibératif national [22].

On connaît la thèse : la mondialisation de l'économie provoquerait son déchaînement, l'émancipation du capital par rapport aux cadres qui assuraient traditionnellement sa régulation enclenchant une dynamique de crise qui viendrait confirmer, apparemment, les plus vieilles thèses marxistes sur la tendance à la paupérisation des classes laborieuses. Mais surtout, la mondialisation de l'économie entraînerait une dissolution de l'État social, désormais voué à l'impuissance et ne pouvant espérer au mieux que de gérer les conséquences négatives de la libéralisation des marchés, plus souvent qu'autrement en décentralisant ses fonctions protectrices à l'économie sociale, désormais appelée à humaniser une nouvelle pauvreté générée par une économie ne favorisant que les populations les plus mobiles, les plus éduquées, les plus à même de suivre le mouvement du capital à la manière de ressources humaines sans localisation définitive, sans enracinement géographique particulier. Encore une fois, ce sera la prime au nomadisme, à tout le moins, tant que l'économie sera portée par une tendance à la délocalisation et que les marchés exploseront les derniers cadres qui les contiennent. L'État social pourrait encore contenir la misère, il ne pourrait plus sérieusement porter un projet d'égalisation des conditions socio-économiques, à moins de se transposer sur la scène mondiale, ce que proposeront justement les auteurs liés à la nouvelle gauche, qu'ils soient assignés au centre gauche ou à la gauche radicale par le système de classement officiel des idées politiques – autrement dit, le critère utilisé pour évaluer la souveraineté véritable serait sa capacité à appliquer le programme du socialisme ou d'une social-démocratie musclée[23]. La mondialisation du politique serait le nouvel horizon de l'action publique en rendant pensable et possible une forme de social-démocratie planétarisée[24]. Il n'y aurait plus de keynésianisme possible dans un seul pays. On retrouvera aussi cet argument chez les théoriciens de la justice à l'américaine, qui théoriseront la nécessité d'une démocratie cosmopolitique, d'un nouveau contrat social mondial, selon leurs termes, ce qui correspondrait pratiquement à la transposition sur la scène mondiale des exigences d'une social-démocratie avancée envisageant même une redistribution des richesses mondiales[25]. Pour sauver l'État social au niveau national, il faudrait développer une gouvernance mondiale qui aboutira elle-même à une mondialisation de l'État social, où la notion même de justice distributive posera la question des inégalités non plus au sein d'une société particulière, mais bien entre les sociétés elles-mêmes, ce qui ne sera pas sans conséquence, on s'en doute, pour le niveau de vie des populations occidentales. Celles-ci, pour faire leur part dans un monde global injuste, devraient consentir à d'immenses sacrifices, et surtout, au sacrifice de leur vie nationale, comme en témoigne le discours sur l'immigration, à laquelle il faudrait massivement consentir dans un souci de solidarité et de partage des richesses.

D'autres enjeux porteront et justifieront cette nécessaire mondialisation de la souveraineté. On le sait, les années 1990 et 2000 ont correspondu à un développement sans précédent de l'écologisme comme sensibilité politique progressiste, le discours social se laissant gagner par une marée verte qui jouera un grand rôle dans le développement d'une sensibilité mondialiste[26]. La gauche occidentale reconnaîtra dans l'écologisme une matière idéologique privilégiée, en mettant en relief le péril mondialisé du réchauffement climatique ou des autres craintes qui, selon la formule, justifieraient, une réponse mondialisée et une coordination des souverainetés allant bien au-delà de la seule coopération intergouvernementale[27]. Anthony Giddens écrira sans surprise que « la politique des changements climatiques[28] » s'exercerait naturellement à l'échelle mondiale, la planète, en tant qu'écosystème global, ne connaissant pas les subdivisions politiques et culturelles entre les hommes – on peut noter la croissance remarquable de l'écologisme dans le discours progressiste dans la mesure où dans son ouvrage the *Third way*, d'abord publié en 1999, la question verte occupait une place marginale, alors qu'elle deviendra déterminante une décennie plus tard dans le discours public de gauche.

On ne réduira évidemment pas l'écologisme à une seule stratégie de disqualification de la nation – les préoccupations qu'il avance sont fondamentales et le sort de la planète n'est pas une lubie idéologique. Mais chose certaine, la question environnementale est la question mondialisée par excellence qui neutralise la signification existentielle des destins nationaux pour faire apparaître une communauté de destin planétaire surplombant par sa majesté idéologique les vieilles querelles nationales. Elle contribue à la construction de la matrice qui mondialise les problèmes politiques. Les problèmes politiques nationaux seront nécessairement relativisés par rapport à la nécessité de contenir une catastrophe planétaire qui menacerait l'existence même du genre humain. Il ne s'agit plus de discuter de projets politiques concurrents dans un espace politique déterminé mais de sauver les conditions mêmes de l'existence humaine, ce qui justifiera évidemment, on le comprendra, la mise de côté des soucis associés aux nations historiques [29]. La nouvelle société civile mondiale, particulièrement active sur les enjeux liés à l'écologisme, le sera encore plus sur les questions humanitaires, certainement les plus sensibles pour une gauche ayant réappris les vertus de l'humanisme à travers l'impérialisme humanitaire, qui n'est pas sans poser la question de la définition des droits de l'homme. Si les guerres balkaniques qui ont suivi l'implosion de la Yougoslavie ont mis de l'avant une préoccupation pour les droits de l'homme qui devrait désormais surplomber l'exercice de la souveraineté, et cela, à travers le développement d'une philosophie du droit d'ingérence pour éviter le retournement d'un État contre sa propre population, on constatera néanmoins qu'ils seront instrumentalisés pour justifier la mise en place d'institutions juridiques mondiales – et on constatera que le droit d'ingérence suscitera des aventures militaires de moins en moins prudentes, en négligeant, la plupart du temps, la réalité historique des pays où on interviendra, ce qui ne sera pas sans empirer souvent la situation. Mais la réflexion sur les droits de l'homme ne saurait s'entendre ici dans un sens purement libéral, d'autant plus qu'on sait que leur ressaisissement par la philosophie progressiste aura situé sur le même registre que les droits formels les plus élémentaires une liste impressionnante de droits créances, souvent présentés comme des droits sociaux, économiques et culturels, qui devraient désormais être ceux de l'humanité entière. Les droits humains se déclinant désormais dans une forme de jusnaturalisme progressiste et les juristes spécialisés en droit international proposant de s'en faire les interprètes les plus qualifiés, on comprendra donc que les questions politiques transposées sur la scène mondiale le sont nécessairement dans une perspective progressiste. En fait, on peut dire que la gouvernance mondiale trouvera dans le droit international la stratégie la plus efficace pour institutionnaliser une dynamique de normalisation du cosmopolitisme comme nouvel horizon de la démocratie[30].

## LA NOUVELLE QUESTION NATIONALE EUROPÉENNE

Les nouvelles « élites mondialisées », selon la formule de Jean-Pierre Chevènement, n'aiment pas l'idée de limiter leurs prétentions et leurs déplacements au sein d'une communauté politique circonscrite, où les aspérités historiques mettent en scène une société qu'on ne peut jamais vraiment modeler dans un plan d'ingénierie sociale. Christopher Lasch a aussi noté que la tentation d'une circulation permanente des élites mondialisées minait les assises mêmes de la communauté politique[31]. Ce qui ressort clairement de cette mondialisation des enjeux politiques, c'est une volonté de disqualifier le cadre national comme espace politique légitime à partir duquel mener la délibération démocratique et mettre en scène les controverses par lesquelles une société reconnaît les enjeux de son avenir prochain et autour desquels plusieurs options concurrentes pourraient apparaître. Il ne faut pas chercher ailleurs la fascination pour les communautés politiques qui sont considérées comme autant de laboratoires institutionnels où des groupes historiques distincts feraient l'apprentissage du sacrifice de la souveraineté, dans la découverte d'un bien commun parvenant à se dénationaliser et invitant les nations à envisager leur développement au-delà de leur intérêt propre. Nous assistons au développement d'une nouvelle sensibilité identitaire chez les élites mondialisées qui désirent relativiser les appartenances nationales et se retrouver plutôt dans une *overclass* mondialisée ne canalisant plus ses responsabilités vers une communauté politique particulière. Il ne s'agit plus pour les élites politiques de s'investir sur le plan existentiel dans une communauté historique particulière mais de travailler à la mise en forme d'un système de gouvernance mondialisé. La transposition des controverses politiques dans le domaine transnational est censée les investir d'une légitimité plus grande, et cela d'autant plus que cette transposition stratégique confirmerait justement la légitimité de ce nouvel espace de traitement des problèmes collectifs.

La construction européenne est exemplaire de cette volonté de reconstituer le politique à l'échelle transnationale. Elle aspire l'imagination politique de notre temps, mais on aurait tort d'y voir une ressaisie du vieil idéal qui poussait la civilisation européenne à se constituer politiquement, comme le croient encore les tenants d'un empire européen renouant avec l'unité profonde d'un monde fracturé par les nationalismes. Le rêve européen tel qu'il s'exprime idéologiquement aujourd'hui représente la traduction dans le domaine politique des idéaux de la gauche progressiste, comme le reconnaîtra Edgar Morin en écrivant que, appelée à « abandonn[er] pour toujours le rôle de centre privilégié du monde », l'Europe serait appelée à devenir « un centre de réflexions et d'innovations pour pacifier les humains, instaurer ou restaurer les convivialités, civiliser notre terre-patrie [32] ». L'idée est perceptible, malgré la brume poétique : la mise au monde de l'Europe annonce non pas la constitution politique d'une entité historique mais bien l'évacuation de l'histoire au cœur de l'Europe qui doit désormais se réinventer à la manière d'un prototype de l'humanité mondialisée. L'UE représenterait le premier modèle d'une communauté politique postmoderne révoquant le mythe de la souveraineté, et plus encore, de la souveraineté nationale, qui entraverait la mise en scène de nouvelles entités politiques plus susceptibles d'accueillir la complexité du monde. La souveraineté des modernes ne conviendrait plus à un monde postmoderne, moins fixé sur des identités historiques génératrices de différenciations politiques fortes et plus ouverts aux flux démographiques, sociaux et économiques ne se laissant pas encapsuler dans les divisions politiques traditionnelles. D'une certaine manière, le monde prémoderne et le monde postmoderne se rejoindraient dans la dislocation de l'identité collective, du territoire et de l'autorité politique. Si comme nous le suggère Pierre Manent, la nation succède à l'empire qui succédait à la cité, on peut dire de l'idéal européen qu'il marque une renaissance de la tentation impériale, une régression vers un principe de gouvernement qui ne se réclame plus de la souveraineté du peuple mais plutôt de l'impératif du progrès. Car la forme impériale est faite pour accueillir l'utopie européenne et sa logique déterritorialisée. L'empire comme forme politique s'est toujours appuyé non par sur le mythe de la souveraineté populaire mais bien sur une bureaucratie militante, chargée de discerner l'intérêt commun au-delà des rivalités communautaires qui peuvent se manifester dans ses formes politiques. Cela explique sans doute le rôle fondamental joué par la bureaucratie comme base sociale de l'européisme militant – à défaut de se référer à la souveraineté populaire, l'Empire se réclame de ceux qui le servent exclusivement au-delà de leurs fidélités nationales particulières[33].

La vocation historique de l'Europe ne serait pas de constituer une nouvelle puissance mondiale mais bien d'instituer un nouveau rapport à la puissance, centré sur la notion de *soft power*, théorisée principalement par Joseph Nye[34]. Le pouvoir de la norme remplacerait le pouvoir de la force, ce qui revient à dire que la moralisation de l'activité politique sur le plan extérieur entraînera une neutralisation progressive de la différence entre la politique intérieure et la politique extérieure, point d'aboutissement d'une gouvernance mondialisée conséquente et durable. On pourrait aussi parler, en suivant la formule de Philippe Muray, d'un empire du bien, un empire persuadé d'irradier toutes les sociétés humaines avec son modèle de civilisation manifestement supérieur. Car c'est dans la mesure où il n'existerait plus un extérieur de la communauté politique, ou si on préfère, un authentique *pluriversum* dans le système international, qu'il ne sera plus possible de penser deux intérêts collectifs contradictoires exigeant le retour à une politique étrangère devenant nécessairement une politique de puissance. Si une morale humanitaire doit se développer à travers les exigences de l'universalisme progressiste, elle devra nécessairement s'appliquer à tous les hommes, au-delà des déterminations empiriques de chaque communauté politique, ce qui revient à dire que la souveraineté nationale se fera disqualifier par une souveraineté surplombante se réclamant des droits de l'homme. L'Europe entend moins s'imposer par la force que par l'exemple, à la manière d'une expérience politique exemplaire appelée à tout englober dans ses paramètres par un phénomène d'expansion naturelle. Il y aurait dans la nature même de l'expérience démocratique européenne une prétention à transformer radicalement le rapport entre la politique étrangère et la politique intérieure en constituant l'UE comme le modèle surplomblant d'une communauté politique globale.

Selon les mots de Jeremy Rifkin, il y aurait un rêve européen, celui d'une civilisation humanisant enfin la modernité occidentale en la déprenant de schèmes idéologiques et économiques contradictoires avec le développement durable des sociétés humaines. Le rêve européen serait surtout la première amorce d'une civilisation planétaire, « qui insiste sur la responsabilité collective et la conscience globale », un rêve qui « incarne les plus belles aspirations de l'humanité à des lendemains meilleurs[35] ». L'Europe ne devrait pas prendre forme pour augmenter sa puissance dans un univers de puissances concurrentes mais bien pour devenir la maison commune en pleine construction d'une humanité enfin soignée de sa fracture politique. Des lendemains meilleurs attendraient l'humanité à la remorque du rêve européen. Cet idéalisme délivrerait l'espèce humaine des humanités particulières.

Réduit à l'essentiel, le rêve européen incarne la volonté de créer un cadre historique nouveau, susceptible d'affranchir l'individu du joug ancien de l'idéologie occidentale, tout en rattachant l'espèce humaine à une nouvelle histoire commune, sous le signe des droits universels de l'homme et des droits intrinsèques de la nature – ce que nous appelons une conscience globale. C'est un rêve qui nous conduit au-delà de la modernité et du post-modernisme, vers une ère mondialisée. En un mot, le rêve européen crée une nouvelle histoire[36].

À propos de la constitution européenne de 2005, Rifkin notait correctement qu'il « [...] s'agit du premier document de ce type à élargir les privilèges légaux accordés à l'individu en vertu d'une conscience globale, avec des droits et des responsabilités qui embrassent la totalité de l'existence humaine sur terre. [...] Le vocabulaire employé d'un bout à l'autre de ce texte est inspiré par un universalisme, montrant clairement qu'il ne se concentre pas sur un peuple, sur un territoire ou une nation, mais qu'il s'intéresse à l'ensemble du genre humain et à la planète sur laquelle nous vivons[37] ».

La démocratie européenne serait l'école d'une forme de démocratie universelle se constituant dans une organisation politique inédite. Nous avons là un universalisme enfin décloisonné, une démocratie désentravée, le laboratoire européen annonçant finalement la dissociation définitive de la démocratie avec l'histoire et son accouplement avec la dynamique de l'utopisme. Le propre de l'utopie, sur le plan étymologique comme sur le plan historique, est de ne connaître d'autres limites à son expansion que circonstancielles. Il n'y a pas, car il ne peut y avoir, de limites à l'utopie, sans quoi elle se dénaturerait et serait contrainte de rétablir dans sa vision du monde une série de contraintes limitant ses prétentions à l'accouchement de l'homme nouveau. Le vocabulaire qui domine l'idéologie européiste en est symptomatique, lui qui célèbre le métissage, les identités multiples, autrement dit, les formes d'affiliation identitaires qui ne sont pas institutionnalisées dans les paramètres historiques de la communauté politique. De la même manière, on assiste à une valorisation sans précédent de la citoyenneté diasporique, celle d'un individu porteur de droits de l'homme disponible pour les réalités d'un grand marché continental mais qui ne donne plus nécessairement une importance fondamentale à son appartenance à un corps politique [38].

Il n'est pas surprenant que l'européisme redécouvre l'histoire des empires et que les théoriciens les plus lucides de son institutionnalisation plaident pour l'établissement d'un empire européen, appelant nécessairement un empire humanitaire mondialisé. Pierre-André Taguieff a bien reconnu dans quels paramètres se cadre la question européenne en affirmant que « l'utopie européiste n'est qu'une figure de l'utopie globaliste, un moment dans la mondialisation présentée comme inévitable[39] », l'eurogouvernance n'étant rien d'autre que l'antichambre de la gouvernance globale selon Jeremy Rabkin, qui voit aussi dans la constitution d'une association politique européenne le modèle d'une « communauté politique postmoderne[40] ». La civilisation européenne se constitue moins politiquement qu'elle ne sert de prétexte à une entreprise qui a bien peu à voir avec son identité historique. Marcel Gauchet tournera cette idée ironiquement en disant que « plus elle se fait, moins elle sait ce qu'elle est et doit être »[41], alors que Giddens reconnaîtra que l'Europe n'a d'intérêt pour la pensée progressiste qu'en tant que laboratoire. « Ce qui compte n'est pas tant de définir une entité, « Europe », que de développer des institutions sociales, politiques et économiques qui s'étendent au-delà de l'État-nation et qui atteignent réellement l'individu[42] ». « La question de l'État européen[43] » est indissociable de cette théorisation de plus en plus insistante d'une gouvernance globale, l'Europe prétendant se constituer comme la première communauté politique à l'heure de la mondialisation, et répondant pour cela à ses exigences[44]. Habermas dira de même en affirmant de la construction européenne qu'elle pouvait apparaître comme une école d'apprentissage du postnationalisme et comme un espace de réinvention perpétuel du lien politique[45]. L'européanisation de la politique fournirait un contexte institutionnel de dissociation du bien commun et de l'intérêt national. La question de l'Europe ne s'éclaire véritablement, aujourd'hui, qu'en tant qu'elle dévoile la transformation du vieux continent en laboratoire du monde nouveau. La fascination pour le supra nationalisme n'en est pas d'abord une pour l'amplification de la puissance européenne dans une concurrence nouvelle des civilisations mais bien l'aspiration à la définition d'un nouveau modèle d'association politique qui se réclamerait directement de l'humanité universelle[46]. C'est dans cette perspective, d'ailleurs, qu'Edgar Morin tracera à gros traits le passé et l'avenir de l'Europe. Morin distinguait entre « la marche vers le passé », associée au « retour aux États-nations, avec le risque d'une balkanisation généralisée, avec frontières arbitraires, minorités opprimées ou persécutées, nationalismes frénétiques et aveugles, dictatures locales » et la « marche vers le futur », associée au « développement et [à] la multiplication des confédérations et fédérations où l'impératif du respect des nations s'unit à l'impératif du dépassement de l'État-nation[47] ». La question posée par l'Europe est d'abord celle de la constitution d'une communauté politique et des paramètres historiques et sociologiques nécessaires pour la constituer.

La construction européenne telle qu'elle est envisagée aujourd'hui a peu à voir avec la longue histoire de l'aspiration à la constitution politique de la civilisation européenne. Ulrich Beck le disait sans ambiguïté, on « se fourvoie dès que l'on tente de définir l'Europe en faisant appel à des points communs pré-politiques, "culturels[48]"». Certains iront même jusqu'à dire que l'idéal européiste serait justement fondé sur la répudiation par l'Europe de son histoire, dans la mesure où cette dernière serait assimilable à la catastrophe d'Auschwitz. La construction européenne serait justement une entreprise menée pour tourner le dos à jamais à la civilisation occidentale qui se serait engouffrée dans la catastrophe totalitaire. Tony Judt soutenait même que ce rappel régulier des crimes du nazisme serait une étape indispensable dans la désacralisation des nations et la légitimation d'un ordre politique postnational, incarné de son point de vue dans l'Union européenne – « la mémoire retrouvée des Juifs morts de l'Europe est devenue la définition et la garantie mêmes de l'humanité restaurée du continent »[49]. Habermas investira aussi la mémoire de l'Holocauste au cœur de l'identité européenne reconstruite à la manière d'un signal d'alarme perpétuel contre une citoyenneté qui se particularisait dans une expérience historique. Il n'y aurait de mémoire européenne permise qu'hypercritique, dans la mesure où le décentrement du récit historique permettrait aux nations de cesser de croire à leur destin exclusif. Il faudra rééduquer la conscience historique des peuples pour déconstruire l'attachement à un destin national singulier. Autrement dit, l'expérience idéologique européenne en sera une de repentance, comme le notera Marcel Gauchet : « l'Europe s'est ainsi muée en terre des expiations ; elle s'est mise à redéfinir son identité à partir d'une répudiation masochiste de son histoire pouvant confiner à la haine de soi[50] ».

Ce refus d'assumer la civilisation européenne comme substrat historique à partir duquel constituer l'Europe prend évidemment forme à travers la critique des nations mais il s'est cristallisé – et radicalisé, il faut l'ajouter – dans la controverse entourant la reconnaissance des racines chrétiennes de l'Europe. Alors que certains cherchèrent à investir dans le traité constitutionnel de 2005 une référence aux racines chrétiennes de l'Europe, on assistera à une levée de bouclier qui, derrière la référence au laïcisme, marquait surtout le refus de particulariser l'européisme en le liant à une civilisation particulière et le désir de ne pas réserver un statut secondaire à l'islam. Habermas affirmera que, si l'Europe en venait à se constituer autour de son particularisme historique plutôt qu'à travers la promesse d'un universalisme radical, elle connaîtrait une « rechute post-coloniale dans l'eurocentrisme[51] ». Edgar Morin, de même, ne faisait aucunement mystère, l'Europe, pour lui, devait moins se penser dans le langage de l'héritage que dans celui du projet le plus épuré possible de toute mémoire historique, l'Europe devant être aspirée par le futur radieux plutôt que par une fidélité envers un héritage qui ne nécessiterait certainement pas d'être perpétué dans sa forme nationale. Edgar Morin écrivait ainsi :

Nos mémoires historiques européennes n'ont en commun que la division et la guerre. Elles n'ont d'héritage commun que leurs inimitiés mutuelles. Notre communauté de destin n'émerge nullement de notre passé qui la contredit. Elle émerge à peine de notre présent parce que c'est notre futur qui nous l'impose.

Ce n'est pas sans raison que la question de la Turquie dans l'Europe est si déterminante du point de vue de la philosophie politique. C'est justement parce qu'elle n'était pas culturellement ou historiquement européenne que les européistes voulaient l'associer intimement à la construction européenne, pour faire la preuve de la vocation universaliste et multiculturelle de l'Union européenne. L'adhésion de la Turquie à l'Union européenne aurait surtout une vertu pédagogique, celle de rappeler que l'identité européenne ne pourrait et ne devrait d'aucune manière s'articuler à un patrimoine historique particulier. C'est un argument qu'a développé explicitement Tariq Ramadan en répondant à un journaliste qui lui demandait pourquoi la question de l'intégration de la Turquie à l'Europe était d'une telle importance :

— Pourquoi êtes-vous attaché à l'entrée de la Turquie dans l'Europe. Est-ce si important ?

— Au départ, non, mais ça l'est devenu. J'en discutais récemment avec Daniel Cohn-Bendit, qui est pour : ce qui compte, c'est l'implicite du discours. Sur quoi se fonde-t-on ? Si c'est uniquement sur la géographie, ça ne tient pas : les frontières ont beaucoup bougé. Si l'on se fonde sur des principes, des critères, comme la peine de mort, entre autres, je suis d'accord. Mais l'implicite du discours, c'est le nombre, la culture et la religion. Voilà le vrai débat européen : qu'est-ce qui constitue notre citoyenneté, notre sentiment d'appartenance ? La Turquie est un révélateur, l'élément visible des questions que l'Europe se pose sur elle-même[52].

Certains développent même cet argument dans ses dernières conséquences en ajoutant que l'intégration de la Turquie à l'UE viendrait soutenir psychologiquement et culturellement les populations musulmanes qui s'y sont transplantées depuis quelques décennies à travers une immigration massive, à la fois légale et clandestine. La Turquie viendrait ainsi confirmer l'identité européenne de communautés musulmanes marquant pour l'instant leur défiance envers une civilisation européenne dont ils ne veulent ni des codes culturels, ni de l'identité politique[53]. De la même manière, la question de l'immigration musulmane se posera comme une solution au problème identitaire de l'Europe, les musulmans étant appelés à devenir de purs Européens, sans excès de conscience nationale qui risquerait d'entrer en tension avec le développement de l'Europe politique. Les populations musulmanes pourraient s'européaniser sans avoir à passer par la médiation nationale. On en trouvera même pour affirmer que l'islam serait une chance pour l'Europe dans la mesure où il l'ouvrirait à un multiculturalisme nécessaire à la déconstruction des

États-nations et à la mise en place d'une communauté politique mondialisée, les identités cherchant à s'affranchir du cadre national se rapportant naturellement à l'espace politique européen.

Cette redéfinition silencieuse de la construction européenne dans son rapport à la Turquie est aussi visible dans les critères qui sont formulés pour inviter cette dernière à se conformer aux normes identitaires de l'UE. Les critères d'admission à l'Europe sont strictement démocratiques et libéraux, ce qui en dit long sur la définition que l'Europe propose d'elle-même : la mise en place d'« institutions stables garantissant l'État de droit, la démocratie, les droits de l'homme, le respect des minorités et leur protection » ; « une économie de marché viable ainsi que la capacité de faire face à la pression concurrentielle et aux forces du marché à l'intérieur de l'Union » ; « la capacité [...] [d'] assumer les obligations [d'adhésion à l'UE], et notamment de souscrire aux objectifs de l'union politique, économique et monétaire ». La communauté politique n'existerait que dans son artificialité radicale, fondée sur une théorie de la justice susceptible de concrétiser l'image d'un bien commun mondialisé. L'argument qui se profile consiste à transformer la géographie en pure construction sociale.

## LA SOUVERAINETÉ NATIONALE CORSETÉE

La construction européenne, stade intermédiaire d'une éventuelle intégration politique de l'humanité, rencontre néanmoins un obstacle majeur : l'existence d'autres civilisations et d'autres nations qui ne sont pas aussi enthousiastes à l'idée de se dissoudre dans le grand métissage mondialisé. Qu'on le veuille ou non, la souveraineté demeure un enjeu même pour ceux qui ne veulent pas l'exercer. Que restera-t-il de la souveraineté dans un monde où l'Europe ne semble plus en vouloir ? Et que faire des États qui, à tort ou à raison, ne s'enthousiasment pas à l'idée de se dissoudre ou de se déconstruire ?

La tension est visible au cœur même de l'Occident : elle distingue clairement ses deux rives. Car si l'Union européenne se constitue à la manière d'une communauté politique inédite, à l'extérieur du modèle plus classique de la souveraineté occidentale, l'Amérique, sans échapper pleinement à ce mouvement, perpétuera, par la présence active dans son espace public d'une mouvance conservatrice particulièrement attachée à la souveraineté nationale, un rapport très classique à l'État-nation – on a parlé à cet effet d'une faille atlantique. Robert Kagan parlera d'ailleurs d'un « large fossé idéologique » qui menace d'autant plus l'européisme que chaque manifestation de l'unilatéralisme américain contredirait pratiquement la prétention européenne à transposer dans le domaine de la

gouvernance globale les questions politiques fondamentales, celles relevant en dernière instance de la
guerre et de la paix[54]. Le souverainisme conservateur
de l'Amérique républicaine, pour reprendre la formule de Peter J. Spiro, serait en contradiction radicale
avec le multilatéralisme supranational que l'UE chercherait à établir comme nouveau modèle de coopération entre des États consentant mutuellement à
l'aliénation d'une portion substantielle de leur souveraineté. Naturellement, ce contraste des philosophies
en ce qui a trait à la souveraineté devient particulièrement brutal lorsqu'il est question de la guerre : 
quelle instance est légitime pour décréter si une guerre
est légitime ou non ? Est-ce qu'un État peut décider, en
fonction de ce qu'il croit être son intérêt national, de
faire la guerre, ou la seule guerre légitime est-elle celle
qui est autorisée par les institutions internationales ?
Dans la perspective d'une gouvernance globale, la
question de la guerre et de la paix ne relèverait plus
d'abord de la souveraineté nationale mais devrait être
pensée dans les termes de la politique intérieure, dans
les paramètres de la gouvernance mondialisée, à la
manière d'une opération de police internationale.
Mais comme le note Chantal Delsol, « retirer à la politique l'appréciation de la légitimité dans l'utilisation
de la force, c'est déconstruire la communauté politique particulière, lui enlever sa capacité la plus déterminante[55] ». Dans quelle mesure un État croyant ses
intérêts vitaux compromis par un ennemi rapproché
ou éloigné doit-il se soumettre à l'éthique globaliste

avant de faire usage de la force ? N'est-il pas, en dernière instance, le seul juge véritable de ce qui est pour lui essentiel ou non ?

La souveraineté nationale mérite-t-elle seulement qu'on la consulte aujourd'hui, qu'on s'y réfère lorsque vient le temps de faire valider les grands choix politiques de notre temps ? C'est la légitimité même de l'espace national qui sera contestée comme on le constatera au moment du référendum sur le traité constitutionnel de mai 2005, quand l'intelligentsia européiste reprochera d'abord à l'électorat français d'avoir voté Non avant de se tourner contre les dirigeants politiques pour leur reprocher d'avoir tenu un référendum sur la question européenne. L'Europe est trop importante pour relever de la discussion publique et la science occulte de son extension est reconnue comme telle par la plupart des leaders européistes, qui auront dit du traité européen simplifié, le traité de Lisbonne, qu'il reprenait tout le contenu fondamental de l'ancienne constitution mais qu'ils le coderaient dans un vocabulaire administratif et technocratique pour éviter sa discussion publique. Il faudrait outrepasser l'expression de la souveraineté populaire. Après avoir perdu le référendum sur la constitution européenne, les européistes reprochèrent ainsi à Jacques Chirac de l'avoir tenu. Le référendum légitimerait non seulement les passions populistes mais il légitimerait aussi le cadre national comme espace d'expression de la souveraineté populaire. Car consulter un peuple sur son adhésion à l'Europe, ou sur les modalités de son intégration consisterait théoriquement et pratiquement à reconnaître à ce peuple le droit de ne pas aller plus loin dans l'Europe, et même, de s'en déprendre, s'il le souhaite. La nationalisation des consultations populaires serait désormais marquée par le sceau de l'illégitimité. Les gouvernements qui ont eu le malheur de questionner leur peuple par la voie référendaire sur l'avenir de l'Union européenne ont subi un procès en populisme de la part de l'intelligentsia européiste pour qui la souveraineté populaire ne devrait plus s'exercer tant qu'elle ne serait pas reformatée à travers les institutions communautaires. La souveraineté nationale ne devrait plus être en droit d'interférer avec la construction européenne[56]. Certains européistes se réfugièrent même dans le mythe d'une consultation populaire paneuropéenne qui abolirait par sa simple tenue la légitimité de l'État-nation comme espace d'expression de la souveraineté. Il faudrait fabriquer de toutes pièces un peuple européen en créant de nouvelles structures d'expression de la souveraineté populaire qui ne recouperait plus la souveraineté nationale. La procédure du référendum national serait porteuse de ce grand paradoxe qu'elle reconnaîtrait à une forme politique disqualifiée le droit et la possibilité d'entraver la naissance d'une autre qui serait appelée par les exigences de l'histoire.

Le développement d'une justice planétaire passe normalement pour un progrès de la conscience humaine. À tout le moins, on parlera de la tentation pénalitaire du progressisme mondialisé. Les idéologues de la justice supranationale ont bien compris qu'on ne pouvait espérer un démantèlement volontaire des souverainetés nationales par les peuples qui en sont dépositaires et qu'il fallait plutôt miser sur le zèle des appareils technocratiques pour multiplier les traités et les organisations. La justice mondialisée correspond à une dépolitisation des relations internationales qui relèveraient de la politique intérieure. La question d'une compétence universelle au nom des droits de l'homme qui s'accompagne de la prétention à une justice mondialisée, surplombant et transcendant les souverainetés nationales représente bien l'émergence d'un début de souveraineté mondialisée se donnant le droit, théoriquement, d'intervenir dans la vie des pays au nom d'une forme d'absolutisme moral qui ne s'interdit pas de démanteler les compromis complexes qu'une nation peut faire à travers son histoire. Les promoteurs de l'humanitarisme mondialisé se donnent le droit de surplomber les réalités particulières de chaque société pour les soumettre à une forme de justice universelle, qui n'est pas loin du moralisme le plus intransigeant. Dans la mesure où les offenses susceptibles d'être traduites devant les tribunaux internationaux se sont multipliées, on peut se demander si le développement d'une telle souveraineté planétaire n'irait pas contre le simple exercice de la démocratie sur le plan national, où la démocratie se définit moins à partir d'une norme substantielle qu'en tant que cadre de débat où plusieurs options peuvent légitimement s'affronter dans l'espace public. La mise en scène d'une justice planétaire laisse croire à la confirmation de la prédiction de Bertrand de Jouvenel selon qui un État universel reposerait nécessairement sur l'abolition de la démocratie et sur la tentation d'une hégémonie idéologique globale. Car c'est justement la possibilité de la frontière, le passage d'une souveraineté à une autre, qui est fondatrice de la liberté politique.

La déconstruction de la nation est aussi visible avec la recomposition de l'espace public selon les critères de l'impérialisme humanitaire. La souveraineté nationale doit désormais s'inféoder explicitement à un nouvel encadrement idéologique structuré autour de l'impératif des droits de l'homme. C'est le propre de l'impérialisme humanitaire de prétendre surplomber les souverainetés nationales en les dépolitisant pour les transformer en simples instances gestionnaires. Dans quelle mesure une élection pourrait-elle porter au pouvoir les partis souhaitant restaurer la souveraineté nationale, démonter le multiculturalisme d'État ou restaurer l'État contre la judiciarisation du politique ? La question se pose pour les petites nations d'Europe de l'est qui ont conservé du XXe siècle un attachement plus grand à la souveraineté nationale et qui ont constaté leur autonomie diminuée dans le cadre du débat sur les migrants à la fin 2015. Chose certaine, on assistait alors à la manifestation d'un impérialisme humanitaire actualisant à demi-mot la vieille doctrine soviétique de la souveraineté limitée, l'expression de la volonté populaire n'étant pensable, apparemment, que dans le cadre de la reconnaissance explicite et militante des finalités énoncées dans la construction européenne.

\*\*\*

La démocratie multiculturelle et la démocratie cosmopolitique se répondent dans une oblitération du fait national, par un déracinement radical de la communauté politique. La dissolution théorique des cultures rend impensable la pluralité humaine tout comme elle condamne une philosophie politique reconnaissant la valeur intrinsèque de la pluralité des souverainetés, dans la mesure où elle témoignerait de la pluralité irréductible de l'expérience humaine. On peut le dire autrement : la thèse de l'interchangeabilité des cultures, qui présente chacune comme un stock de croyances désuètes prêtes à se dissoudre dans un grand bond en avant dans le métissage mondialisé, disqualifie dans ses fondements mêmes l'aspiration de chaque peuple à se gouverner lui-même. Il n'y a plus de pluralité des intérêts nationaux et des civilisations : il y aurait simplement une humanité au seuil de l'unification, enfin affranchie de ses vieilles contradictions, et prête à se reconnaître dans une figure unique. Naturellement, la défense de la souveraineté nationale est passée dans le registre de l'impensable, et conséquemment, de l'impensé, et sera déclassée comme une pathologie identitaire symptomatique d'une disposition réactionnaire. Défendre la nation, expression politique d'une expérience historique, consisterait à refuser la métamorphose progressiste de la conscience démocratique et à fixer la démocratie dans un cadre qui aura peut-être été son espace d'incubation mais qui ne devrait certainement pas être son point d'aboutissement. Sur notre chemin, nous rencontrons finalement la question du conservatisme pour qui la pluralité humaine, en fait, demeure la question la plus fondamentale qui soit.

# Le conservatisme est-il une pathologie ?

Vous avez dit conservatisme ? Mais le conservatisme n'est plus une opinion ou une disposition, c'est une pathologie. L'ordre, autrefois, s'opposait au mouvement, il n'y a plus, désormais, que des partis du mouvement. Au moment d'entrer dans le troisième millénaire, chacun veut non seulement être moderne mais aussi se réserver l'exclusivité de cette appellation suprême. «Réforme» est le maître mot du langage politique actuel, et «conservateur» le gros mot que la gauche et la droite s'envoient mutuellement à la figure. Concept polémique, le conservatisme n'est plus jamais endossé à la première personne : le conservateur, c'est l'autre, celui qui a peur, peur pour ses privilèges ou pour ses avantages acquis, peur de la liberté, du grand large, de l'inconnu, de la mondialisation, des émigrés, de la flexibilité, des changements nécessaires. [...] Tous les protagonistes du débat idéologique, aujourd'hui, sont des vivants qui se traitent mutuellement de morts, et la nostalgie, d'où qu'elle vienne, est systématiquement qualifiée de frileuse.

Alain FINKIELKRAUT, *L'ingratitude*

Depuis le milieu des années 1990, la démocratie européenne se croit assiégée par la menace populiste. Elle la nomme différemment selon les pays et selon les moments, tout en s'accordant, généralement, pour y voir un danger qui mérite qu'on se ligue urgemment contre lui. Extrême droite, national-populisme, droite radicale, droite extrême, ces étiquettes et bien d'autres, souvent confuses, finissent par se croiser pour désigner de manière aussi vague que vaste *l'autre* de la démocratie diversitaire. À travers la mise en scène de cette menace, toutefois, on assiste à un étrange effet d'amalgame qui rend pratiquement impensable une question pourtant constitutive de la modernité : celle du conservatisme. Cette dernière n'est pas neuve. Elle naît avec Burke, et chaque pays, selon sa tradition singulière, se la posera : de quelle manière contenir les effets dissolvants d'une modernité sans limites, qui prétend peu à peu dominer tous les rapports sociaux, en oubliant que l'homme n'y trouve pas une pleine satisfaction de ses aspirations existentielles ? Devant la tentation de contractualiser intégralement les rapports sociaux, le conservatisme s'est traditionnellement présenté comme le parti de l'héritage, de la mémoire et des ancrages. Comme le note Chantal Delsol, il prétend témoigner de la permanence d'aspirations existentielles oubliées par la modernité, en s'assurant, d'une manière ou d'une autre, qu'elles soient présentes au cœur de la vie publique et qu'elles continuent d'investir la cité[1]. Le conservatisme témoigne de la permanence du vieux monde dans le nouveau, mais peut-être plus encore, de la part incompressible de la philosophie politique classique au cœur de la démocratie. De quelle manière faire communauté lorsque la société est exclusivement soumise à la froide règle de l'universalisme juridique ?

Mais le conservatisme devient de plus en plus impensable dans le monde post-soixante-huitard et surtout, sous la loi du nouveau régime diversitaire. À bien des égards, il est devenu inintelligible. On ne le comprend plus, et surtout, on ne le voit plus : il est passé de tradition politique et intellectuelle à résidu historique inutile – la béquille ne serait plus nécessaire, la modernité pourrait s'en passer, en devenant exclusivement progressiste. L'heure serait venue, en fait, d'un fondamentalisme de la modernité – la poussée soixante-huitarde, ainsi comprise, serait celle d'une liquidation bienvenue de la tension entre progressisme et conservatisme. La persistance du conservatisme, qui ne meure pas et qui trouve encore des adeptes, même s'ils ne savent plus dire son nom, deviendra vite intolérable aux militants et sectateurs du nouveau régime. Comment peut-on encore trouver en notre temps des hommes qui tardent à se rallier au nouveau régime et qui ne le laissent pas éclairer par sa fabuleuse révélation, des hommes qui persistent et qui s'entêtent à vouloir vivre dans le monde d'hier, alors qu'on l'avait décrété désuet et invivable ? Pourquoi douter de la révolution une fois qu'elle a eu lieu ? L'État diversitaire, de ce point de vue, est terriblement idéocratique : il entend reconfigurer le monde en fonction d'une utopie dont ses gardiens idéologiques ont une connaissance intime. Jamais il ne faut rebrousser chemin, toujours il faut pousser plus loin la conversion à la citoyenneté diversitaire. Le conservatisme n'est plus seulement irrecevable : il est impensable, purement et simplement. Il suffit que les gardiens de la révolution diversitaire aperçoivent discrètement sa trace pour qu'ils prennent peur en voyant resurgir du passé ce qu'ils croyaient avoir une fois pour toutes vaincu.

Et pourtant, pour peu qu'on veuille bien le voir, le conservatisme existe encore, et moins comme résidu qu'à la manière d'une aspiration incompressible, liée à cette part de l'homme qui veut s'inscrire dans un monde qui le précède et qui lui survivra – cette part de l'homme qui le pousse à se voir comme un héritier, gardien d'un monde qu'il doit transmettre, et non pas comme un petit dieu appelé à recréer le monde selon ses désirs. Et on peut croire, sans trop se tromper, que cette part ne peut pas vraiment être éradiquée. Il existe une telle chose que la nature humaine, qui n'est pas complètement étrangère au désir de permanence, et qui réclame ce que Bérénice Levet nomme très justement un « droit à la continuité historique » – Hervé Juvin, lui, parlera du « droit de demeurer[2] ». La communauté politique ne saurait durablement exister sans une mémoire forte, ancrant les hommes dans le sentiment d'un monde partagé, et alimentant de mille manières leur désir de persévérer dans leur être historique. Cette disposition existentielle, bien qu'elle

traverse toutes les classes sociales, a surtout caracté-
risé, depuis la révolution soixante-huitarde, les classes
populaires, qui ont accueilli avec de grandes réserves,
et souvent beaucoup d'hostilité, le nouveau monde
dans lequel on les condamnait à vivre, et qui cherchèrent, pour cela, à garder vivant ce qu'elles pouvaient
conserver de l'ancien. C'est à la nation qu'elles s'atta-
chèrent principalement, car c'est à travers elle qu'il
demeure possible d'habiter un monde habitable, de
s'inscrire dans un univers balisé par des repères subs-
tantiels, caractérisant une culture, et non seulement
par des règles abstraites, désincarnées et « désincar-
nantes ».

Sans surprise, toutefois, ce conservatisme populaire, un peu informe et de temps en temps maladroit,
a très mauvaise presse. Il exprimerait moins des aspirations légitimes ou des craintes raisonnables qu'une
peur irrationnelle devant la modernité et l'avenir. Il
disqualifierait le peuple, en quelque sorte, qui révélerait à travers lui son immaturité politique et son retard
historique : le peuple serait encore engoncé dans des
représentations sociales objectivement désuètes. Il
baignerait dans des préjugés peu recommandables
qui retarderaient l'avènement du monde nouveau.
En quelque sorte, il serait souillé par le vieux monde
dans lequel il se vautrerait, comme s'il aimait errer
dans ses ruines. S'il veut retrouver sa dignité, il devra
s'en laver, s'en dépouiller, et renaître au nouveau
monde en embrassant l'optimisme diversitaire. Le
peuple à l'ancienne, avec sa communauté de mœurs

et d'histoire, ne serait plus le peuple démocratique : ce dernier serait le peuple refondé dans la diversité et consacré par le multiculturalisme. Le peuple à l'ancienne serait celui des populistes : y faire appel ou l'inviter à se relever, en reprenant les droits qui étaient autrefois les siens consisterait à se rendre coupable d'un péché contre la nouvelle démocratie. On a vu plus haut le sort qui lui est réservé : il faut le reconditionner et le rééduquer.

## LE CONSERVATISME EST-IL UN PRÉFASCISME ?

Mais le discrédit du malaise conservateur des classes populaires n'est pas vraiment nouveau. Sans remonter jusqu'à la Vendée et aux expéditions punitives pour punir la dissidence contre-révolutionnaire, on peut diriger notre regard vers la société américaine des lendemains de la Deuxième Guerre mondiale, pour voir le conservatisme populaire conceptualisé à la manière d'une pathologie grave pour la démocratie. Le contexte n'est évidemment pas le même qu'aujourd'hui, les enjeux diffèrent considérablement, mais un élément demeure : les nouvelles élites progressistes, appelées à piloter alors l'État social émergeant, auront tendance à croire le peuple américain inapte à l'expérience démocratique. Christopher Lasch croira le repérer dès les années 1950 dans la sociologie progressiste américaine qui avait théorisé le conservatisme en l'associant à une pathologie : celle des catégories de la population résistant à la modernisation sociale et économique d'après-guerre[3]. Le conservatisme serait morbide en refusant en bloc la social-démocratie et le communisme. Le jugement globalement négatif sur le conservatisme, réduit à sa caricature et amalgamé dès ce moment à une forme de droite aussi radicale que frustre, complotiste et raciste, sera intégré dans les sciences sociales, même si au même moment, le conservatisme américain amorçait sa renaissance intellectuelle en répudiant justement toute forme de tentation fascisante. Mais chez ceux qui l'étudieront, en l'assimilant à la droite radicale, le conservatisme sera représenté comme une pathologie au cœur de la modernité. Ce serait le parti des laissés pour compte du progrès. Il fédérerait en fait des rebuts historiques et sociologiques politiquement disqualifiés. Il accumulerait le bois mort de l'humanité dans une catégorie politique attrape-tout, faite d'éclopés, de vaincus et de bras cassés. Ce serait la doctrine politique des catégories sociales arriérées et historiquement disqualifiées.

Le conservatisme exprimerait une culture de ressentiment envers la modernité. Les classes populaires y trouveraient une formulation simplifiée de certaines angoisses bien plus profondes qui se traduiraient politiquement dans une disposition favorable au repli identitaire, comme s'il fallait se fermer à un monde changeant en multipliant les barrières et les frontières[4]. De grands pans de la population, en un mot, ne seraient plus psychologiquement aptes à évoluer en démocratie : le monde dans lequel elles vivraient leur échapperait. Comment pourraient-elles, dès lors, prétendre peser sur lui ? C'est autre chose qu'une option politique que le petit peuple chercherait dans le conservatisme : c'est une bouée de sauvetage historique. Cette vision des choses, d'abord formulée pour analyser le ressac conservateur de la politique américaine dans les années 1950, annonçait la réduction psychiatrique d'un conservatisme qui ne s'expliquerait jamais par lui-même et toujours par la situation de crise dans laquelle une société serait jetée. L'homme démocratique, en quelque sorte, ne devrait jamais être tenté par la nostalgie, sachant que l'histoire irait toujours vers une plus grande émancipation, et qu'on ne saurait sérieusement regretter le monde d'hier. Ce discours trouvait un écho particulièrement favorable chez les nouvelles élites technocratiques – on parlera alors de la *nouvelle classe* – qui se sont justement constituées, d'ailleurs, en faisant de leur avant-gardisme et de leur maîtrise de l'expertise managériale et sociologique le fondement de leur hégémonie sociale, en mettant de l'avant une nouvelle définition de la démocratie. Christopher Lasch dira clairement les choses :

La démocratie, telle qu'ils la comprenaient, signifiait le progrès, l'émancipation intellectuelle, et la liberté personnelle, pas le gouvernement du peuple par lui-même. Le gouvernement du peuple par lui-même était manifestement incompatible avec le progrès[5].

Les classes populaires seront désignées pour une entreprise de rééducation thérapeutique. Lasch parlera de la « politique de la minorité civilisée », celle représentée par la « révolte des élites contre la démocratie[6] ».

Cette disqualification radicale du conservatisme et de sa base populaire hérite aussi du travail de Théodore Adorno et de sa grande enquête sur la personnalité autoritaire, où le conservatisme populaire sera assimilé au modèle de la personnalité autoritaire qui aurait rallié le fascisme européen[7]. Dans cette vaste enquête, réalisée au lendemain de la Seconde Guerre mondiale, et qui transposait dans la sociologie de la société américaine l'analyse des fascismes européens, on diabolisait le conservatisme qui aurait naturellement tendance, en situation de crise, à tourner au fascisme – autrement dit, le conservatisme serait un préfascisme ou un fascisme endormi. Il y aurait une continuité entre une vision traditionnelle des rapports sociaux et la crispation de celle-ci dans l'appel au totalitarisme salvateur. En termes politiques, on dira que la droite serait une extrême droite civilisée, inhibée, contenant ses mauvais penchants mais toujours prompte à surgir et à rugir. Le fascisme mobiliserait le ressentiment contre les processus d'émancipation activés par la modernité égalitaire : toute critique de cette dernière révélerait une disposition favorable au fascisme et la nécessité conséquente d'une actualisation de la lutte antifasciste. L'École de Francfort assimilait pratiquement le conservatisme culturel et social à une forme de prédisposition fascisante. Le conservatisme était alors explicitement défini comme un dispositif psychologique autoritaire. On peut dire la chose autrement : jeté dans une dynamique de crise entraînant une société dans une logique de polarisation, les couches de la population caractérisées par une prédisposition autoritaire pourraient vite se convertir au fascisme, qui ne serait rien d'autre que l'expression radicalisée de la société bourgeoise. L'antifascisme instaurera une culture de la vigilance politique pour désigner à la conscience publique avant qu'elles ne deviennent inquiétantes les menaces sociales qui pourraient troubler le développement de la démocratie. Toujours, il faudrait guetter sa renaissance, scruter ses nouveaux visages, dénoncer son retour, comme si le fascisme, en quelque sorte, était la tentation naturelle et transhistorique de la civilisation occidentale dès qu'elle se sentirait menacée ou qu'elle serait poussée plus rapidement que ne le souhaiteraient les classes sociales réactionnaires vers un nouveau stade de développement égalitaire. Ce sera le rôle des intellectuels de lancer les alertes nécessaires pour éviter le retour aux heures les plus sombres de l'histoire occidentale.

## La société ouverte contre la société fermée ?

Cette vision a laissé une empreinte profonde dans les sciences sociales qui prétendent s'intéresser aux mouvements intellectuels ou sociaux qui sont critiques à l'endroit de la modernité. Elle sera aussi au cœur du redéploiement de la gauche, devenue nouvelle gauche, qui se représentera son adversaire non plus à la manière d'un conservateur, ni même d'un réactionnaire, mais encore une fois, sous les traits du fascisme. La nouvelle gauche parviendra à confisquer le consensus antifasciste d'après-guerre à son avantage, en fascisant des personnalités politiques qui pourtant, avaient lutté contre le fascisme en particulier et les totalitarismes en général. La morale traditionnelle d'inspiration judéo-chrétienne sera présentée comme un fascisme ordinaire tant elle imprimerait sur les consciences une série d'inhibitions contraires au nouveau désir d'émancipation débridée de la subjectivité[8]. Cet antifascisme s'est inscrit au cœur du système idéologique contemporain, et bien qu'il ne porte plus nécessairement ce nom un peu désuet, il détermine encore profondément la perception du conservatisme, dont il a plus ou moins clairement annexé la définition. Et on l'aura compris, plus la nouvelle gauche néo-soixante-huitarde imposera son hégémonie culturelle, plus elle parviendra à définir ceux qui lui résistent à la manière de fascistes, de cryptofascistes, ou du moins, de dangereux réactionnaires et populistes – des termes qui, sans être interchangeables en eux-mêmes, sont souvent utilisés très librement de manière un peu confuse pour désigner publiquement les contradicteurs du nouveau régime. La question se pose quand même clairement : de quelle manière le nouveau régime multiculturaliste se représente-t-il ses adversaires et ses critiques ?

La mondialisation, l'immigration massive, la dissolution de la souveraineté de l'État et la déconstruction des formes sociales traditionnelles provoqueront dans les sociétés occidentales de nouvelles angoisses. Mais ces angoisses seront disqualifiées : elles pollueraient la démocratie en l'empêchant de s'adapter à une nouvelle civilisation. Dans la société contemporaine, le conservatisme exprimerait encore une fois surtout le désarroi des classes sociales hier encore inscrites dans les paramètres les plus traditionnels de la communauté politique nationale, ce qui entraînerait chez elles un désir manifeste de réaffirmation de leur puissance collective, quitte à se tourner contre quelques boucs émissaires [9]. Le conservatisme culturel des classes populaires serait une forme d'idéologie compensatoire pour se mettre à l'abri d'un progrès qu'elles ne parviendraient pas à maîtriser et qui fragiliserait leur position sociale, en relativisant les mœurs dominantes [10]. Un vieux préjugé idéologique remonte à la surface : l'homme de droite serait l'homme du ressentiment. Celui qui répondrait aux pulsions politiques les plus basses, les moins nobles. Il se réfugierait dans des symboles creux pour compenser son incapacité à s'inscrire dans les paramètres du progrès [11]. Dans la mesure où la nouvelle époque est diversitaire, son programme, inévitablement réactionnaire, serait fondé sur la restauration de l'homogénéité imaginaire de la communauté politique, en en expulsant la figure différenciée qui s'imposerait toujours à la manière du bouc émissaire, hier le juif, aujourd'hui le musulman, et plus généralement, *le différent*. Si, comme nous croyons l'avons démontré, le progressisme s'est réinventé à travers le culte de la société diversitaire et entend redéfinir à partir de l'adhésion au multiculturalisme notre conception de la démocratie, le clivage gauche-droite, ou plus exactement, progressiste/conservateur se reconstruira autour de ces enjeux qui la caractérisent. Le conservatisme s'incarnerait aujourd'hui dans un appel explicite au repli généralisé de la société sur elle-même. Parmi d'autres, et de manière particulièrement exemplaire, Pascal Perrineau a cru discerner la nouvelle configuration de l'espace public héritée des *radical sixties* en reconnaissant « un nouveau clivage politique, social et culturel opposant les partisans d'une société "ouverte" à ceux d'une société fermée [12] ». Le camp de l'ouverture serait celui du bien parce qu'il aurait « remis en cause la hiérarchie sociale, revendiqué plus d'égalité, cherché à dépasser les frontières, défendu les droits des minorités et réclamé une redistribution du pouvoir » alors que le camp de la société fermée serait porteur d'une « vision inégalitaire de la société, d'un repli national, d'une volonté d'exclusion des minorités et d'un pouvoir fort [13] ». Ce modèle explicatif sera repris dans le procès de la critique conservatrice du multiculturalisme où la dissidence sera assimilée plus souvent qu'autrement à une politique au service de l'homme blanc, fragilisé dans ses privilèges, et désireux d'écraser ceux qui les contesteraient. Ce qui caractériserait le conservatisme, ce sont les multiples phobies qu'il embrasserait – cette référence à la phobie servant à transformer en dédain irrationnel et digne d'inquiétude psychiatrique toute forme d'attachement aux formes sociales traditionnelles.

Les plus indulgents reconnurent dans ce conservatisme un cri de détresse, celui de milieux méprisés par une nouvelle gauche éprise des marginaux en tous genres[14]. Il y a là trois figures du conservateur : *le fou*, qui développe sa paranoïa socioidentitaire en cherchant les coupables à punir d'une modernisation qui irait dans le sens de l'histoire, *la brute*, cherchant à réaffirmer ses privilèges en brutalisant un minoritaire à la recherche de reconnaissance et *le désespéré*, se tournant vers les extrêmes pour qu'on entende enfin ses doléances. Ni le premier, ni le second, ni même le troisième, ne sont dignes de considérations et ce qu'ils disent, on l'entendra comme un analyste plus ou moins sévère devant un patient entêté à ne pas guérir. Les études sur la personnalité des électeurs conservateurs sont symptomatiques de cette conviction tranchée : le conservatisme est une anomalie et c'est nécessairement un dysfonctionnement psychologique ou sociologique qui mènerait des individus par millions à voter contre le sens de l'histoire[15]. La psychologisation du conservatisme permet sa pathologisation et évite d'avoir à tenir compte des arguments ou des perspectives qu'il met de l'avant dans le débat public. Nous assistons à une psychiatrisation de la dissidence en régime diversitaire, qui n'est pas sans rappeler celle qu'on pratiquait en URSS dans les années Brejnev, quand la critique de la révolution d'Octobre était considérée comme un signe flagrant de dérèglement mental. Or celui qui n'a pas toute sa tête ne peut naturellement pas se joindre au débat public, à la conversation démocratique : les termes élémentaires du débat civique lui échapperaient. Avec raison, James Nuechterlein critiquera la tendance marxiste à neutraliser les dimensions culturelles et identitaires de l'existence sociale en rappelant que le matérialisme exagéré de la gauche qui dénonce la fausse conscience dans le conservatisme des classes populaires l'entraînait pratiquement à se considérer comme seule juge légitime de leurs intérêts pour peu qu'ils s'articulent à la stratégie progressiste du moment[16]. On ajoutera, toutefois, que la sociologie libérale se rend aussi souvent coupable de la même analyse carencée. De même, le simple fait de ne pas consentir, par exemple, à la judiciarisation de la démocratie serait symptomatique d'une psychologie démocratique incertaine et d'un désir mal refoulé d'imposer des solutions autoritaires aux problèmes collectifs, déduite d'une vision simpliste des transformations du monde où le volontarisme politique pourrait suffire à restaurer une cohésion sociale fragilisée. Le désir de verticalité, ou d'autorité, simplement, dans la société, ne serait rien d'autre qu'un désir autoritaire familier avec l'univers mental du fascisme. Classes laborieuses, classes dangereuses, la formule convient parfaitement pour décrire cette méfiance envers les classes populaires et leurs aspirations politiques.

## DU NATIONAL-CONSERVATISME AU LIBÉRALISME MODERNISTE : LA DÉSUBSTANTIALISATION DE LA DROITE OCCIDENTALE

Cette disqualification du conservatisme et des milieux qui, d'une manière ou d'une autre, s'y retrouvent, a posé un problème très particulier aux partis politiques qui, traditionnellement, occupaient le champ droit de l'espace politique[17]. De quelle manière se positionner par rapport à un conservatisme maudit par l'époque mais qui demeure le sentiment dominant d'une bonne part de leur électorat ? Ces partis, pour l'essentiel, se sont d'abord opposés au grand mouvement des *radical sixties*, avant de capituler devant eux. L'exemple français peut, encore une fois, éclairer notre réflexion. Dans *L'Après socialisme*, publié en 1980, Alain Touraine, constatait, peut-être avant les autres, une transformation majeure de la droite française depuis l'élection présidentielle de 1974. Alors que Georges Pompidou avait exercé une présidence s'inscrivant en continuité avec le national conservatisme du général de Gaulle, les deux principaux candidats de la droite se déclaraient favorables à sa modernisation programmatique. Il y avait Jacques Chaban-Delmas qui fit campagne sur la création d'une « nouvelle société » trouvant à se revitaliser à partir de la dynamique culturelle de mai 1968. Il y avait surtout Valéry Giscard d'Estaing qui se présentait quant à lui comme le candidat de la décrispation nationale en annonçant l'avènement d'une

« société libérale avancée » marquant sa rupture avec le gaullisme qui faisait de la nation, de sa grandeur et de sa préservation l'axe fondamental de toute politique au service de la France et qui assurait son ancrage conservateur à la V^e République [18]. Cette nouvelle dynamique idéologique, amplifiée par la victoire de Valéry Giscard d'Estaing et la neutralisation progressive du conservatisme au sein de la droite [19], entraînera une révolution idéologique dans le champ droit de la politique française. Ce basculement d'une vision à l'autre est explicite si l'on examine les livres publiés par les leaders successifs de la droite française à cette période, surtout dans leur représentation proposée de mai 1968. Alors que dans *Le nœud gordien*, Georges Pompidou témoignait de sa résolution à contenir et refouler mai 1968, en l'associant à une entreprise subversive, Valéry Giscard d'Estaing, dans *Démocratie française*, son livre écrit en cours de mandat pour éclaircir les principes de ce que devrait être une politique de civilisation, annonçait un projet de société qui devait s'inspirer de la revitalisation culturelle accomplie par les sixties [20]. La société française en particulier, mais son propos pouvait s'appliquer à l'ensemble des sociétés occidentales, devait consentir à sa décrispation et se libérer des carcans du monde traditionnel. La droite devait cesser de contenir ce qui paraissait de plus en plus comme une évolution historique inéluctable et plutôt se définir comme le parti du progrès, en civilisant le progressisme à partir des prescriptions morales et idéologiques du libéralisme. Comme l'a noté Jean Bothorel, c'est la droite libérale qui a entrepris de transcrire dans le droit et les institutions les revendications culturelles issues de mai 1968[21], comme on a pu le voir avec la désacralisation des institutions, renonçant progressivement au principe de verticalité. Autrement dit, la dérive progressiste de la droite française, marquée par un mouvement idéologique serait reconnaissable dans son empressement à reconnaître sa légitimité démocratique dans les critères que la gauche progressiste proposait pour la neutraliser. La droite française renoncera progressivement à faire autre chose qu'une application modérée des principes de la gauche idéologique dans sa pratique gouvernementale.

La réaction conservatrice contre les *radical sixties* au début des années 1980 reposait certainement sur un désir de restauration conservatrice des valeurs bafouées, elle se donnera surtout un programme libéral – le patriotisme, quant à lui, s'exprimait à travers un anticommunisme renouvelé et militant. Dès qu'il s'agira de renouer avec ce qu'on appelle plus ou moins les valeurs traditionnelles ou de prendre au sérieux ce qui était encore la crise naissante de l'immigration, on la verra renoncer ou capituler. L'effondrement programmatique de la droite française, au moment de la première cohabitation, sera ici paradigmatique de cet abandon chez elle du conservatisme. Il y avait là un renoncement majeur, surtout en ce qui concernait la question nationale. En intériorisant l'interprétation historique qui fait des années 1960 un tournant positif dans l'histoire de la démocratie, le conservatisme occidental a cessé de se définir par la défense de la nation historique, de la culture et de la tradition pour se reconstruire dans un modernisme se donnant pour programme l'adaptation des sociétés à la modernité et la mondialisation. La chute du mur de Berlin, en 1989, a accéléré ce mouvement, la droite libérale n'étant plus obligée de s'encombrer de ce qu'elle croyait être sa trop pesante alliance avec la droite conservatrice. Les forces qui s'étaient rassemblées pour combattre le communisme avaient finalement peu en commun, sinon une commune aversion au totalitarisme – mais elles ne se considéraient pas comme les gardiennes du même héritage. Elles n'avaient pas le même rapport à la civilisation occidentale. Peu à peu, on assistera au sacrifice des éléments proprement conservateurs de la droite occidentale, ou du moins, par sa tendance officielle et par les partis prétendant la représenter. Ces éléments conservateurs n'avaient plus leur place dans l'époque dessinée par la révolution 68. Les institutions sociales traditionnelles, dès lors, seront condamnées, ou seront du moins en sursis, dans la mesure où la droite libérale ne sera plus appuyée sur la raison anthropologique qui pourrait la conduire à conserver des institutions que la gauche décrétera condamnées par la modernité. Quand viendra le temps de les défendre, lorsqu'elles seront remises en question, comme on le verra plus tard sur les questions sociétales, les arguments ne seront plus disponibles : il faudra les abandonner ou se faire accuser de basculer dans la réaction et dès lors, risquer sa crédibilité publique. Sur les questions sociales et sociétales ou sur les questions nationales, la droite passait à gauche[22], comme si cette dernière, au terme de sa mutation, était parvenue à imposer ses catégories idéologiques dans l'ensemble de l'espace public. Le centre de gravité idéologique de l'espace public sera progressiste.

La droite occidentale, pour l'essentiel, renonçait à représenter le parti conservateur, et devenait un autre parti progressiste. Il ne lui restait plus qu'à occuper la seule case du libéralisme gestionnaire, qu'elle ne sera plus autorisée à quitter. Éric Zemmour parlera très justement du « sacrifice volontaire de cette droite sur l'autel de la modernité » en ajoutant « que la droite française a, depuis trente ans, beaucoup cédé à l'esprit de Mai. Elle a fait de sa compréhension du mouvement, de son intériorisation intellectuelle, la preuve de son intelligence suprême, sa marque de fabrique, l'éclat de sa modernité[23] ». Dès la fin des années 1980, la dynamique du renouvellement des élites allait dans le sens d'une osmose de plus en plus grande de la classe dirigeante, la droite financière signant ses noces oligarchiques avec la gauche multiculturelle. La droite classique se redéfinira dans les catégories du social-libéralisme qu'elle associait à une modernité dont elle fit sa quête – au point même d'accuser la gauche de conservatisme social lorsqu'elle se portera à la défense du système de protection sociale, qui alourdirait les sociétés occidentales et les empêcherait de jouir pleinement de la modernité du marché et de profiter de toutes les possibilités libérées par la mondialisation. On a généralement assimilé cette désubstantialisation de la droite classique à la nécessaire modernisation d'un discours politique trouvant dans le centrisme libéral son principe d'adaptation à une civilisation en mutation. La modernité, ici, a le dos large, il faudra surtout y voir un effet de l'hégémonie progressiste parvenue peu à peu à définir les critères de respectabilité dans l'espace public, la droite devant se définir dans le petit espace qu'on lui réservait à moins de consentir à sa diabolisation[24]. C'est à l'intérieur de la nouvelle légitimité post-soixante-huitarde que devra désormais se dérouler le débat politique, dans le respect d'un consensus de base reposant sur l'adhésion à une vision positive de la révolution diversitaire.

## Les thèmes du populisme

Il y avait néanmoins un problème à ce glissement vers la gauche du point de gravité de l'espace politique des sociétés occidentales – c'est toute une sensibilité politique, en fait, qui se trouvait désormais proscrite de l'espace public. Que faire de ce conservatisme qui dure, de la disposition anthropologique dont il témoigne, de la conception de la cité qui l'accompagne, du désir d'ancrages qu'il fait entendre malgré tout ? Le peuple a beau être l'ennemi, tant qu'il a le droit de vote, et dispose encore d'un poids réel dans le corps électoral, il peut permettre l'élection de partis ou de mouvements qui pourraient mettre en échec certaines des réformes de civilisation portées par la gauche diversitaire. Un grand malaise social allait croître politiquement sans trouver de traduction politique significative, du moins dans les partis traditionnellement engagés dans l'exercice du pouvoir. Mais quand l'espace politique d'une société correspond de moins en moins aux préoccupations de grands pans du corps électoral, il y a toutes les chances pour que des entrepreneurs politiques dotés d'un certain flair décident d'occuper ce terrain déserté – on ne sous-estimera pas l'importance de l'art du langage politique et polémique chez ces entrepreneurs politiques qui ont saisi, souvent intuitivement, la dénaturation du politique entraînée par sa technicité grandissante. C'est justement dans cet espace politique négligé que se déploiera ce qu'on nomme la droite populiste en récupérant à la fois des thèmes et des préoccupations qui étaient traditionnellement ceux du national-conservatisme. L'aile droite du spectre politique se dégarnissait d'autant plus que les valeurs encore hier prises en charge par l'ensemble des institutions sociales en étaient soudainement expulsées [25] – ce sera le cas de la nation qui, de cadre fondateur de la vie politique occidentale, deviendra un principe d'opposition politique.

Cette dynamique idéologique entraînera progressivement une déportation de positions autrefois associées à la droite classique vers l'extrême droite. La droite classique ne croyait plus nécessaire de parler de la nation, de la transmission culturelle, de l'autorité de l'État ? La droite populiste aura généralement tendance à récupérer ces thèmes dont on lui fera cadeau. Mais cette récupération par les partis populistes serait toujours définitive : la droite ne serait pas autorisée à récupérer les thèmes qu'elle aura un temps sacrifiés. Comme on le verra en France encore une fois, lorsqu'elle cherchera à le faire, on l'accusera d'ailleurs de pratiquer la lepénisation des esprits, selon la formule venue des années 1990, comme si son mouvement idéologique ou sa stratégie politique ne pouvait que la pousser toujours vers la gauche. Faut-il considérer que dès que la droite populiste s'empare d'un thème, il lui appartient définitivement, même si une partie significative de la population s'y attache et y exprime des préoccupations durables, existentielles, qui ne sont peut-être pas sans fondements ? La droite populiste a-t-elle une puissance de contamination quasi radioactive qui disqualifie à jamais tout ce qu'elle touche ? Ainsi, lorsque la droite gouvernementale cherchera à récupérer le thème de l'identité nationale, on l'accusera systématiquement de s'approprier un thème réservé à l'extrême droite, alors que ce thème était autrefois incorporé à la définition même du pays et que l'extrême droite n'en a fait une spécialité qu'au moment où il a été abandonné[26]. Mais le sens de l'histoire et la flèche du progrès ne permettraient pas de douter : une fois qu'un parti de droite a fait un pas vers la gauche, il ne lui sera plus possible de faire le chemin inverse sans se faire accuser de s'extrême-droitiser. On assistera ainsi à la reconstruction des critères permettant de reconnaître l'extrême droite, cette notion devenant de plus en plus expansive, au point de perdre toute forme de rigueur scientifique. En un certain sens, le centre d'avant-hier devient la droite d'hier et la droite populiste d'aujourd'hui.

Ce procès en lepénisation sera reformulé, près de vingt ans plus tard, à travers la critique de la droitisation de la droite. Le terme avait quelque chose d'ambigu, mais il ne faisait pas de doute qu'on le servait à la manière d'un reproche à ceux qui s'en rendraient coupables. Mais de quoi s'agit-il exactement ? Reproche-t-on aux partis « de droite » d'assumer leur identité droitière et de se définir à partir de leur propre tradition politique ? Faut-il comprendre qu'un tel repositionnement serait proscrit et contradictoire avec les exigences contemporaines de la démocratie ? On s'inquiétera aussi d'une droite désormais *décomplexée*, comme si la droite n'était légitime qu'avec des complexes, et qu'elle devait toujours se justifier de ne pas être de gauche. La droite, en devenant moderne, doit abandonner le langage de l'histoire pour celui du marché, et quitter le registre tragique pour le registre gestionnaire [27]. Mais jamais autant qu'autour de cette querelle, on ne verra à quel point le clivage gauche-droite, pour l'essentiel, sert essentiellement le camp progressiste, la référence à la droite servant généralement à amalgamer toute sensibilité ne suivant pas au bon rythme l'évolution du progressisme dans la vie publique. C'est la question nationale qui deviendra le critère discriminant pour distinguer entre les acteurs politiques respectables et les autres [28], et qui se déclinera principalement autour de deux grands enjeux, celui de l'identité et celui de la souveraineté [29]. Mais en quoi la défense de l'identité ou de la souveraineté nationales devrait-elle être classée à l'extrême droite ? Pourquoi une attitude conservatrice sur le plan de la loi et de l'ordre ou encore, une défense des valeurs traditionnelles, devraient-elles être assimilées au fascisme ou à l'extrême droite ? Aux partis politiques comme aux intellectuels qui s'approprieront néanmoins ces thèmes, en les jugeant politiquement prioritaires pour l'avenir de leur pays, on fera le reproche de faire le jeu du Front national, ce qui consiste à dire que ce parti aurait désormais le singulier privilège de définir les thèmes au cœur de la vie publique, autour desquels les autres partis se positionneraient. On comprend dès lors que la question nationale est piégée, dans la mesure où elle a permis à des forces populistes jugées généralement peu recommandables de s'affirmer et de s'inscrire durablement dans le jeu politique. Mais faut-il pour autant accepter cet enfermement de la nation dans une part réduite du monde politique, et interdire aux partis gouvernementaux réguliers, s'ils le souhaitent, de se la réapproprier ?

La question paradoxale du gaullisme en viendra à représenter cette neutralisation idéologique du conservatisme dans la vie politique française. C'est souvent au nom du gaullisme, ces dernières années, qu'on dénoncera la «droitisation» de la droite gouvernementale – mais on constatera que le gaullisme se laissera définir à la manière d'un centre droit laïciste et social-démocrate ayant décidément peu à voir avec la pensée politique du général de Gaulle, qui tenait tout à la fois à la souveraineté nationale devant l'Europe, à la souveraineté populaire devant les factions qui entendent la confisquer et à la réalité historique de la France – on l'imagine définir la France exclusivement par la référence aux valeurs de la République et de la laïcité. Si on se prête à un exercice un peu étrange de résurrection politique, où l'on imagine le général de Gaulle transposé dans notre temps, on l'imagine bien mal ne pas subir la diabolisation en chœur de l'ensemble de la classe politique – à moins de réduire le gaullisme à une forme de pragmatisme absolu tenant entièrement dans la formule selon laquelle «il faut épouser l'esprit de son temps». La pétainisation automatique d'un patriotisme tragique et enraciné représente une trahison paradoxale du gaullisme, dans la mesure où ce dernier s'alimentait de passions politiques aujourd'hui diabolisées.

Le gaullisme a représenté, par son patriotisme tragique et son sens de la verticalité politique, une forme authentique de national-conservatisme à la française, même s'il n'a jamais porté ce nom, dans un pays où le conservatisme est dur à nommer et encore plus à assumer. Et c'est à bien des égards en occupant l'espace désormais déserté du gaullisme et des passions politiques qu'il privilégiait – pour peu qu'on ne parle pas d'un gaullisme altéré par la rectitude politique – que la droite populiste est parvenue à peser aussi lourdement dans la vie politique française. Le paradoxe de la vie politique française contemporaine est de voir l'ensemble des partis communier dans la vénération du général de Gaulle alors que la philosophie politique qui était la sienne est censurée du débat public ou traitée comme un vestige d'un autre temps incompatible avec la démocratie contemporaine. On évoque d'autant plus l'homme du 18 juin qu'on criminalise peu à peu le monde qui était le sien.

## CENSURER LE CONSERVATISME

Chose certaine, on ne comprendra pas l'émergence du populisme européen si on demeure prisonnier d'une trame narrative qui n'en finit plus de suivre les naissances et renaissances de « l'extrême droite » depuis la dernière guerre mondiale – même si plusieurs sont tentés de faire du conservatisme contemporain le nouveau moment d'une longue histoire qui est celle du « procès des Lumières[30] », comme si l'histoire était le théâtre d'une grande lutte entre ceux qui veulent le bien des hommes et ceux qui leur souhaitent le plus grand mal. S'il y a incontestablement dans certaines formations populistes un personnel politique d'extrême droite qui entretient une mythologie délirante et repoussante, il ne faut aucunement confondre les obsessions idéologiques de ce personnel politique avec le discours qui lui aura permis de se constituer une base électorale significative. Ce n'est pas grâce à ce capital idéologique sulfureux et anachronique qu'ils ont réussi leur développement mais justement en s'appropriant un langage et une sensibilité politique qui, il y a non pas quelques décennies, mais bien quelques années, avaient leur place dans l'espace public et n'étaient ni disqualifiés, ni délégitimés. Ce n'est pas en occupant le créneau du néofascisme que ces formations ont prospéré mais en répondant à des préoccupations populaires censurées par le système idéologique dominant. L'extrême droite historique ou le néofascisme, dans les sociétés occidentales contemporaines, demeure un phénomène groupusculaire et limité, à la capacité de croissance à peu près insignifiante. Le véritable point de départ pour comprendre le développement de la droite populiste n'est donc pas la Deuxième Guerre mondiale dont il faudrait rejouer éternellement les batailles mais bien les *radical sixties*, à moins de croire, évidemment, que la Deuxième Guerre mondiale n'a été véritablement gagnée qu'en 1968 avec la détraditionnalisation des sociétés occidentales. Le mythe du populisme a une principale fonction : disqualifier ceux à qui on l'associe et désigner l'ennemi du nouveau régime, d'autant qu'on a pu constater cent fois le caractère aléatoire des critères permettant de regrouper dans une même famille politique des partis qui n'ont rien en commun. Il n'y a aucun sens à assimiler ainsi dans le champ du populisme à la fois la droite antifiscale scandinave, la droite nationale conservatrice française du temps du RPR, le conservatisme social ou la droite religieuse américaine, et le libéralisme classique britannique[31]. Le populisme est une catégorie fourre-tout qui regroupe tous ceux qui, à un moment ou un autre, sont entrés en dissidence avec l'hégémonie progressiste.

Quels sont les termes du débat public dans le régime diversitaire ? Le régime diversitaire ne tolère la délibération politique qu'à condition qu'on reconnaisse préalablement ses assises idéologiques. On le voit encore une fois dans le débat sur l'identité nationale et cela dans de nombreux cas. Le multiculturalisme est moins mis en opposition avec une définition historique et charnelle de la nation qu'avec une alternative édulcorée, qu'il s'agisse de la laïcité dénationalisée en France, de l'interculturalisme au Québec ou de l'universalisme américain aux États-Unis. La défense de la nation historique est proscrite du débat public : il n'est plus possible de défendre son substrat culturel, en rappelant qu'elle n'est ni une simple juxtaposition de communautés, ni une seule communauté juridique. Le débat public doit être rétréci et n'accueillir que des variables du dogme institué par le régime diversitaire. C'est dans les limites étroites d'une reconnaissance des vertus de la diversité que le pluralisme politique devra prendre forme. Et pour dépister les adversaires potentiels, on recourra encore une fois à la mémoire, l'espace public ayant naturellement en son cœur un certain récit de la collectivité dans lequel tous doivent se reconnaître. L'adhésion ostentatoire au grand récit de la culpabilité occidentale est une condition d'admission fondamentale des acteurs sociaux dans l'espace public. Test indispensable non seulement pour neutraliser les adversaires du régime mais aussi pour dévoiler les adversaires irréductibles de l'État multiculturel en les contraignant à s'avouer hérétiques. Ceux qui n'assument pas ce récit sont vite éjectés de l'espace public et refoulés dans la nébuleuse de l'intolérance. Ceux qui refusent la pénitence se dévoileront eux-mêmes comme ennemis publics du nouveau régime, surtout s'ils entreprennent de raconter autrement l'histoire, en présentant par exemple comme un suicide national ce que d'autres présentent comme une grande évolution positive. Si l'histoire d'avant *l'ouverture à l'autre* est celle d'une grande noirceur occidentale, il faudra bien blinder l'espace public contre ceux qui banaliseraient une civilisation immorale en cherchant à en normaliser ou à en revaloriser l'héritage dans le domaine public, en confessant une coupable nostalgie ou en relativisant le malheur supposé des victimes autoproclamées. Dans la mise en scène de l'espace public, le refus de principe du nouveau régime prend alors la forme d'une pathologie sérieuse associée au désir de «revenir en arrière», forme de psychose collective qui entraînerait ceux qui sont saisis par elle à souhaiter la régression de la civilisation vers un stade inférieur d'évolution, celui d'avant le droit à la différence. Conséquence de cela, aucun acteur politique ne peut longtemps survivre dans l'espace public contemporain sans consentir au plus tôt aux grands canons de l'historiographie progressiste, avec son ratio de génuflexions et d'excuses publiques.

Dans les faits, la sociologie du populisme, lorsqu'elle l'assimile à une extrême droite parvenue à se constituer malgré les horreurs de la Deuxième Guerre mondiale, travaille à la criminalisation du conservatisme en rabattant sur le fascisme toutes les positions contradictoires avec l'héritage soixante-huitard. On parle ainsi souvent de *nouvelle extrême droite* sans nécessairement justifier la référence à l'extrême droite, sinon pour faire usage d'une catégorie conceptuelle servant moins à qualifier qu'à disqualifier la matière qu'elle prétend décrire – en fait, le simple usage de ce terme tout en prenant la peine de distinguer la « nouvelle extrême droite » des fascismes européens de l'entre-deux guerres confirme que son usage correspond moins à la description d'une idéologie connaissant ses mutations internes qu'à la nécessité pour la gauche post-soixante-huitarde de toujours diaboliser ceux qui critiquent explicitement ses finalités. L'extrême droite devient un terme flou dont on remanie systématiquement la définition pour l'élargir sans cesse et lui associer des idées autrefois associées au conservatisme le plus convenable[32].

L'ennemi demeure une catégorie politique essentielle, et le populisme conservateur en vient à incarner la figure de l'ennemi, celui contre qui le nouveau régime se constitue et contre qui tout est permis – au point même où on mobilisera contre lui un argumentaire qui frise quelquefois l'exorcisme, et qui semble relever de la démonologie. Après avoir transformé le conservatisme en pathologie, il s'agit désormais d'en assurer la criminalisation, à tout le moins, de judiciariser l'espace du pensable et pour cela du possible en retraduisant formellement la liberté d'expression dans le langage de la tolérance progressiste. Si les démocraties occidentales disposent depuis longtemps d'un dispositif juridique pour lutter contre les discours haineux, elles ont entrepris la construction depuis la fin des années 1990 d'un dispositif juridique supplémentaire fait pour sanctionner les critiques de la société multiculturelle [33]. L'harmonie sociale supposerait la compression explicite des libertés civiles, et principalement, parmi celles-là, la liberté d'expression, car celle-ci, inconsidérément utilisée, donnerait la possibilité de s'opposer au régime diversitaire. Et depuis l'affaire des caricatures danoises en 2005, l'appel à l'encadrement de la liberté d'expression se radicalise. Le blasphème est de retour dans les sociétés occidentales – et on devrait d'ailleurs le repenser à la lumière de l'idéologie multiculturaliste, dans la mesure où la sacralisation de ses dogmes crée de nouveaux blasphèmes qui sont au cœur aujourd'hui du système médiatique et juridique. L'appel à maintenir un héritage hier considéré comme fondateur peut se traduire dans le langage antidiscriminatoire et on ne sera pas surpris de constater que les démocraties contemporaines sont de plus en plus nombreuses à compléter leur arsenal déjà musclé pour interdire les propos « haineux » en interdisant désormais les « appels à la discrimination[34] », ce qui revient à criminaliser potentiellement la critique des valeurs dominantes de notre temps, pour peu qu'on prenne conscience de ce que le régime diversitaire appelle discrimination. Car en se portant à la défense d'une conception traditionnelle de la nation ou de la famille, on se porterait à la défense d'une structure discriminatoire entretenant les minorités dans un rapport de subordination. La prohibition des appels à la discrimination, dans les faits, conduit à la criminalisation de la défense des formes de vie traditionnelle. Les rapporteurs de mauvaises nouvelles sont désignés à la vindicte publique. Car il suffirait qu'on les croie pour que le nouveau régime, fondé sur son dogme diversitaire, soit fragilisé. Évidemment, on ne censurera pas tout formellement, mais on refusera de penser politiquement et de lier des événements qui, mis ensemble, laisseraient croire à une multiplication d'implosions sociales. Le discours officiel de l'État diversitaire radicalise paradoxalement la crise du multiculturalisme dans la mesure où il favorise sa récupération par des formations politiques qui actualisent l'antique fonction tribunitienne. Le commun des mortels a beau se faire expliquer régulièrement que ce qu'il ressent n'a aucun fondement dans la réalité, il sent le besoin de protester politiquement contre la dégradation du monde dans lequel il vit. La droite populiste émerge d'autant plus facilement que le nouveau régime exerce une forme de censure sur les crises qu'il suscite. Elle s'alimente, si on préfère, au déni de réel et au discrédit militant de ce que Laurent Bouvet a justement appelé « l'insécurité culturelle »[35].

## LES LIMITES DU CONSENSUALISME DÉMOCRATIQUE ET LE RETOUR DE LA POLITIQUE TRIBUNITIENNE

La démocratie contemporaine doit accueillir le moins possible de débats sur les questions qui animent les passions populaires et politiques[36]. Les partis de gouvernement ont intérêt à définir de la même manière la réalité, même s'ils proposent chacun leurs nuances pour entretenir la vie électorale et ses querelles nécessaires, la communication politique servant même, à bien des égards, à exacerber les tensions médiatiques autour de ces différences mineures pour dissimuler, consciemment ou non, leur adhésion commune au régime diversitaire. De même, on disqualifiera les thèmes politiques susceptibles d'engager une polarisation nouvelle pour mettre en valeur uniquement les questions socio-économiques ou juridiques – les autres questions feraient écran et diviseraient artificiellement la population autour de querelles qui seraient sans consistance, ou du moins, qui devraient demeurer dans le domaine privé. Et le néolibéralisme, qui représente l'opposition officielle à la gauche progressiste, par son matérialisme obstiné et son indifférence revendiqué aux passions humaines et aux préoccupations d'ordre historique, crée les conditions d'une dilution du politique, ou plus exactement, propose de définir la politique par le simple aménagement gestionnaire de la société des droits. C'est ce que David Brooks a nommé une politique du dépassement.

C'est un fait qu'à l'époque Bobo, les bagarres à l'intérieur des partis sont beaucoup plus vives et nombreuses que celles qui ont lieu entre les partis. [...] Au sein du Parti républicain, les modérés et les conservateurs modernes se bagarrent avec les conservateurs qui veulent repartir en guerre contre les méfaits des années 60. Dans le camp démocrate, les Nouveaux Démocrates se bagarrent avec ceux qui n'ont pas su mettre un terme à leur rejet des réformes de l'ère Thatcher-Reagan[37].

Sur les questions fondamentales, on assistera à la mise en forme d'un consensus de plus en plus ferme de l'espace politique s'articulant à la théorie de la fin des idéologies dont parlait Daniel Bell en annonçant une société refoulant vers ses marges les passions politiques qui n'auraient plus leur place devant la technicité croissante des problèmes collectifs.

L'espace politique n'est pas statique. Le territoire déserté par les uns est récupéré par les autres, et lorsque certaines aspirations populaires sont trop longtemps étouffées, elles rejailliront dans la vie publique dans un parti ou un mouvement qui trouvera les mots et la posture pour leur faire écho. La vie politique est aussi passionnelle : la neutralisation exagérée des passions risque de provoquer un engourdissement civique. Si le populisme perce dans les sociétés occidentales, c'est peut-être aussi parce qu'il répond à un désir de polarisation politique dans un système politique à ce point consensuel qu'il en vient à étouffer la vitalité démocratique. Si le conflit dans une communauté politique n'est pas institué entre deux factions dans l'élite et entre courants politiques se reconnaissant mutuellement comme légitimes, il prendra nécessairement forme, si l'on peut dire, entre les élites et le peuple – ou du moins, entre les élites dominantes et une opposition qui dénonce tous les partis du système en les mettant dans le même sac. Dès 1998, Marc Crapez notait que « [l] a droite libérale doit cesser de combattre le national populisme avec les méthodes d'une gauche elle-même influencée par l'extrême gauche. Elle doit le combattre en fonction de sa propre philosophie libérale, sans faire de concessions à une contre-propagande simpliste, sans intérioriser un antifascisme illibéral ». Crapez notait d'ailleurs que le ralliement de la droite libérale au consensus progressiste favorisait paradoxalement « l'extrême droite » dans la mesure où il la désignait comme seule alternative politique. « Car comment [la droite libérale] pourrait-elle convaincre que son positionnement de droite libérale est la meilleure orientation électorale, dès lors que l'extrême droite est à elle seule l'ennemi unique[38] ? » Crapez pose une bonne question : si l'extrême droite, ou du moins, le courant politique qu'on désigne comme tel, est le seul adversaire véritable de la démocratie contemporaine, comme l'affirment tous ceux qui militent pour la tension d'un cordon sanitaire censé la contenir loin des affaires publiques et des fonctions gouvernementales, si le populisme est la seule dynamique pouvant réellement entraîner une certaine polarisation politique, il faut donc reconnaître d'une certaine manière sa propre prétention à être la seule alternative politique à un système idéologique dominant où les grandes formations politiques sont interchangeables.

C'est l'efficacité paradoxale du populisme contemporain que de constituer politiquement les classes populaires tout en les excluant du débat public[39]. Il donne au peuple une voix, mais cette voix ne sera pas entendue, ou alors elle sera déformée. On la présentera comme une voix hurlante, bestiale, inquiétante, annonçant au mieux un être angoissé, au pire un monstre effrayant. Plus le peuple parlera, moins on voudra l'entendre : son choix politique confirmerait son handicap psychologique. Le populisme reconstitue le conservatisme politiquement tout en l'installant dans une fonction tribunitienne qui ne l'habitue pas à l'exercice du pouvoir et qui l'habitue à la protestation vaine, impuissante, au point même où ses militants rêvent du jour du grand retournement, en se réfugiant dans un fantasme politique, comme s'il était possible d'effacer par une grande décision politique les dernières décennies. En fait, la droite populiste accentue le sentiment d'aliénation des classes populaires en les entretenant, à travers une politique tribunitienne, dans une posture oppositionnelle qui les place en dissidence par rapport à l'ensemble du système politique ce qui favorise ainsi, paradoxalement, l'emprise du système idéologique dominant et des élites qui n'ont plus à intégrer dans leur calcul électoral et démocratique leurs préoccupations – les classes populaires nuiraient moins en se retrouvant dans les marges de la cité, dans une dissidence aussi durable qu'impuissante. Mais au-delà des classes sociales conservatrices, c'est tout un rapport au monde qui est proscrit : celui qui le présente comme habitable et durable. C'est la fonction protectrice du politique qui est niée, en fait – mais pour vouloir que le politique protège un monde, encore doit-on croire qu'il y a un monde à protéger, et pas seulement à réformer et à transformer. Ou plus exactement, un monde à conserver. C'est justement cette possibilité qui est niée par le nouveau régime.

# La nouvelle tentation totalitaire

> Quels que soient les groupements et la civilisation, quelles que soient les générations et les circonstances, la perte du sentiment d'identité collective est génératrice et amplificatrice de détresse et d'angoisse. Elle est annonciatrice d'une vie indigente et appauvrie et, à la longue, d'une dévitalisation, éventuellement, de la mort d'un peuple ou d'une civilisation. Mais il arrive heureusement que l'identité collective se réfugie aussi dans un sommeil plus ou moins long avec un réveil brutal si, durant ce temps, elle a été trop asservie.
>
> Julien Freund, *Politique et impolitique*

> Les empires totalitaires ont disparu avec leurs procès sanglants mais l'esprit du procès est resté comme héritage, et c'est lui qui règle les comptes.
>
> Milan Kundera, *Les testaments trahis*

À l'automne 2015, un étrange débat s'emparait du système médiatique français : assistions-nous à un renversement d'hégémonie idéologique ? La gauche, bien installée depuis plusieurs décennies dans le monde intellectuel et médiatique, voyait-elle ses positions véritablement fragilisées ? Les *nouveaux réactionnaires*, dont on déplore avec un rythme presque saisonnier l'apparition ou la réapparition, seraient-ils en train de gagner une position dominante ? Suffisait-il qu'une poignée de journalistes, d'essayistes et d'intellectuels contestent la vulgate progressiste pour que celle-ci se décompose sous nos yeux ? Était-elle si fragile qu'il suffisait qu'on s'en prenne à elle pour que ses gardiens s'effraient ? Évidemment, ces *nouveaux réactionnaires* ne se reconnaissaient pas comme tels, et rappelaient, avec quelque raison, qu'il y avait entre eux plusieurs divergences majeures. Mais vue de gauche, la chose importait peu. Comme l'a déjà noté de manière un peu exaspérée Denis Tillinac, « quoi de commun entre un libéral disciple de Hayek, un monarchiste, un conservateur anticlérical, un intégriste catho, un fasciste ? Rien. C'est le regard de la gauche qui les jette dans le même sac. Elle discrimine les droitiers respectables et d'autres qui ne le seraient pas. C'est la gauche qui définit les droites et les somme de se positionner sur son échelle de valeurs ». De la même manière, on jettera dans un même sac les patriotes laïcistes et les gaullistes conservateurs, les progressistes déçus et les traditionalistes de toujours, les héritiers de l'humanisme pédagogique et ceux qui font l'expérience terrible de l'école des banlieues.

Tous ceux qui, d'une certaine manière, sont hantés par le sentiment d'un déclin occidental risquent de subir, tôt ou tard, une forme de disqualification morale ou idéologique. Ils seront, comme on dit, renvoyés à droite, dans l'univers de la non-pensée, chez ceux avec qui on ne débat pas car leur philosophie serait fondamentalement viciée. On ne les considérera plus comme des adversaires respectables, méritant leur place dans un débat démocratique éclairé par un authentique pluralisme politique et intellectuel. C'est peut-être pour cela, d'ailleurs, qu'ils ont souvent le souci de dire qu'ils ne sont pas pour autant *passés à droite* et qu'ils ne sont en rien *réactionnaires*. La *réaction*, telle qu'on se la représente médiatiquement, ne représente pas un autre point de vue légitime sur la cité mais un moment antérieur dans l'histoire de l'humanité. Ses porte-parole seraient des retardataires historiques. L'histoire suivrait son cours et ils peineraient à suivre la cadence. L'avant-garde donnerait le pas, les autres devraient suivre à leur rythme : s'ils tardent trop, on dira qu'ils sont simplement dépassés. Pour peu qu'ils rechignent devant le changement d'époque, ils deviendront réactionnaires. La réaction se définit moins par elle-même qu'elle ne se laisse définir par ceux qui, à un certain moment de l'histoire, définissent ce qu'est la gauche et ce qui ne l'est pas. Quiconque en arrive à croire le monde commun menacé d'une manière ou de l'autre finira bien malgré lui parmi les réactionnaires désignés. C'est le sort de ceux qui ne feront pas tout ce qui est en leur pouvoir pour rester toujours à gauche. Voilà pourquoi la plupart des droites sont d'anciennes gauches. Le centre gauche d'hier est souvent le centre droit d'aujourd'hui qui sera la droite de demain et l'extrême droite d'après-demain.

Chaque régime politique s'accompagne d'une théorie de l'espace public, où les acteurs politiques sont catégorisés selon leur adhésion plus ou moins enthousiaste aux principes qui le soutiennent. Un nouveau régime qui s'installe redessine les contours de l'espace public : il distingue les contradicteurs légitimes de ceux qui ne le sont pas. Les premiers s'accommodent fondamentalement de la vision du monde sur laquelle il repose. Ce sont des opposants modérés et respectables, qui ont à cœur de se distinguer de ceux qui ne le sont pas, et qui s'efforcent de s'adapter aux critères changeants et quelquefois imprévisibles de la respectabilité politique. Ils donnent des gages à l'idéologie dominante, ils rappellent qu'ils la respectent, et qu'ils ne la remettent en question que dans ses excès, dans ses dérives. Denis Tillinac l'a remarqué, la gauche ne critique jamais ses dérives qu'à partir de ses propres ressources idéologiques. Pour reprendre ses mots, « en France, c'est toujours de la gauche que surgit la contestation d'un dogme de gauche, quand son obsolescence devient gênante [1] ». Autrement dit, il faut assurer que l'espace public se déploie à partir du progressisme et ne tolère le pluralisme idéologique que dans la mesure où il consent au respect des grands dogmes qui y sont institués. Ce n'est par exemple qu'avec la ressaisie par les nouveaux philosophes de la critique du totalitarisme que ce terme fut dépris de son caractère péjoratif, marqué « à droite » et jusqu'alors disqualifié pour cette raison. Il en est de même pour les droits de l'homme qui ne gagnèrent en légitimité qu'une fois mis de l'avant par la gauche Bernard-Henri Lévy à la fin des années 1970. De même, dans la démocratie contemporaine, le multiculturalisme n'est ainsi critiquable que de gauche. Mais critiquer le multiculturalisme en l'accusant de déconstruire le substrat culturel et identitaire d'une nation ne semble pas toléré dans un espace politique reformaté à partir de la gauche idéologique[2].

Ce qui a fait la force de la gauche idéologique dans les sociétés occidentales, c'est sa maîtrise des codes de la respectabilité médiatique et politique. C'est-à-dire, pour revenir à notre premier propos, qu'elle définit les termes de la légitimité politique. Elle délimite les frontières du pensable et de l'impensable, du dicible et de l'indicible : elle édicte les critères, par ailleurs mouvants et changeants, permettant de savoir si un propos représente une contribution positive au débat public ou s'il représente un dérapage transformant le contrevenant en individu inquiétant, peut-être sulfureux. Il faudra alors l'étiqueter idéologiquement pour mettre en garde le commun des mortels contre lui. Il ne sera admis dans la conversation civique qu'à condition d'être préalablement présenté comme un suspect : l'étiquette sert de filtre pour coder son propos, pour donner la correcte consigne d'interprétation au commun des mortels qui y prêterait l'oreille. On le présentera peut-être comme un polémiste, c'est-à-dire comme un individu cherchant la querelle pour la querelle, et multipliant les provocations simplement pour jouir de la lumière des médias. Le polémiste n'est pas un essayiste ou un intellectuel valable : c'est un trublion médiatique seulement présent pour amuser les foules, mais sans profondeur ni véritable valeur. Il participerait à la société du spectacle à la manière d'un mauvais clown. Ou alors, on le présentera comme un idéologue réactionnaire : dès lors, le mauvais sort est consacré et l'ostracisme médiatique et civique est frappé. Quiconque se retrouve avec une telle étiquette sur le dos est dès lors considéré comme l'ennemi public, et on se demandera régulièrement dans quelle mesure il est légitime ou pertinent de lui donner la parole.

D'autres formules, apparemment plus nuancées, ont la même fonction : disqualifier ceux à qui on la colle. Par exemple, on dira de tel philosophe ou de tel écrivain qu'il fait « le jeu de l'extrême droite ». C'est une forme de culpabilité par association et de complicité objective dans le crime de régression historique. Celui qui joue ce vilain rôle devient un compagnon de route par la négative d'un courant politique qui menace la démocratie. Sans s'en rendre compte, peut-être, il légitimerait des passions et des préoccupations qui alimenteraient la montée du populisme conservateur. Il contribuerait à faire céder les digues grâce auxquelles la tentation réactionnaire avait été historiquement refoulée. À tout moment, ce réactionnaire malgré lui peut basculer dans le camp des infréquentables. Comme le notait Alain Finkielkraut, tout comme il fallait, à l'époque de l'URSS, se taire sur ses crimes pour ne pas faire le jeu de la droite et de l'anticommunisme, il faudrait aujourd'hui se censurer devant les dérèglements de plus en plus graves du régime diversitaire pour ne pas crédibiliser la critique populiste[3]. Certaines thématiques seraient proscrites dans la vie publique : qui veut néanmoins s'en emparer et réfléchir à leur signification pourrait en payer le prix.

C'est tout un lexique démonologique qui est mobilisé. On utilisera aussi à l'endroit des contradicteurs trop dangereux un argument olfactif, en disant qu'ils ont des idées nauséabondes, ou encore, qu'ils sont tout simplement sulfureux, ce qui consiste à les associer à l'odeur du diable. On renifle l'adversaire, on l'accuse de puer – c'est la puanteur reconnaissable de la bête. Contre lui, on mobilisera les techniques de refoulement du malin. L'adversaire du nouveau régime diversitaire devient vite un ennemi du genre humain dont l'accession éventuelle au pouvoir sera annoncée sur un registre apocalyptique. L'évocation des heures les plus sombres de l'histoire entre dans cette catégorie : du fond de la civilisation occidentale viendrait une tentation morbide, qui toujours pourrait ressaisir les peuples s'ils ne s'en gardent pas. Une des formes les plus renversantes de cette diabolisation de la critique du multiculturalisme sera sa mise en équivalence avec l'islamisme, comme s'ils représentaient les deux facettes d'un même problème, celui du repli identitaire. C'est le propre d'une religion politique, en quelque sorte, que de reconduire dans le théâtre de l'histoire la querelle du bien et du mal, en identifiant clairement les forces qui soutiennent le premier et le second. Il faut surtout éradiquer le mal, qui se confond avec les forces venues du passé hanter le présent et empêcher l'avenir. Et plus les forces du passé seront fortes, plus il faudra lutter contre elles avec tous les moyens nécessaires. Les énergies politiques et religieuses du xxe siècle se sont réinvesties dans un nouveau projet politique qui a donné un nouveau souffle au progressisme.

Peut-être faut-il toutefois s'habituer à ce retour d'une politique existentielle où des conceptions contradictoires de la cité et de l'être humain s'affrontent ardemment. La diabolisation de l'adversaire est pratiquement inévitable, pour peu qu'on se tienne loin des comptines d'enfant d'école à propos d'une délibération démocratique exemplaire, où chacun serait suffisamment relativiste pour tolérer fondamentalement ceux qui le nient politiquement. L'idéal du respect mutuel entre des adversaires irréductibles caractérise pour le mieux la philosophie démocratique : il n'en demeure pas moins qu'il contredit directement la nature passionnelle et conflictuelle du politique, qu'on ne saurait définir seulement comme une activité managériale et consensuelle entre des hommes et des femmes de bonne volonté. À tout le moins, on ne saurait, comme l'ont cru certains optimistes, enfermer la tentation totalitaire dans le xxe siècle, comme si elle n'avait plus rien à voir avec nous. La rationalité gestionnaire qui prétend vider la politique de sa charge passionnelle ne correspond pas à une époque qui renoue avec le tragique et l'espoir libéral d'un refoulement dans l'intime de la question du sens est contredit par la réalité. La politique demeure une activité fondamentalement passionnelle. Elle ne peut même être que ça. L'utopisme, toutefois, vient absolutiser des conflits déjà passionnels en niant la possibilité même d'un compromis entre intérêts légitimes – car cela présupposerait que les différents intérêts qui se confrontent dans la cité le sont.

Mais la petite querelle française de l'automne 2015 en disait néanmoins beaucoup sur l'imaginaire de la gauche diversitaire. Elle fut longtemps si dominante qu'il lui suffit aujourd'hui de se savoir contestée pour se croire assiégée. Dès que ses adversaires ne jouent plus le jeu attendu, celui du conservatisme vaincu et pénitent ou exacerbé et désespéré, cela suscite une panique idéologique réelle et force ceux qui se lovaient dans le confort du dogme à affronter des adversaires qu'ils ne peuvent plus se contenter de caricaturer. Lorsque la droite ne cède plus à l'exigence de la modernité à tout prix, et surtout, lorsqu'elle ne se mire plus dans l'image de la gauche, pour savoir de quelle manière être aussi progressiste qu'elle, elle retrouve sa charge existentielle spécifique. C'est lorsque la droite consent à sa part conservatrice, sans pour autant se laisser enfermer dans sa fonction tribunitienne, qu'elle retrouve sa vigueur politique et philosophique. C'est à ce moment, surtout, qu'elle parvient à se déprendre théoriquement du piège que lui avait tendu le nouveau régime en l'obligeant toujours à se scinder entre sa part moralement respectable mais neutralisée et sa part contestataire et histrionique. La question du conservatisme devient dès lors fondamentale : c'est à travers elle qu'il est de nouveau possible de poser la question des fondements de la communauté politique.

Les grandes conquêtes idéologiques qu'on voulait naturaliser en les justifiant au nom du sens de l'histoire sont rouvertes politiquement. Plusieurs croyaient, avec Fukuyama, que la grande quête pour trouver le meilleur régime s'était terminée avec la démocratie diversitaire et mondialisée : on constate que ce n'est pas le cas. La question du régime est rouverte. À travers elle, c'est celle du rapport à la civilisation occidentale qui se pose. On comprend la signification des questions sociétales, portant sur la définition même de l'être humain, autour desquelles se reconstitue la polarisation politique. Elles sont généralement conçues comme des réformes de civilisation, censées nous faire passer d'un monde à un autre, de l'obscurité à la lumière, de l'oppression à la liberté, de l'homogénéité écrasante à la diversité reluisante. Paradoxalement, leurs promoteurs les présentent souvent comme des ajustements juridiques et techniques mineurs ou comme des avancées inévitables. Mais une fois consacrés par le droit, on ne saurait envisager de revenir sur ces « ajustements » : l'humanité viendrait de faire une conquête, il faudrait seulement la célébrer.

## Retour sur la question anthropologique

La question du régime ouvre sur la question anthropologique. Raymond Aron disait du communisme qu'il «posait à la France un problème politique, non spirituel[4]». Il y avait peut-être là la plus grande carence idéologique de l'anticommunisme aronien qui, s'il faisait la critique d'une «religion politique», n'en tirait pas toutes les conséquences, à la différence, à bien des égards, de ceux qui sortirent du communisme à la manière d'une conversion et qui avaient vu cette philosophie de l'intérieur. L'anticommunisme aronien se tenait généralement dans les limites de la raison libérale, même s'il ne s'y limitait pas : c'est pourtant en allant au-delà de ces limites qu'on peut le mieux comprendre la nature du péril totalitaire. De la même manière, le multiculturalisme pose non seulement un problème politique mais anthropologique, et même spirituel aux sociétés occidentales.

Le progressisme couve une tentation du fanatisme et ouvre la porte à la désignation comme ennemi public du «réactionnaire», ennemi générique dont l'hostilité au progrès révélerait l'aversion pour l'émancipation humaine. Il autorise une intolérance à prétention vertueuse. Dans un tel monde, celui qui sait ce qu'est la société parfaite ne discute pas politiquement : il multiplie les exercices pédagogiques et, lorsque la chose est nécessaire, il peut user légitimement de la violence ou de la censure, notamment pour empêcher l'expression d'opinions politiques allant à l'encontre de l'utopie telle qu'on se la représente ou du sens de l'histoire tel qu'on se l'imagine. Pourquoi celui qui a objectivement tort aurait-il droit à une tribune dans la société, en risquant ainsi de la faire régresser ? Il faut le redire : ceux qui connaissent le sens de l'émancipation humaine ont ce pouvoir immense de distinguer entre les opinions recevables et celles qui ne le sont pas. C'est le propre des religions politiques que de conduire au totalitarisme. La religion politique n'assume pas seulement la part irréductiblement sacrée, ou « religieuse », du politique : elle fonde la politique et la religion dans une même entreprise de régénération de l'homme par la transformation radicale de l'ordre social. La religion séculière propose une politique du salut qui transpose sur terre l'idée d'une rupture fondamentale dans l'histoire humaine, entre le monde de la chute et celui de la rédemption.

L'utopisme laisse croire que le mal n'est pas logé dans le cœur de l'homme, mais qu'on peut l'extraire de la société, dans la mesure où il ne serait que l'effet de mauvaises structures sociales. Un homme nouveau naîtrait suite à une rupture radicale dans le processus historique, le politique étant appelé à régénérer l'homme en aspirant la totalité de ses aspirations existentielles. C'est une révolution anthropologique. L'aspiration à la table rase qui fonde l'imaginaire progressiste – qu'est-ce qu'une révolution, sinon la prétention à recommencer l'histoire à zéro ? – s'accompagne de la prétention à la reconstruction rationnelle du social à partir de principes dont il ne sera plus permis de dévier. On évacue l'incertitude existentielle du politique censé arbitrer entre des conceptions distinctes du bien commun pour fonder la cité sur une forme de rationalisme intégral. L'utopisme dresse un idéal absolument incandescent laissant croire que l'histoire humaine jusqu'à présent s'est déroulée dans les ténèbres et qu'il faut rebâtir intégralement l'ordre social à partir d'un plan parfait dont il ne sera pas permis de déroger. D'un coup, la société est radicalement aspirée par le futur et son expérience historique est disqualifiée. Le politique ne doit plus naviguer entre l'héritage et la projection dans l'avenir mais abolir le premier au service de la seconde. On devine alors que les institutions comme les traditions sont frappées d'invalidité : elles n'ont de valeur que pratique et il est parfaitement loisible de les jeter aux poubelles de l'histoire, sans prudence ni réserve. La société est une construction purement artificielle et ses différentes institutions n'ont aucune assise anthropologique significative. C'est que l'ordre humain est désormais une pure projection de l'esprit, et doit se délivrer de l'idée de nature, qui pouvait limiter intrinsèquement la tentation à la toute-puissance des nouveaux démiurges.

En fait, on renoue ici avec la question première de la philosophie politique : sur quelle idée de l'homme repose la cité ? Évidemment, il ne s'agit pas de rabattre le progressisme d'aujourd'hui sur celui d'hier, d'en faire un simple décalque des idéologies qui ont traversé le XXe siècle, mais de voir qu'il y a dans l'utopisme même une conception démiurgique de l'action humaine. C'est une chose d'aménager la cité, de la transformer, de réformer ses institutions : c'en est une autre de prétendre créer le monde, ou d'en déconstruire un pour le recréer. Georges Pompidou, dans sa critique de mai 1968, disait que la jeunesse de gauche n'en avait plus seulement contre le gouvernement ou contre la nation, mais « contre la civilisation elle-même[5] ». Il avait bien senti, en fait, le mouvement de fond qui s'amorçait, avec cette volonté de libérer l'homme de l'histoire et de le délier de tout héritage. Le monde, jusqu'à présent, aurait été mauvais : nous ne pourrions en retenir positivement que les différentes luttes de libération dans lesquelles l'homme se serait engagé en gardant le souvenir d'une liberté lointaine, d'avant les institutions, d'avant la civilisation. La fureur nihiliste qui anime la passion de la déconstruction est tendue vers une quête religieuse de l'homme originel, de l'homme d'avant la chute, d'avant la division du monde en sexes, en religions, en civilisations, en peuples et en États. L'homme d'avant la domination, en quelque sorte, l'homme communiant pleinement avec l'humanité. L'homme d'avant le politique, aussi, dans la mesure où celui-ci, prenant au sérieux la possibilité du mal et du conflit entre les hommes, se constitue pour créer entre eux des distinctions civilisatrices. Cette anthropologie négative, qui s'imagine un homme d'autant plus libre qu'il serait absolument désincarné, représente

le soubassement philosophique du régime diversitaire. Mais l'homme délivré de la culture et de
l'histoire n'est pas libre. Il est nu, jeté seul dans un
monde qui lui est étranger, et condamné à une triste
errance.

Un ordre social représenté comme absolument
transparent, parfaitement maîtrisable, s'accompagne
inévitablement d'un pouvoir tout puissant qui préten-
dra en contrôler chaque facette et chaque dimension
pour le rendre conforme à la maquette utopique à
partir de laquelle on veut le refaçonner. La théorie
du genre, de ce point de vue, dont on a beaucoup
parlé depuis quelques années, est moins une folie
passagère adoptée par des idéologues excités que le
point d'aboutissement le plus naturel d'une philosophie politique démiurgique qui entend créer l'homme
à partir de rien, d'un retour à l'indéterminé, à l'informe, au monde d'avant le monde, à partir d'un
fantasme de toute-puissance qui en est aussi un d'autoengendrement. La furie de la déconstruction est une
furie destructrice, celle d'hommes qui se laissent hap-
per par un fantasme de toute puissance démiurgique
et qui veulent repartir le monde à zéro. Nous sommes
ici les victimes de l'utopie soixante-huitarde qui devra
un jour être considérée pour ce qu'elle fut vraiment :
un terrible fantasme régressif cherchant à redonner à
l'humanité sa pureté virginale, celle d'une enfance
non encore corrompue par la logique du monde
adulte et celle des institutions. L'homme devrait se

délivrer de la culture, et même de la nature, pour renaître à la manière d'une pure virtualité.

La question anthropologique réintroduit dans la vie politique la part de l'héritage, de la mémoire, de la culture. On pourrait parler aussi, plus largement, de la question identitaire. C'est la grande querelle de la pluralité humaine qui remonte aux origines philosophiques de la modernité. Il y a de grandes polarisations anthropologiques fondamentales, que l'on pourrait rabattre, en quelques mots, au grand parti du contrat social, auquel s'opposerait le grand parti de l'héritage et de l'enracinement. Cela va de soi, dans la politique réelle, ces deux exigences se croisent, se fécondent, s'alimentent. Le contrat sans l'héritage est déréalisant. L'héritage sans le contrat est étouffant. Dans un camp, le lien politique cherche à s'universaliser, dans l'autre, il est d'abord attentif à son historicisation. On peut néanmoins voir dans cette polarisation un clivage politique inhérent à la modernité. Mais cette tension, aussi difficile que créatrice, et qui répondait, culturellement et politiquement, aux facettes contradictoires de la nature humaine, a été progressivement liquidée. L'homme, désormais, ne doit plus être considéré comme un héritier. La pluralité humaine doit s'abolir, pour que l'homme soit partout le même, et puisque la civilisation occidentale est celle qui est à l'origine de cette division funeste du monde, et des catégories sociales et culturelles qui enferment l'homme dans un certain destin, qui l'empêche de s'autoengendrer, c'est elle qui doit d'abord se dissoudre.

Il y a au cœur du progressisme une prétention à la maîtrise absolue de la vie, et plus particulièrement de la vie sociale, comme si on pouvait abolir son mystère, comme si une société absolument transparente était possible et désirable. On assiste à une « technicisation » à outrance de la vie politique. On entend resocialiser complètement l'homme, le soumettre à un conditionnement idéologique tous azimuts. Un homme nouveau devrait en sortir. Mais en transformant l'homme en pure créature de la société, on écrase philosophiquement les conditions mêmes de sa liberté, de son épanouissement. L'homme nouveau n'est plus déterminé par le passé mais par l'avenir, par l'utopie sociale qu'entendent implanter les ingénieurs sociaux, qui disent avoir une connaissance scientifique du bien. On comprend pourquoi l'homme de gauche, raisonnable, désillusionné par son propre camp, devient souvent conservateur par la question de l'école. C'est à travers elle qu'il découvre jusqu'où va la tentation de la table rase qui rattrape inévitablement le progressisme, désireux d'en finir avec un monde trop vieux.

## L'homme comme héritier

On a beau mutiler l'homme dans ses profondeurs, il tend à renouer avec certains besoins existentiels qu'il finira par projeter dans la politique. L'homme a besoin d'ancrages et inévitablement, si on lui conteste cette aspiration fondamentale, il se tournera vers la philosophie politique qui témoigne d'une sensibilité particulière à cette quête. Si le conservatisme se réinvente à chaque époque, selon l'héritage qu'il prétend défendre, on trouve quand même en son cœur une intuition splendide : l'homme, au terme de la déconstruction culturelle et anthropologique par laquelle on souhaite le délivrer, ne serait plus rien. Louis Pauwels écrivait : « je ne suis pas un réactionnaire ; je suis un réfractaire. Je ne me rallie pas au passé ; je me relie à une conception indépassable de la citoyenneté ». On ne se tourne pas vers le conservatisme pour habiter dans un musée, mais pour retrouver la meilleure part de l'héritage, qui nous garde de la tentation démiurgique qui falsifie l'aspiration au progrès en faisant oublier à l'homme sa finitude. Le conservatisme ne serait-il finalement qu'une explicitation du donné anthropologique de toute société ? Pour reprendre les mots d'Alain Finkielkraut, « tout ce qui n'est pas rationnellement explicable ne relève pas nécessairement de la bêtise ou de l'obscurantisme. Le conservateur, autrement dit, perçoit comme une menace l'approche technicienne du monde symbolique[6] ».

Le régime diversitaire ne manque pourtant pas de moyen pour mener à terme son projet de rééducation. L'État multiculturel conserve, quoi qu'on en dise, une incroyable capacité de reconstruction sociale : il conditionne les rapports sociaux, il les façonne à travers l'histoire qu'il commémore, la sociologie qu'il place à l'origine de ses politiques et l'éducation qu'il privilégie. Mais le peuple n'est pas composé de robots que l'on peut programmer à l'infini. Il existe encore des hommes non-réformés ou qui résistent à leur rééducation. C'est que l'homme n'est jamais entièrement réformable, qu'il n'est jamais un pur produit de la société, qu'une part en lui résiste ou s'y dérobe. C'est dans cette part, qui est tout à la fois la mémoire de l'origine et l'aspiration à la transcendance, que se trouve sa possibilité de résister à la tyrannie et au totalitarisme. L'homme n'est pas absolument plastique et malléable. Plus on le heurte dans ses dispositions les plus naturelles et plus il risque de se révolter, ou du moins, d'entrer en dissidence, discrète ou bruyante. Une part de l'homme, même toute petite, résiste aux tyrannies les plus ambitieuses, qui voudraient le transformer en pure créature de la société. C'est dans cette part que se réfugient ses aspirations les plus intimes, lorsqu'il entre en dormition, lorsqu'il ne trouve plus d'issues dans la cité pour les faire valoir.

On en revient à la question nationale. L'histoire d'une communauté nationale n'est jamais strictement rationnelle, non plus que ses frontières, non plus que sa culture. S'y trouve une bonne part d'arbitraire qui se dérobe par définition à l'utopisme et à sa prétention à reconstituer la communauté politique selon les plans d'une maquette idéologique. Mais cette part d'arbitraire, l'homme l'avait traditionnellement apprivoisée en y voyant l'œuvre de l'histoire. Et puisque la société est œuvre humaine, mais n'est pas un pur artifice juridique ou social, elle n'est pas intégralement réformable selon les prescriptions d'une idéologie. L'homme reconnaissait ainsi qu'en ce monde, il ne peut pas tout changer, et qu'à moins de vouloir faire table rase, il lui fallait accepter au moins de naître dans un monde qui le précède et qui lui survivra – un monde qui par ailleurs, n'est pas détestable du simple fait qu'il soit déjà là. L'ingratitude falsifie la souveraineté en prétendant lui donner pour mission de faire advenir la société idéale, absolument pacifiée et sans contradiction, car le monde, en éradiquant ses aspérités, viendrait laminer les contradictions fécondes qui traversent la nature humaine et qui alimentent sa puissance créatrice.

Il y a des limites au constructivisme. On ne saurait réduire l'humanité à sa souffrance, comme le souhaite la gauche humanitaire, non plus qu'à sa force de travail, comme le prétend la droite néolibérale, qui voudrait réduire les populations à autant de ressources humaines à déplacer selon les exigences à la fois capricieuses et fonctionnelles du capital. On ne saurait déraciner et transplanter des peuples à loisir, sans provoquer d'immenses tensions. Le déni des cultures est un déni anthropologique grave, qui conduit, à terme, à une inintelligibilité du monde semeuse de tensions et de conflits. Le déni des cultures est un déni du réel. L'impératif de l'ouverture à l'autre, qu'on présente comme la fondation éthique du régime diversitaire, bute sur deux questions : de combien d'autres s'agit-il et de quels autres s'agit-il ? Il y a un certain paradoxe à voir l'idéologie multiculturaliste chanter la diversité du monde mais amalgamer tous les peuples dans la figure de l'autre, comme s'il y avait, fondamentalement, une interchangeabilité de toutes les cultures. Dès lors, dans la mesure où aucune n'est liée à un territoire, il suffirait d'un peu de pédagogie interculturelle pour qu'elles apprennent à cohabiter. On voit à quels désastres une telle philosophie désincarnée et étrangère aux passions humaines comme à l'histoire peut conduire.

L'utopisme entretient une psychologie politique particulière : lorsque l'utopie est désavouée par le réel, elle blâme ce dernier et entend durcir l'application de sa politique. Plus la société désavoue ses commandements, plus elle croit nécessaire de pousser loin l'expérimentation politique. La tentation totalitaire du multiculturalisme lui vient justement de ce constat d'un désaveu du réel. La question de l'immigration, de ce point de vue, est une des plus importantes de notre temps, parce qu'elle rappelle à sa manière la part irréductible de chaque culture, ce qui ne veut pas dire non plus qu'elles soient imperméables entre elles. La réalité désavoue cette fiction idéologique maquillée derrière la référence au vivre ensemble. On a beau chanter la multiplication des identités qui témoignerait d'une floraison des minorités dans une société ouverte à chacun de ses membres, on constatera surtout une désagrégation du corps politique, un éclatement de la cité qui ne parvient plus à assumer une idée historiquement enracinée du bien commun. Et on ne peut se contenter de décréter folle la population qui fait l'expérience de cette crise, en disant qu'elle vit dans un fantasme désavoué par les statistiques officielles. On doit bien le constater, les sciences sociales peuvent tout autant masquer la réalité que la dévoiler. Elles jouent souvent, aujourd'hui, une fonction déréalisante qui consiste à masquer la crise du multiculturalisme.

La philosophie politique moderne, si dépendante du mythe du progrès, ne repose-t-elle pas, en dernière instance, sur une conception faussée de la nature humaine, en prétendant définir l'homme à l'extérieur de toute filiation ? C'est le rapport à l'histoire et à l'héritage qui se joue. Doit-on considérer l'héritage comme un formatage compressant l'individu et ses possibilités existentielles, l'empêchant d'exprimer sa véritable authenticité en l'assignant à un rôle social réducteur ? Ou doit-on y voir un passage fondamental sans lequel l'individu est condamné à la sécheresse culturelle, à une vie vide de sens, comme s'il se croyait premier venu sur terre, et aussi, dernier à y passer, ce qui le dispenserait d'avoir à préserver ce qu'on lui a transmis, pour le transmettre à son tour. Le souci qu'a un philosophe comme Pierre Manent de croiser la question du corps politique et celle de l'âme doit beaucoup à la philosophie politique classique – elle donne ses droits non seulement au désir de participation civique, mais elle rappelle aussi qu'une part de l'homme sera laissée en déshérence si elle ne s'investit pas dans la cité. C'est, aussi étrange que cela puisse paraître, la condition de la liberté politique.

## Les fondements conservateurs de la démocratie

Il y a un angle mort dans le grand récit du dernier siècle : c'est que la démocratie libérale ne s'est pas défendue toute seule contre ceux qui voulaient l'abattre. Pour l'essentiel, ce n'est pas l'hédoniste jouisseur qui a résisté contre la fascinante capacité du totalitarisme à pulvériser l'existence humaine, à avilir l'âme des hommes en les habituant à consentir à leur asservissement, à leur mise en esclavage. Si l'Occident a triomphé contre le communisme, on peut dire qu'à l'intérieur de la civilisation occidentale, c'est le camp soixante-huitard qui s'est imposé. Le paradoxe, c'est que les soixante-huitards laissés à eux-mêmes auraient été incapables de défendre la société dont ils profitaient : ils ont tiré les avantages d'une victoire qui n'était pas la leur et qu'ils n'hésitent pas à diaboliser. Ils sont à ce point convaincus des vices de la civilisation occidentale qu'ils ont tendance à donner raison à ceux qui l'attaquent, en les présentant comme de pauvres victimes de l'exclusion ou de la discrimination. Ce qu'on veut oublier, ici, c'est que la société libérale ne se maintient pas d'elle-même, que la démocratie, si elle est un régime, et si elle marque inévitablement les mœurs, ne saurait définir à elle seule notre civilisation.

Lorsqu'on s'en prend à la souveraineté nationale, à l'identité historique des peuples, à la transmission culturelle ou aux racines civilisationnelles du monde occidental, on sabote plus ou moins consciemment ce qui a permis à la démocratie de survivre, ce qui l'alimentait. Les hommes ne luttèrent pas contre le totalitarisme seulement pour sauver leurs droits, mais aussi pour défendre leur pays, leur culture, leur civilisation. On a voulu retenir du combat démocratique la seule lutte pour les droits de l'homme, et de ces derniers, une conception bien particulière. Un corps politique n'est pas une structure juridique vide et on ne le décharne qu'en l'appauvrissant terriblement. Le radicalisme éthique dont se désole Pierre Manent conduit les nations à ne plus savoir lire et décoder leurs propres intérêts – pire, lorsqu'elles les ressentent néanmoins, elles en éprouvent une certaine gêne, parce qu'elles feraient preuve alors d'égoïsme, en se rappelant que les intérêts d'un peuple ne coïncident jamais parfaitement avec ceux qu'on prête à l'humanité. Une telle mauvaise conscience ne peut venir que d'un oubli aussi bête que cruel de la pluralité humaine, qui devrait naturellement amener chaque peuple à perpétuer son identité et à défendre ce qu'il croit être son intérêt vital. Un peuple qui ne se définit que par des valeurs universelles, républicaines ou pas, est en voie de ne plus en être un et de se laisser définir comme une société interchangeable dans le grand paysage de l'humanité mondialisée.

Une communauté politique ne saurait se définir exclusivement par les principes qui prétendent la fonder ou par une Charte des droits, comme on le soutient de plus en plus fréquemment. L'intérêt porté dans la démocratie contemporaine à la laïcité et à l'égalité entre les hommes et les femmes peut et doit être compris à cette lumière. À travers celles-ci, c'est la question des mœurs qui resurgit : une nation n'est pas une population interchangeable qu'on pourrait dissoudre par coquetterie dans le grand brassage démographique planétaire. Un peuple, c'est une histoire, mais c'est aussi, malgré l'éclatement de la société contemporaine, une certaine manière de vivre. S'intégrer à un peuple, c'est prendre le pli de sa culture et s'approprier ses mœurs.

Régis Debray, dans *Un candide à sa fenêtre*, avait justement souligné que

> Les sociétés ont des poussées de fièvre. Ce sont des organismes et non des machines plus ou moins bien huilées, que des ingénieurs peuvent réparer et faire repartir à tout instant que le moteur se grippe. Elles naissent, grandissent, dépérissent – et renaissent difficilement. Mais contrairement aux machines, qui se programment, elles peuvent faire des miracles et des folies – dont certaines monstrueuses. Cela ne se calcule pas. Tout vivant est une aventure, non une affaire comptable[7].

La méditation sur la résistance des petites nations d'Europe de l'Est peut nous mener loin : c'est en ancrant la défense de leur liberté politique dans celle de leur patrimoine spirituel et de leur identité nationale et religieuse qu'elles ont combattu le totalitarisme. Les petites nations témoignent d'un certain rapport qui tranche avec l'esprit de l'époque : elles se définissent dans le sentiment qu'elles ont de leur singularité culturelle, et n'ont jamais l'illusion de se croire immédiatement universelles. Conscientes aussi de leur précarité existentielle, elles se donnent un objectif modeste qui n'est pas sans grandeur : conserver un monde de sens hérité, précieux, mais fragile. En se coupant de ces réalités profondes, en voulant absolument considérer la société simplement comme un artifice juridique et administratif, sans épaisseur historique et existentielle, c'est la liberté elle-même qu'on coupe de ses sources. Une démocratie déracinée, étrangère au patriotisme et à la mémoire, et seulement faite d'individus repliés sur leurs droits, sera probablement incapable de se défendre le jour où elle sera vraiment attaquée. On le voit aujourd'hui devant le péril islamiste.

Mais c'est cette résistance non-libérale – et non pas antilibérale – au communisme qui semble aujourd'hui oubliée ou passée à la trappe. Ou plutôt, on devrait dire qu'elle l'est depuis un bon moment. On l'a vu entre autres avec le sort réservé à Soljenitsyne dans les démocraties occidentales. On l'avait accueilli en héros car on voyait en lui un rescapé admirable des camps soviétiques, ce qu'il était, naturellement. Mais quand on a découvert qu'il n'était pas seulement un droit-de-l'hommiste, mais un *réactionnaire* impénitent, croyant à la nécessaire régénérescence spirituelle des sociétés occidentales qu'il voyait s'avachir dans la consommation et l'hédonisme le plus vulgaire, on lui a alors inventé des sympathies fascistes[8]. Celui qui pestait contre le déclin du courage n'était finalement plus le bienvenu à l'Ouest : n'était-il pas finalement un intégriste ? On ne pouvait s'imaginer, en quelque sorte, qu'on résiste honorablement au communisme à partir d'une autre posture que celle de la gauche libérale. On ne pouvait tolérer ce qui semblait bien être une parole prophétique. Aujourd'hui, on ne sait plus trop quoi faire de sa mémoire, et chose certaine, on n'y fait référence positivement qu'à condition de la cadrer avec les exigences mémorielles du nouveau régime.

Même le panthéon occidental des héros de la liberté politique passe à la lessiveuse ceux qu'il veut consacrer. On les dépouille de leur particularité, on les coupe de leurs convictions, et on se fabrique des héros comme il faut. Quitte à trahir leur mémoire. On aseptise la mémoire des grands hommes pour expurger la mémoire collective. Le sort réservé à Winston Churchill et au général de Gaulle est à cet égard renversant. Le premier était un patriote admirable attaché à l'empire britannique et qui se désolait de sa décomposition. Au moment de la Deuxième Guerre mondiale, il se présentait non seulement comme le défenseur de l'individu britannique, mais comme celui de la civilisation occidentale. Non pas qu'il ne crût pas en l'individu : mais il défendait la civilisation qui en avait accouché et dans laquelle il s'inscrivait[9]. On imagine mal Churchill, unanimement célébré, vanter les mérites d'une Grande-Bretagne pénitente, multiculturelle, exécrant la mémoire de son empire. Le deuxième était un général attaché à la France historique, et pas seulement à la France des droits de l'homme. Son engagement pour l'honneur de la France est absolument intraduisible et inintelligible dans une époque qui n'y verrait qu'un nationalisme exacerbé. On a ripoliné leur souvenir en les transformant en libéraux aseptisés annonçant pour le mieux la société des droits de l'homme. La plupart de ceux qu'on célèbre comme des héros démocratiques seraient aujourd'hui classés parmi les conservateurs populistes qui menacent la démocratie. On défilerait contre eux, on manifesterait, on multiplierait les slogans. Ceux qui voudraient s'inspirer d'eux, et particulièrement du second, devraient se rappeler que c'est en contestant les termes mêmes de la légitimité politique dominante qu'il est parvenu à mener une politique de refondation nationale.

Il faut réapprendre à penser la singularité de chaque culture, sa profondeur historique et peut-être même, ce que chacune a d'irréductible. La mémoire politico-historique est la transcendance à la portée des modernes : elle est condition même de la pérennité d'une communauté politique, qui découvre un jour qu'elle est gardienne de quelque chose de très précieux : un rapport au monde. Elle rappelle l'importance du donné, de la dette, de la gratitude. Sans elle, la modernité s'affole et sectionne les liens entre l'homme et la cité. C'est l'utopisme et le désir de déraciner l'homme pour le faire renaître dans un paradis enfin advenu sur terre qui est le fil conducteur du totalitarisme. C'est la part maudite de la modernité, sa part folle, si on préfère. L'homme peut certainement améliorer le monde, l'organiser, le transformer, l'amender. Jamais il ne doit se laisser enfermer dans un monde pour de bon fixé. Mais l'homme ne saurait créer le monde non plus que se créer lui-même. La conscience de sa finitude n'est pas un obstacle à abattre, mais la condition même de son humanité. Son ancrage dans une identité sexuée et historique n'est pas une négation de son génie créatif, mais la condition même de son inscription dans le monde.

Le multiculturalisme comme religion politique écrit une nouvelle page dans l'histoire de l'assujettissement de l'homme et dans la tentative de le décharner pour le libérer.

L'antitotalitarisme est une tradition de pensée avec laquelle renouer.

# Notes

## L'OCCIDENT DIVERSITAIRE

1. Guglielmo FERRERO, *Pouvoir. Les génies invisibles de la cité*, Paris, Plon, 1943.

2. Shmuel TRIGANO, *La nouvelle idéologie dominante*, Paris, Herman, 2012.

### CHAPITRE 1 – LE MALAISE CONSERVATEUR OCCIDENTAL

1. Paul YONNET, *Voyage au cœur du malaise français*, Paris, Gallimard, 1993.

2. Nicolas SARKOZY, *Libre. La droite au cœur*, Robert Laffont, Paris, 2001.

3. Sur la campagne de Nicolas Sarkozy et le rôle d'Henri Guaino, on lira Yasmina REZA, *L'aube, le soir ou la nuit*, Paris, Flammarion, 2007. On lira aussi Carole Barjon, « Le gourou de Sarko », *Le Nouvel Observateur*, 15 novembre 2007. À propos de Patrick Buisson, on consultera Éric Mandonnet, Romain Rosso et Ludovic Vigogne, « Patrick Buisson, le conseiller en transgression de Sarkozy », *L'Express*, 25 septembre 2008, Carole Barjon, « Patrick Buisson : le stratège de l'ombre », *Le Nouvel observateur*, 25 septembre 2008. On pourra aussi se référer à Vanessa SCHNEIDER et Arianne CHEMIN, *Le mauvais génie*, Paris, Fayard, 2015.

4. Régis DEBRAY, *Le code et le glaive*, Paris, Albin Michel, 1999. Gérard NOIRIEL, *À quoi sert l'identité nationale*, Marseille, Agone, 2007.

5. Éric ZEMMOUR, *Le livre noir de la droite*, Paris, Grasset, 1999. Max GALLO, *Fier d'être français*, Fayard, 2006 ; Laurent Joffrin, « Les néoréacs », *Le Nouvel Observateur*, 1er décembre 2005 ; Aude Lancelin, « Intellos : la vague droitière », *Le Nouvel Observateur*, 1er décembre 2005.

6. Philippe Manière avait sonné l'alarme après le tremblement de terre présidentiel de 2002 : il ne faudrait plus laisser à l'extrême droite le

monopole du français courant, celui qui sert à désigner les problèmes plutôt qu'à les occulter. Philippe MANIÈRE, *La vengeance du peuple*, Paris, Plon, 2002, p. 49.

7. Jacques JULLIARD, *La faute aux élites*, Paris, Gallimard, 1997.

8. Serge AUDIER, *La pensée anti-68*, Paris, La découverte, 2008.

9. Jean-Pierre LE GOFF, *La France morcelée*, Paris, Gallimard, 2007, p. 59.

10. Alain Finkielkraut, «Nous vivons la fin de la fin de l'histoire», *Le Figaro*, 20 novembre 2015.

11. Sur le mythe de la décadence, on consultera le maître ouvrage de Julien FREUND, *La décadence*, Paris, Sirey, 1984.

12. Walter LAQUEUR, *The Last Days of Europe. Epitath for an Old Continent*, New York, Thomas Dunne Books/St. Martin, 2007.

13. Kevin PHILIPPS, *The Emerging Republican Majority*, New Rochelle, Arlington House, 1969.

14. Raymond ARON, *Plaidoyer pour l'Europe décadente*, Paris, Robert Laffont, 1977, p. 432.

15. Christopher LASCH, *Le seul et vrai paradis. Une histoire de l'idéologie du progrès et de ses critiques*, Paris, Climats, 2002, p. 431-483.

16. Jacques FOCCART, *Journal de l'Élysée. Le Général en Mai*, Paris, Fayard-Jeune Afrique, 1998 ; J.-R. TOURNOUX, *Le mois de mai du Général*, Paris, Plon, 1969, ainsi que les propos rapportés par Alain Peyrefitte dans *C'était de Gaulle*, Paris, Gallimard, 2002, p. 1593-1766.

17. Alain PEYREFITTE dans *C'était de Gaulle*, Paris, Gallimard, 2002, p. 1679.

18. *Ibid.*, p. 1693.

19. Maurice DRUON, *Circonstances politiques*, Monaco, Éditions du Rocher, 1998, p. 70.

20. *Ibid.*, p. 71.

21. Georges POMPIDOU, *Le nœud gordien*, Paris, Plon, 1974, p. 21-39.

22. *Ibid.*, p. 27-28. Dans une lettre à François Mauriac, Pompidou écrira aussi : «Comme vous le dites, quand on cherche à aller au fond des choses, c'est bien du désarroi de l'homme sans Dieu que nous avons été témoins. C'est dire que la solution n'est pas facile ni, peut-être, à notre portée. L'absurdité apparente des revendications et des manifestations recouvre un drame profond, dont j'ai eu clairement conscience et qui m'a fait ressentir le poids terrible que portent ceux qui prétendent gouverner un pays sans être sûrs eux-mêmes du but vers lequel ils tendent ni que ce but réponde aux aspirations des hommes». Georges POMPIDOU, *Pour rétablir une vérité*, Paris, Flammarion, 1982, p. 242.

23. Georges POMPIDOU, *Le nœud gordien*, Paris, Plon, 1974, p. 28.

24. *Ibid.*, p. 36.

25. Maurice DRUON, *Circonstances politiques*, Monaco, Éditions du Rocher, 1998, p. 80, 74.

26. Michel DEBRÉ, *Mémoires: gouverner autrement*, Paris, Albin Michel, 1993, p. 204.

27. Dans *La France aux ordres d'un cadavre*, paru en 2000, aux Éditions du Rocher, Maurice Druon demeurait néanmoins accroché à cette hypothèse, à tout le moins, il se refusait à la révoquer clairement.

28. Georges POMPIDOU, *Le nœud gordien*, Paris, Plon, 1974, p. 22.

29. Maurice DRUON, *Circonstances politiques*, Monaco, Éditions du Rocher, 1998, p. 73.

30. Raymond ARON, « Liberté, libérale ou libertaire », dans Keba M'Baye, *La liberté et l'ordre social*, Neuchâtel, Éditions de la Baconnière, 1969, p. 109.

31. Raymond ARON, *Les désillusions du progrès*, Paris, Calmann-Lévy, 1969, p. 147.

32. Raymond ARON, *La Révolution introuvable*, Paris, Fayard, 1 968, p. 26.

33. *Ibid.*, p. 152.

34. Raymond ARON, « Liberté, libérale ou libertaire », dans Keba M'Baye, *La liberté et l'ordre social*, Neuchâtel, Éditions de la Baconnière, 1969, p. 110.

35. Raymond ARON, *Plaidoyer pour l'Europe décadente*, Paris, Robert Laffont, 1977, p. 420.

36. Raymond ARON, *Plaidoyer pour l'Europe décadente*, Paris, Robert Laffont, 1977, p. 23. Reprenant le même constat au soir de son existence, Raymond Aron ajoutait que « le titre du livre, Plaidoyer pour l'Europe décadente [...] ne rend un son étrange que dans une époque imprégnée de marxisme, ou, plus généralement, de progressisme. L'homme de gauche typique, depuis le XIXe siècle, n'a pas rompu avec les grands ancêtres, il refuse pour ainsi dire instinctivement l'hypothèse d'une contradiction entre le cours de l'Histoire et les aspirations des hommes de bonne volonté ». Raymond ARON, *Mémoires*, Paris, Julliard, 1983, p. 669.

37. *Ibid.*, p. 420, 421.

38. Plus tard, cette sensibilité migrera vers la revue *Commentaire*, qui était toutefois moins conservatrice et plus libérale. Gwendal Chaton, « Désaccord parfait. Le contrepoint libéral dans la configuration intellectuelle des années 1970 », à paraître.

39. Jacques ELLUL, *Trahison de l'Occident*, Paris, Calmann-Levy, 1975, p. 15.

40. Jean-François REVEL, *Comment les démocraties finissent*, Paris, Grasset, 1983, p. 16.

41. Julien FREUND, *La fin de la renaissance*, Paris, PUF, 1980, p. 5, 7.

42. Pierre MANENT, *Tocqueville et la nature de la démocratie moderne*, Paris, Gallimard, 1993, p. 3

43. Sur Tocqueville, on consultera Pierre MANENT, *Tocqueville et la nature de la démocratie*, Paris, Gallimard, 1993, Raymond BOUDON, *Tocqueville aujourd'hui*, Paris, Odile Jacob, 2005. André Jardin, *Tocqueville, 1805-1859*, Paris, Hachette, 2004. On lira aussi Serge AUDIER, *Tocqueville retrouvé. Genèse et enjeux du renouveau tocquevillien français*, Paris, Vrin/EHESS, 2004.

44. Alexis DE TOCQUEVILLE, *De la démocratie en Amérique*, Paris, GF-Flammarion, 1981, p. 385.

45. Nous le distinguerons d'un libéralisme exalté, moderniste, utopiste même, reconnaissable dans une tradition qui mène de Frédéric Bastiat jusqu'à Pascal Salin. Robert LEROUX, *Lire Bastiat*, Paris, Hermann, 2008 ; Pascal Salin, *Libéralisme*, Paris, Odile Jacob, 2000.

46. Alain BESANÇON, « Souvenirs et réflexions sur mai 1968 », Commentaires, no122, été 2008, p. 516, 519.

47. Dominique SCHNAPPER, *La démocratie providentielle*, Paris, Gallimard, 2002, p. 263-264.

48. François FURET, *Le passé d'une illusion*, Paris, Fayard, 1995, p. 809.

49. Marcel GAUCHET, *L'avènement de la démocratie : la révolution moderne*, Paris, Gallimard, 2007, p. 36.

50. *Ibid.*, p. 9.

51. *Ibid.*, p. 13.

52. Marcel GAUCHET, *La démocratie contre elle-même*, Paris, Gallimard, 2002, p. V-VI.

53. *Ibid.*, p. XII.

54. *Ibid.*, p. 279.

55. Marcel GAUCHET, *L'avènement de la démocratie : la révolution moderne*, Paris, Gallimard, 2007, p. 10.

56. Marcel GAUCHET, *L'avènement de la démocratie : la révolution moderne*, Paris, Gallimard, 2007, p. 17.

57. Marcel GAUCHET, *La démocratie contre elle-même*, Paris, Gallimard, 2002, p. I-II.

58. Marcel GAUCHET, *La démocratie contre elle-même*, Paris, Gallimard, 2002, XVII.

59. Jean-Pierre LE GOFF a noté cette hyperidéologisation de la politique chez ceux qui auront suivi le parcours du maoïsme jusqu'au droit-de-l'hommisme. Jean-Pierre LE GOFF, *Mai 68, l'héritage impossible*, Paris, Éditions La Découverte, p. 409-419.

60. Jacques BEAUCHEMIN, *La société des identités*, Athéna Éditions, 2004, p. 127.

61. Marc Crapez a bien montré, par ailleurs, l'existence d'une tradition intellectuelle très critique du totalitarisme qui dès les années 1920, décrypte ce qu'on appellera la vraie nature du marxisme théorique et appliqué. Marc CRAPEZ, *Je suis un contrariant*, Paris, Michalon, 2016.

62. Il faut noter que cette assimilation de la modernité à la démocratie et de la démocratie à un mouvement d'expansion de l'égalitarisme rejoint la droite réactionnaire américaine qui situe aussi l'histoire de la modernité dans cette perspective. Cette vision de l'histoire est tournée de telle manière qu'elle amène toujours la droite à consentir aux victoires de la gauche, dans la mesure où elle se laisse intimider par le mythe d'un progrès qu'elle pourrait au mieux ralentir pour en atténuer éventuellement les effets. On trouvera notamment dans la pensée de la droite la plus conservatrice une assimilation de la démocratie libérale et du socialisme dans la mesure où les deux auraient pris forme dans la matrice de l'égalitarisme démocratique. La droite conservatrice donne ainsi paradoxalement raison à la gauche communiste : la démocratie trouverait sa vérité profonde dans l'égalitarisme radical, dans le socialisme. De ce point de vue, encore une fois, 1917 ne serait que la promesse tenue de 1789. Par exemple, James KALB, *The Tyranny of Liberalism*, IHS Press, 2009. Dans une perspective plus libérale : Kenneth MINOGUE, *The Servile Mind : How Democracy Erodes Moral Life*, San Francisco, Encounters Books, 2010.

63. Daniel BELL, *The End if Ideology*, Cambridge, Harvard University Press, 2000.

64. Francis FUKUYAMA, *La fin de l'histoire et le dernier homme*, Paris, Flammarion, 1993.

65. Raymond ARON, *L'Opium des intellectuels*, Paris, Calmann-Lévy, 1955, p. 322.

66. Georges POMPIDOU, *Le nœud gordien*, Paris, Plon, 1974, p. 36.

67. Maurice DRUON, *Circonstances politiques*, Monaco, Éditions du Rocher, 1998, p. 76.

68. Ronald INGLEHART, *The Silent Revolution : Changing Values and Political Styles Among Western Publics*, Princeton, Princeton University Press, 1977.

69. Alain TOURAINE, *Le mouvement de mai ou le communisme utopique*, Paris, Seuil, 1968.

70. Paul YONNET, « La sortie de la Révolution », Le Débat, numéro 160, mai-août 2010, p. 38.

71. Philippe RAYNAUD, *L'extrême-gauche plurielle*, Paris, Autrement, 2006, p. 29-30.

72. Les définitions de la guerre culturelle sont nombreuses, évidemment, dans une politologie conservatrice qui s'est questionnée sur la transformation radicale de la société au cours du dernier demi-siècle. L'une de

ces définitions se contente de constater que la culture est devenue un champ de bataille, entre d'un côté, les mouvements de sensibilité libertaire et d'autres, porteurs d'une contre contre-culture conservatrice, attachée à la défense des formes sociales traditionnelles. On retrouve cette vision de la guerre culturelle notamment dans James Davidson Hunter, James Davison Hunter, *Culture Wars. The Struggle to Define America*, Basic Books, 1991. James DAVISON HUNTER, *Culture Wars. The War to Define America*, Basic Books, 1991. Hunter reviendra sur la question de la guerre culturelle dans un ouvrage ultérieur où il rassemblera les contributions de certains de ses théoriciens qui en profiteront pour en amender la définition. James DAVISON HUNTER et Alan WOLFE, *Is There a Culture War ?*, Washington, Brooking Institution Press, 2006.

73. Paul YONNET, « La sortie de la Révolution », *Le Débat*, numéro 160, mai-août 2019, p. 41.

## CHAPITRE 2 – LA MUTATION DE LA GAUCHE OU LE MOMENT 68

1. Sur l'histoire de l'Union soviétique et les relations complexes entre la Russie et le socialisme, on consultera Martin MALIA, *La tragédie soviétique. Histoire du socialisme en Russie*, Paris, Seuil, 1995. On consultera aussi le classique de Michel HELLER *L'utopie au pouvoir. Histoire de l'URSS de 1917 à nos jours*, Paris, Calmann-Lévy, 1985. On pourra aussi consulter, sur la prétention soviétique à constituer une société radicalement nouvelle, remaniant intégralement la pâte humaine, encore une fois de Michel HELLER, *La machine et les rouages. La formation de l'homme soviétique*, Paris, Calmann-Lévy, 1985.

2. François FURET, *Le passé d'une illusion*, Paris, collection Bouquin, Robert Laffont, p. 577-620.

3. Sur la question, on consultera l'ouvrage remarquable de Richard Gid Powers, consacré à l'histoire de l'anticommunisme américain, Richard Gid Powers, *Not Without Honor. The History of American Anticommunism*, New Haven, Yale University Press, 1998, p. 117-154. On s'intéressera principalement au parcours de Frank Meyer, retracé dans la biographie qui lui a été consacrée par Kevin J. Smant, *Principles and Heresies*, Wilmington, ISI Books, 2002, p. 1-18. On peut aussi consulter la biographie de James Burnham qui retrace aussi son parcours dans la mouvance trotskiste. Daniel KELLY, *James Burnham and the Struggle for the World*, Wilmington, ISI Books, 2002, p. 41-62. On consultera enfin de John P. Diggins, *Up From Communism. Conservative Odysseys un American Intellectual Development*, New York, Columbia University Press, 1994. Aussi, on pourra consulter Pierre GRÉMION, *Intelligence de l'anticommunisme. Le Congrès pour la liberté de la culture à Paris*, 1950-1975, Paris, Fayard, 1995.

4. Leszek KOLALOWSKI, *Main Currents of Marxism*, W.W. Norton & Company, 2005, p. 881-933.

5. On consultera sur la question « The Durable Misconceptions of the Soviet Union » dans Paul Hollander, *The Survival of the Adversary Culture*, Transaction Books, 1988, p. 54-79.

6. Sur le tourisme idéologique, on consultera l'ouvrage remarquable de François Hourmant, *Au pays de l'avenir radieux. Voyage des intellectuels français en URSS, à Cuba et en Chine populaire*, Paris, Aubier, 2000. Paul Hollander a aussi considérablement écrit sur les nombreuses migrations de l'idée révolutionnaire au XXᵉ siècle. On consultera notamment « The Durable Signification of Political Pilgrimage », un texte repris dans Paul Hollander, *Discontents. Postmodern & Postcommunist*, New Brunswick, Transaction Publishers, 2002, p. 91-103. On consultera évidemment son classique Political Pilgrims. *Western intellectuals in Search of the Good Society*, New Brunswick, Transaction publishers, 1998.

7. Raymond ARON, *L'opium des intellectuels*, Paris, Calmann-Lévy, 1955, p. 9.

8. Jules MONNEROT, *Sociologie du communisme*, Paris, Gallimard, 1963, p. 98, Karl WITTFOGEL, *Le despotisme oriental*, Paris, Éd. de Minuit, 1964.

9. Michel HELLER et Aleksandr NEKRICH, *L'utopie au pouvoir. Histoire de l'URSS de 1917 à nos jours*, Paris, Calmann-Lévy, 1985.

10. Michel HELLER, *La machine et les rouages. La formation de l'homme soviétique*, Paris, Calmann-Lévy, 1985.

11. Jules MONNEROT, *Sociologie de la Révolution*, Paris, Gallimard, 1969, p. 680.

12. Stéphane COURTOIS (dir.), *Le livre noir du communisme*, Paris, Robert Laffont, 1999.

13. On notera que la gauche bolchevique n'a cessé de chercher une destination nouvelle où faire migrer ses aspirations utopistes, bien après le désenchantement par rapport à l'URSS. La passion cubaine, chinoise, africaine, puis albanaise, d'un certain socialisme occidental, qui n'en finissait plus de chercher la société idéale dans les sociétés récemment décolonisées permet de mieux comprendre le tiers-mondisme qui ne fut jamais rien d'autre qu'un socialisme à rabais dont la forme contemporaine semble renaître à travers la fascination altermondialiste pour Porto Alegre et le socialisme sud-américain. Sur la dimension migratrice de l'utopie communiste, on lira Paul Hollander, *Political Pilgrims : Travels of Western Intellectuals to the Soviet Union, China, and Cuba*, Cambridge, Oxford University Press, 1981.

14. Maurice MERLEAU-PONTY, *Humanisme et terreur. Essai sur le problème communiste*, Paris, Gallimard, 1947, p. XVII.

15. *Ibid.*, p. (XI), X. .

16. Edgar MORIN, *Autocritique*, Paris, Seuil, 1975, p. 147.

17. *Ibid.*, p. 13.

18. *Ibid.*, p. 148.

19. Ce qu'a remarquablement noté François Furet en écrivant que « l'idée du communisme n'a cessé de protéger à toutes ses époques l'histoire du communisme jusqu'à ce moment ultime où la seconde, par l'arrêt pur et simple de son cours, a entraîné la première dans sa disparition, puisqu'elle l'avait si longtemps incarnée ». François FURET, *Le passé d'une illusion*, Paris, collection Bouquin, Robert Laffont, p. 1076.

20. Pour une histoire de l'évolution particulière du marxisme français dans l'après-guerre, on consultera le chapitre Le marxisme français (1945-1975) dans Tony JUDT, *Le marxisme et la gauche française (1930-1981)*, Paris, Hachette, 1987, p. 181-245.

21. Jacques ELLUL, *De la révolution aux révoltés*, Calmann-Lévy, 1972, p. 22.

22. Raymond ARON, *Plaidoyer pour l'Europe décadente*, Paris, Robert Laffont, 1977. p. 34.

23. Serge MALLET, *La nouvelle classe ouvrière*, Seuil, 1969.

24. Nicos POULANTZAS, *Les classes sociales dans le capitalisme aujourd'hui*, Seuil, 1974.

25. Louis ALTHUSSER, Jacques RANCIÈRE et Pierre MACHEREY, *Lire le Capital. T.1*, François Maspero, 1966, 256 p., Louis ALTHUSSER, Jacques RANCIÈRE et Roger ESTABLET, *Lire le Capital. T.2*, François Maspero, 1966, 401 p.

26. Herbert MARCUSE, *Contre-révolution et révolte*, Paris, Seuil, 1972, p. 52.

27. *Ibid.*, p. 53.

28. Jules MONNEROT, *Sociologie du communisme*, Paris, Gallimard, 1963.

29. *Ibid.*, p. 19-85.

30. *Ibid.*, p. 680.

31. Jacques ELLUL, *De la Révolution aux révoltes*, Paris, Calmann Lévy, 1972, p. 21.

32. Herbert MARCUSE, *L'homme unidimensionnel*, Paris, Les éditions de Minuit, 1968, p. 280.

33. *Ibid.*, p. 280.

34. Herbert MARCUSE, *Contre-révolution et révolte*, Seuil, 1973, p. 15.

35. *Ibid.*, p. 58.

36. *Ibid.*, p. 66.

37. *Ibid.*, p. 47.

38. Gombin soutiendra aussi que la pratique révolutionnaire associée au Parti communiste, avec sa direction centralisée et professionnelle serait pratiquement épuisée. Il faudrait désormais une pratique révolutionnaire autonome, ouverte à la multiplication des subjectivités qui irriguent la société et permettent de l'apercevoir par ses marges et recoins,

dans une toute autre perspective que celle officiellement associée à la lutte des classes. « La lutte pour un monde nouveau ne pourra utiliser les instruments révolutionnaires réifiés du mouvement d'opposition hérité du passé. L'irruption de la subjectivité dans la revendication quotidienne rend impossible la conciliation avec le principe d'une direction révolutionnaire : la conquête de l'autonomie des luttes est la première conquête du révolutionnaire conscient ». Richard Gombin, *Les origines du gauchisme*, Paris, Seuil, 1971, p. 179. Les frères Cohn-Bendit ont aussi accusé le PCF, en revenant sur les événements de mai 1968, d'une pratique politique « contre-révolutionnaire ». Daniel et Gabriel COHN-BENDIT, *Le gauchisme, remède à la maladie sénile du communisme*, Paris, Seuil, 1968, p. 164-217.

39. Jacques ELLUL, *De la révolution aux révoltés*, Paris, Calmann-Lévy, 1972, p. 28.

40. *Ibid.*, p. 11-63.

41. Jules MONNEROT, *Sociologie de la Révolution*, Paris, Fayard, 1969, p. 680.

42. *Ibid.*, p. 681.

43. Mouffe et Laclau accuseront ainsi le marxisme d'avoir atrophié le potentiel révolutionnaire des sociétés occidentales Chantal MOUFFE et Ernesto LACLAU, *Hegemony and socialist strategy. Towards a radical democratic politics*, Verso, 2001, p. VIII.

44. J.-J. SERVAN-SCHREIBER et Carl KAYSEN (dir.), *Incertitudes américaines*, Paris, Calmann-Lévy, 1970.

45. Alain BESANÇON, « Souvenirs et réflexions sur mai 1968 », Commentaires, no122, été 2008, p. 515.

46. Claude LEFORT, dans *La brèche*, Paris, Fayard, 2008, p. 45.

47. Jacques ELLUL, *De la révolution aux révoltés*, Calmann-Lévy, 1972, p. 19.

48. Edgar MORIN, Claude LEFORT et Cornelius CASTORIADIS, *La brèche, suivi de Vingt ans après*, Paris, Fayard, 2008, p. 50.

49. Alain TOURAINE, *Le mouvement de mai ou le communisme utopique*, Paris, Seuil, 1968, p. 13.

50. *Ibid.*, p. 14.

51. *Ibid.*, p. 14.

52. Alain TOURAINE, *Mort d'une gauche*, Paris, Galilée, 1979, p. 96.

53. Sur la question, on consultera l'ouvrage remarquable de Jean ROY, *Le souffle de l'espérance*, Montréal, Bellarmin, 2000.

54. LÉNINE, *La maladie infantile du communisme*, Paris, 10/18, 1963.

55. La chose est notamment notée dans Bernard Brillant, « Intellectuels, l'ère de la contestation », *Le débat*, mars avril 2008, p. 39.

56. Theodore ROSZACK, *Vers une contre-culture*, Paris, Stock, 1970, p. 116. Sur les écrits de jeunesse de Marx, on consultera l'excellent chapitre que leur consacre Leszek KOLAKOWSKI, « The Paris Manuscripts. The Theory

of Alienated Labour. The Young Engels », dans son ouvrage *Main Currents of Marxism*, New York, W. W. Norton & Company, 2005, p. 109-125.

57. Edgar MORIN, *Journal de Californie*, Paris, Seuil, 1970, p. 198.

58. LÉNINE, *La maladie infantile du communisme*, Paris, 10/17, 1968.

59. Daniel COHN-BENDIT, *Le gauchisme : remède à la maladie sénile du communisme*, Paris, Seuil, 1968.

60. Sur le gauchisme, on consultera Richard Gombin, *Les origines du gauchisme*, Paris, Seuil, 1971. Gombin terminait son ouvrage en écrivant que « le gauchisme a entamé son monopole et cela de manière irréversible. Que le gauchisme devienne le mouvement révolutionnaire n'est pas certain ; qu'il ait démontré par son existence même et par l'écho qu'il suscite que le marxisme-léninisme organisé ne l'est plus, voilà qui me semble acquis » (p. 182). Autrement, dit l'essentiel est d'être révolutionnaire – le marxisme classique ne parvenant plus à assumer une pratique révolutionnaire, il serait à dépasser.

61. Sur le mythe de l'autonomie radicale, on consultera le classique de Jean STAROBINSKI, J.-J. *Rousseau, la transparence et l'obstacle*, Paris, Gallimard, 1971. Cette analyse recoupe celle de François Furet qui affirmait au moment de l'effondrement du communisme que « la démocratie fabrique par sa seule existence le besoin d'un monde postérieur à la bourgeoisie et au capital où pourrait s'épanouir une véritable communauté humaine. [..] ». Pour Furet, qui ici s'inscrit dans la perspective néotocquevillienne, c'est l'imaginaire de la modernité lui-même qui génèrerait le radicalisme, à la manière d'une critique récurrente du rapport insatisfaisant entretenu par les sociétés modernes avec les idéaux qui les fonderaient. François FURET, *Le passé d'une illusion*, dans *Penser le XXᵉ siècle*, Paris, collection Bouquins, Robert Laffont, 2007, p. 1076. Martin Malia est revenu sur le parcours de l'idéal révolutionnaire dans le dernier millénaire occidental en reconnaissant sa nature fondamentalement religieuse. Il s'est pour cela donné pour mission de suivre « le continuum du radicalisme européen, à mesure qu'il s'amplifie de la sédition religieuse à la sédition politique, jusqu'à la révolution ouverte ; puis des révolutions politiques des XVIIᵉ et XVIIIᵉ siècles jusqu'au millénarisme scientifique de la révolution sociale du XXᵉ siècle ». Pour Malia, toutefois, « ce que nous appelons révolution est un phénomène historique » qui aurait avorté une fois pour toutes avec la dégénérescence totalitaire du marxisme dans ses nombreuses applications. Martin MALIA, *Histoire des révolutions*, Paris, Tallandier, 2006.

62. Freud, notamment dans *Malaise dans la civilisation*, décrivait adéquatement cette dernière comme le travail de refoulement des pulsions, du désir, mais aussi de l'instinct de mort qui accomplirait ce dernier. Autrement dit, la libération du désir et le dénuement des institutions sociales responsables de son refoulement mèneraient inéluctablement à un pro-

cessus de décivilisation. Sigmund Freud, *Malaise dans la civilisation*, Paris, PUF, 1971.

63. Herbert MARCUSE, dans *L'express va plus loin avec ces théoriciens*, Robert Laffont, 1973, p. 70.

64. Edgar MORIN, *Journal de Californie*, Paris, Seuil, p. 134.

65. Daniel COHN-BENDIT et Gabriel COHN-BENDIT, *Le gauchisme, remède à la maladie sénile du communisme*, Paris, Seuil, 1968, p. 16.

66. Jean-François REVEL, *Ni Marx ni Jésus*, Robert Laffont, 1970, p. 228.

67. François FURET, *Le passé d'une illusion*, dans *Penser le XX<sup>e</sup> siècle*, collection Bouquins, Robert Laffont, 2007, p. 578.

68. Edgar MORIN, *Journal de Californie*, Paris, Seuil, 1970, p. 133.

69. Edgar MORIN dans *La brèche*, Paris, Fayard, 2008, p. 19.

70. Edgar MORIN, *Journal de Californie*, Paris, Seuil, 1970, p. 143.

71. Jean-François REVEL, *Ni Marx ni Jésus*, Robert Laffont, Paris, 1970, p. 242.

72. Theodore ROSZACK, *Vers une contre-culture*, Paris, Stock, 1970.

73. Edgar MORIN, *Journal de Californie*, Paris, Seuil, 1970, p. 132.

74. Roger SCRUTON, *Thinkers of the New Left*, London, Longman House, 1985.

75. Edgar MORIN, *Journal de Californie*, Paris, Seuil, 1970, p. 134.

76. *Ibid.*, p. 111.

77. *Ibid.*, p. 155.

78. *Ibid.*, p. 135.

79. *Ibid.*, p. 143.

80. George PALOCZI-HORVATH écrira lui aussi que « le véhicule du système éducatif bourgeois est demeuré inchangé en URSS et dans ce cas, le moyen de transmission de l'éducation a été le véritable message éducatif. C'est pourquoi l'Union soviétique, les pays d'obédience communiste d'Europe orientale, toutes les autres nations développées d'Europe, d'Amérique et d'ailleurs font partie de cette même civilisation ». C'est parce que le communisme historique n'aurait pas rompu avec la civilisation occidentale qu'il faudrait rompre avec lui. George PALOCZI-HORVATH, *Le soulèvement mondial de la jeunesse*, Paris, Robert Laffont, 1972, p. 32-33.

81. Roger SCRUTON, *Thinkers of the New Left*, London, Longman House, 1985, p. 1-9.

82. Theodore ROSZACK, *Vers une contre-culture*, Paris, Stock, 1970, p. 77.

83. *Ibid.*, p. 115, 116.

84. Raymond ARON, *Plaidoyer pour l'Europe décadente*, Paris, Robert Laffont, 1977, p. 408, Irving KRISTOL, *Neoconservatism. The autobiography of an idea*, Chicago, Ivan R. Dee, 1995, p. 106.

85. Herbert MARCUSE, *La fin de l'utopie*, Seuil/ Delachaux et Niestlé Éditeurs, 1968, p. 17.

86. Jean-François REVEL, *Ni Marx ni Jésus*, Paris, Robert Laffont, p. 219.

87. *Ibid.*, p. 220.

88. Michel FOUCAULT, « *Il faut défendre la société* », *Cours au Collège de France, 1976*, Paris, Gallimard/Seuil, 1997.

89. Michel FOUCAULT, « Sur la justice populaire : débat avec les maos », dans *Dits et écrits 1*, Paris, Gallimard, 2001, p. 1208-1237.

90. François BOUSQUET, *Putain de Saint Foucault*, Paris, Pierre Guillaume de Roux, 2015.

91. Paul HOLLANDER a livré une très sévère critique du constructivisme sociologique : Paul HOLLANDER, *Discontents. Postmodern and Postcommunist*, p. 158-159.

92. R.D. LAING, *La politique de l'expérience*, Paris, Stock, 1969.

93. Ivan ILITCH, *Une société sans école*, Paris, Seuil, 1971.

94. Pierre BOURDIEU et Jean-Claude PASSERON, *La reproduction*, Paris, Mille et une nuits, 1970.

95. Jean-Pierre LE GOFF, *mai 1968, l'héritage impossible*, Paris, La découverte, 2002.

96. Alain TOURAINE, *Mort d'une gauche*, Paris, Galilée, 1979, p. 206.

97. Herbert MARCUSE, *Contre-révolution et révolte*, Paris, Seuil, 1973, p. 161.

98. Frédéric BON, Michel-Antoine BURNIER, *Classe ouvrière et révolution*, Paris, Seuil, 1971, p. 152-153.

99. Herbert MARCUSE, *L'homme unidimensionnel*, Paris, Mille et une nuits, p. 280. En fait, on peut apercevoir dès les années 1950 une première tentative d'élargissement ou de remplacement du sujet révolutionnaire, avec l'investissement d'une bonne partie de la classe intellectuelle dans la mouvance de la décolonisation, ce qu'a remarqué Lucio Colletti en notant que « le sujet de la révolution n'était plus la classe ouvrière, le prolétariat d'usine. Le déplacement de l'épicentre révolutionnaire des pays industrialisés aux nouveaux pays sous-développés avait fait apparaître un nouveau sujet : les paysans, les plèbes rurales ; un sujet qui non seulement était étranger à la tradition marxiste, mais, de plus, auquel le marxisme "classique" s'était souvent montré hostile ». Lucio COLLETTI, *Le déclin du marxisme*, Paris, PUF, 1982, p. 9 La vague de la décolonisation créera même la tendance du « tourisme prolétarien » dans la mesure où d'une révolution socialiste à l'autre dans les pays du tiers-monde, les intellectuels de gauche migrant d'une révolution à l'autre, l'Amérique du Sud et la Chine représentant néanmoins la destination de choix du fantasme progressiste, la première dans la mesure où s'y multipliaient les foyers révolutionnaires, la seconde dans la mesure où le maoïsme et la révolution culturelle représenteront certainement l'expression la plus

radicale du mythe de la révolution permanente, centré sur une transformation radicale de l'homme, sur sa déprogrammation intégrale de la
culture bourgeoise qui l'aliénerait.

100. Mouffe et Laclau l'expriment clairement. Ainsi, le « *[marxism] main-tain the postulation of one foundational moment of rupture, and of a unique space in which the political is constitued* ». Il faudrait faire éclater les espaces de déploiement du politique. Chantal MOUFFE et Ernesto LACLAU, *Hege-mony and socialist strategy. Towards a radical democratic politics*, New York, Verso, 2001, p. 152.

101. Éric CONAN, *La gauche sans le peuple*, Paris, Fayard, 2004, p. 71.

102. Chantal MOUFFE et Ernesto LACLAU, *Hegemony and socialist strategy. Towards a radical democratic politics*, New York, Verso, 2001, p. XVIII.

103. Anthony GIDDENS, *Modernity and Self Identity. Self and Society in the Late Modern age*, Stanford, Stanford University Press, 1991.

104. Anthony GIDDENS, *Beyond Left and Right : the Future of Radical Politics*, Stanford, Standford University Press, 1994 ; Anthony Giddens, *The Third Way : the Renewal of Social Democracy*, Cambridge, Polity Press, 1998. On consultera aussi Anthony Giddens (ed.), *The Global Third Way Debate*, Cambridge, Polity Press, 2001.

105. Anthony GIDDENS, *Beyond Left and Right : the Future of Radical Politics*, Stanford, Stanford University Press, 1994, p. 1.

106. Anthony GIDDENS, *Beyond Left and Right : the Future of Radical Politics*, Stanford, Stanford University Press, 1994, p. 16.

107. Marc CRAPEZ, *Naissance de la gauche*, Paris, Éditions Michalon, 1998, p. 220.

108. Jean-Pierre LE GOFF, *La gauche à l'épreuve*, Paris, Tempus, 2011.

109. Bruno JEANBART, Olivier FERRAND, *Gauche. Quelle majorité électorale pour 2012*, Fondation Terra Nova, projet 2012, 82 p.

110. Pierre-André TAGUIEFF, *La république menacée*, Paris, Textuel, 1996, p. 102.

111. Daniel COHN-BENDIT, *Forget 68*, Paris, Éditions de l'aube, 2008, p. 59.

112. *Ibid.*, p. 36.

113. Piotr RAWICZ, *Bloc-notes d'un contre-révolutionnaire*, Paris, Gallimard, 1969, p. 37.

## CHAPITRE 3 – LA GRANDE NOIRCEUR OCCIDENTALE
### OU L'HISTOIRE COMME EXPIATION

1. Pascal BRUCKNER, *Le sanglot de l'homme blanc*, Paris, Seuil, 1983 ; Pascal BRÚCKNER, *La tyrannie de la pénitence. Essai sur le masochisme occidental*, Paris, Grasset-Fasquelle, 2006.

2. Jean SÉVILLIA, *Historiquement correct, Pour en finir avec le passé unique*, Paris, Perrin, 2003. Dans le cadre du débat français sur la mémoire de la colonisation, qui a pris forme à travers la perspective propre au paradigme postcolonial, Daniel Lefeuvre a mené une critique très sévère de la criminalisation de la colonisation. Lefeuvre a notamment soutenu que la mythologie du repentir colonial reposait sur une mémoire artificielle, fantasmée. « Tout comme les saignées de Diafoirus témoignaient de l'incapacité du bon docteur à formuler un diagnostic exact de la maladie, le prêche des sectateurs de la repentance coloniale repose sur une suite d'ignorances, d'occultations et d'erreurs, voire de contrevérités. Le devoir de mémoire qu'ils cherchent à imposer est celui d'une mémoire artificielle, construite pour les besoins de leur cause et qui produit, en réalité, une perte de savoir réel, tout en témoignant d'un déni de l'Histoire [..] ». Daniel LEFEUVRE, *Pour en finir avec la repentance coloniale*, Paris, Flammarion, 2006, p. 12. Olivier Petré-Grenouillot a rappelé quant à lui que la civilisation occidentale n'avait pas eu le monopole de l'esclavage et de la traite négrière, cette dernière ne pouvant se penser qu'au pluriel et dans la perspective plus vaste d'une histoire monde. Olivier PETRÉ-GRENOUILLOT, *Les traites négrières. Essai d'histoire globale*, Paris, Éditions Gallimard, 2004. Évoquons enfin Sylvain Gouguenheim qui a remis en question le rôle de la science musulmane dans la fondation intellectuelle de l'Europe moderne en rappelant que cette dernière ne devait pas exclusivement à des sources extérieures à sa propre dynamique historique la transmission de l'héritage de l'Antiquité. Sylvain GOUGUENHEIM, *Aristote au Mont Saint-Michel. Les racines grecques de l'Europe chrétienne*, Paris, Seuil, 2008.

3. Alain RENAUT, *Un humanisme de la diversité. Essai sur la décolonisation des identités*, Paris, Flammarion, 2009, p. 15 (et plus généralement, p. 14-19).

4. *Ibid.*, p. 14-16.

5. Shmuel TRIGANO, « Abus de mémoire » et « concurrence des victimes », une dépolitisation des problèmes », Controverses, n° 2, juin 2006, p. 41.

6. Olivier MONGIN, « Une précipitation à retardement : quelques perplexités sur le consensus historien », *Esprit*, février 2006, p. 149.

7. Jean-Michel CHAUMONT, *La concurrence des victimes*, Paris, La Découverte, 2002, p. 319-349. James Nuechterlein, « Radical Historians », Commentary, October 1980, p. 56-64.

8. Claude RIBBE, « À l'esclave inconnu », *Le* Monde, 23 décembre 2005.

9. Sandrine LEFRANC, Lilian MATHIEU et Johanna SIMÉANT, « Les victimes écrivent leur histoire. Introduction », *Raisons politiques*, 2008/02, n° 30, p. 5-19.

10. Paul HOLLANDER, *Discontents. Postmodern & Postcommunist*, New Brunswick, Transaction Publishers, 2002, XXI.

11. Pour un exemple caricatural de cette nouvelle historiographie qui traduit la vieille lutte des classes en lutte des races, contre la domination blanche principalement, on consultera Sadri KHIARI, *La contre-révolution coloniale en France. De de Gaulle à Sarkozy*, Paris, Éditions La Fabrique, 2009. Dans cet ouvrage, associé à la mouvance des *Indigènes de la République*, Khirai s'en prend au Pouvoir blanc qui se serait d'abord déployé dans la colonisation et qui se reconstituerait aujourd'hui dans un apartheid métropolitain au service exclusif d'un groupe hégémonique constituant une citoyenneté à deux vitesses institutionnalisant un système discriminatoire au désavantage des anciennes populations coloniales transplantées en France par les nombreuses vagues migratoires.

12. Gérard NOIRIEL, *État, nation et immigration*, Paris, Gallimard/Folio, 2001.

13. Suzanne CITRON, *Le mythe national. L'histoire de France en question*, Paris, Les Éditions Ouvrières/Études et documentation internationales, 1987.

David HOROWITZ, *Left Illusion*, Dallas, Spencer Publishing, 2003, p. 198.

14. Immanuel WALLERSTEIN et Étienne BALIBAR, *Race, nation, classe. Les identités ambiguës*, Paris, La découverte, 1997, p. 291.

15. Ilan GREILSAMMER, *La nouvelle histoire d'Israël. Essai sur une identité nationale*, Paris, Gallimard, 1998, p. 26-27.

16. *Ibid.*

17. Jean-Michel CHAUMONT, *La concurrence des victimes*, Paris, La Découverte, 2002.

18. Jürgen HABERMAS, *L'intégration républicaine*, Paris, Fayard, 1999. Sur la querelle des historiens, on consultera l'ouvrage collectif *Devant l'histoire*, Paris, Cerf, 1988. Pour une critique de la diabolisation de l'Allemagne par la nazification substantielle de son expérience historique, on consultera Alexander J. Groth, « Demonizing the Germans : Goldhagen and Gellately on Nazism », Political Science Reviewer, Fall 2003, Vol.32, n°1, p. 118-158.

19. Stéphane COURTOIS, *Communisme et totalitarisme*, Paris, Tempus, 2009.

20. Collectif, « Après l'étoile jaune, faudra-t-il un jour porter l'étoile verte », *Le Monde*, 22 décembre 2009.

21. Ilan GREILSAMMER, *La nouvelle histoire d'Israël. Essai sur une identité nationale*, Paris, Gallimard, 1998.

22. Éric Holder, « Attorney General Eric Holder at the Department of Justice African American History M onth Program », discours prononcé le 18 février 2009, http://www.justice.gov/ag/speeches/2009/ag-speech-090218.html.

23. Très critique de cette historiographie multiculturelle, qui dans le contexte américain repose sur un universalisme victimaire paradoxal

qui fonctionne à la comparaison avec l'histoire de la communauté noire, désormais victime exemplaire à partir de laquelle penser la condition des autres groupes marginalisés, Michael Lind a ainsi critiqué « the perversion of our political culture by victimology » en affirmant qu'elle serait causée par « this effort to deny uniqueness of the black experience with segregation, and to generalize it as a model for all struggles of value or interest, no matter how minor ». Michael LIND, *The Next American Revolution*, New York, The Free Press, 1995, p. 351. On consultera plus généralement tout son chapitre consacré à la réécriture de l'histoire américaine : p. 349-388.

24. Robert ROYAL, « 1492 and Multiculturalism », The Intercollegiate Review, Spring 1992, p. 3-10.

25. Régis DEBRAY, *À demain de Gaulle*, Paris, Gallimard, 1996.

26. Bernard-Henri LÉVY, *L'idéologie française*, Paris, Grasset, 1981.

27. Daniel MAHONEY, *De Gaulle : statemanship, Grandeur and Modern democracy*, Westport, Praeger, 1996.

28. Paul YONNET, *François Mitterrand le Phénix*, Paris, De Fallois, 2003, p. 54.

29. Olivier LECOUR GRANDMAISON, *Coloniser, exterminer. Sur la guerre et l'État colonial*. Paris, Fayard, 2005.

30. Pascal Blanchard, Nicolas Bancel, Sandrine Lemaire, « La fracture coloniale, une crise française » dans Pascal BLANCHARD, Nicolas BANCEL, Sandrine LEMAIRE (dir.), *La fracture coloniale*, Paris, La découverte, 2006, p. 11.

31. C'est dans ces mots que Ribbe résumait l'œuvre historique de Napoléon : « Cent quarante ans avant la Shoah, Napoléon a utilisé les gaz pour exterminer la population civile des Antilles. Il a livré vivants des milliers d'Antillais en pâture à des chiens. Napoléon a créé des camps de concentration en Corse et à l'île d'Elbe où sont morts des milliers de Français d'Outre-mer ». Claude RIBBE, *Le crime de Napoléon*, Paris, Éditions Privé, 2005.

32. Theodore Dalrymple, « Multicultis Museums – Or Else », City Journal, été 2000. Sean Gabb a aussi montré comment la politique des musées britanniques suivait désormais un impératif multiculturel dans la présentation des expositions. Sean GABB, *Cultural Revolution, Culture War : How Conservatives Lost England and How to Get it back*, London, The Hampden Press, 2007, p. 9-11. Cette tendance s'est radicalisée quand Ken Livingstone, l'ex-maire de Londres, a cherché à déboulonner le statuaire impérial qui serait vexatoire pour les minorités issues des anciennes colonies. Andreas Whittam Smith, « But will they ever put up a statue of Ken Livingstone ? », The Independant, 23 octobre 2000. http://www.independent.co.uk/opinion/commentators/andreas-whittam-smith/but-will-they-ever-put-up-a-statue-of-ken-livingstone-

637803.html. Cette multiculturalisation de l'univers muséal est aussi visible en France où Jacques Chirac a cherché à laisser comme héritage le musée du Quai Branly, voué à l'exposition et à la célébration des arts premiers, un musée qu'il présentait explicitement dans une perspective multiculturelle et qui avait pour destination de remplacer le Musée des arts populaires, qui faisait trop vieille France. Inversement, lorsque Nicolas Sarkozy a annoncé son intention de créer un Musée voué à l'histoire de France, il s'est fait reprocher par la communauté des historiens, surtout par sa frange progressiste, en fait, de privilégier une vision de l'histoire nationale qui reconduirait les privilèges de la France majoritaire. « Le musée d'histoire de France ou le retour de la menace fantôme ». Pour une critique substantielle du musée de l'histoire de France, explicitement motivée par un refus du nationalisme et de l'identité nationale, on consultera Anne-Marie Thiesse, « L'histoire de France en musée. Patrimoine collectif et stratégies politiques », *Raisons politiques*, nº 37, février 2010, p. 103-118. Les débats entourant le Musée d'histoire de France étaient de la même eau.

33. Yael Tamir, « L'ère des excuses : l'émergence d'un nouveau paradigme politique », dans Michel SEYMOUR (dir.), *Nationalité, citoyenneté et solidarité*, Montréal, Liber, 1999, 421.

34. Par exemple, à propos des nations autochtones, « Ottawa demande pardon », Radio-Canada, 11 juin 2008 ; Ou encore, à propos des immigrants chinois, qui se sont fait imposer une taxe d'entrée au Canada et qui de 1923 à 1947, a fermé le pays à l'immigration chinoise. Le gouvernement canadien écrivait ainsi que « la taxe d'entrée était conforme à la loi de l'époque, comme l'ont reconnu les tribunaux canadiens. Cependant, le gouvernement du Canada reconnaît que la taxe d'entrée était fondée sur la race et contraire aux valeurs canadiennes d'aujourd'hui ». « Le Premier ministre Harper offre des excuses aux Chinoises et aux Chinois », http://www.pm.gc.ca/fra/media.asp?category=1 & id = 1219, 22 juin 2006. Il ne s'agit évidemment pas d'endosser de telles pratiques historiquement regrettables mais de noter qu'elles ouvrent la porte à une radicalisation de l'expiation historique. Autrement dit, le gouvernement est appelé à multiplier les excuses envers tous les groupes qui ont été discriminés ou victimisés du point de vue du multiculturalisme canadien contemporain, désormais constitutionnalisé.

35. Au journaliste qui lui demandait le sens de telles excuses, le député Jose Antonia Perez Tapias, responsable de ce projet de déclaration, répondait : « Il s'agit de reconnaître que l'expulsion massive des Maures d'Espagne (environ 300 000) entre 1609, année du décret de Philippe III, et 1614 a été une grande injustice. Et reconnaître cette injustice reste toujours nécessaire quatre siècles après. En outre, les descendants de ces Morisques nous interpellent au sujet de la tragédie vécue par leurs ancêtres et attendent de nous, au moins, un geste de réconciliation.

L'Espagne actuelle a un "devoir de mémoire" que nous menons maintenant envers ces gens comme nous l'avions fait envers les descendants des juifs séfarades expulsés d'Espagne en 1492. » Djamel Belayachi, « Entretien avec José Antonio Perez Tapias : Devoir de mémoire : l'Espagne s'excuse pour l'expulsion des Morisques », Afrik. com, 12 décembre 2009.

36. Michel DE JAEGHERE, *La repentance. Histoire d'une manipulation*, Paris, Éditions Renaissance catholique, 2006.

37. Pour le citer exactement, « Terror-the killing of noncombatants for economic, political, or religious reasons-has a very long history, as long as organized combat itself... Those of us who come from various European lineages are not blameless. Indeed, in the first Crusade, when the Christian soldiers took Jerusalem, they first burned a synagogue with three hundred Jews in it, and proceeded to kill every woman and child who was Muslim on the Temple Mount. The contemporaneous descriptions of the event describe soldiers walking on the Temple Mount, a holy place to Christians, with blood running up to their knees. I can tell you that story is still being told today in the Middle East, and we are still paying for it ». Cité dans Thomas F. MADDEN, « Clinton's Folly », American Outlook, Fall 2001.

38. Patrick Weil s'est porté à la défense de ces lois en leur reconnaissant pour vertu de désacraliser en profondeur le récit national tout en sacralisant parallèlement la nouvelle configuration sociale multiculturelle. Patrick WEIL, *Liberté, Egalité, Discriminations, l'identité nationale au regard de l'histoire*, Paris, Grasset, 2008.

39. Emmanuel KATAN, *Penser le devoir de mémoire*, Paris, PUF, 2002.

40. Gary B. NASH, Charlotte CRABTREE et Ross E. DUNN, *History on Trial : Culture Wars and the Teaching of the Past*, New York, Knopf, 1997. Pour une critique de cet ouvrage qui proposait un bilan positif du projet des National Standards, on se tournera vers John Fonte, « Book Review of History on Trial : Culture Wars and the Teaching of the Past », *National Review*, 11 octobre 1997. Walter McDougall, « Whose History ? Whose Standards ? », Commentary, May 1995, p. 36-43 ; Walter A. McDougall, « What Johnny Still Won't Know About History », Commentary, July 1996, p. 32-36 ; Lynne V. Chenney, « New History still Attack Our Heritage », *Wall Street Journal*, 2 mai 1996.

41. Michael LIND, *The Next American Revolution*, New York, Free Press, 1995.

42. Une telle description était d'ailleurs visible dans le rapport de la Commission Bouchard-Taylor, mise en place par le gouvernement québécois au moment de la crise des accommodements raisonnables de 2006, alors qu'on cherchait à présenter l'origine de la sensibilité généralisée à la différence culturelle dans les sociétés occidentales. Le

rapport Bouchard-Taylor est devenu, de l'avis d'un de ses deux coauteurs, un modèle de réflexion institutionnelle dans les milieux multiculturalistes occidentaux. « Il est bon de se demander d'où vient cette idée générale d'harmonisation. [..] Jusqu'à récemment, [la question de la gestion de la diversité] était le plus souvent résolue de façon autoritaire : une culture, plus puissante, tentait ou bien de dominer les autres en les marginalisant, ou bien de les supprimer en les assimilant. [..] Depuis quelques décennies cependant, en Occident surtout, les mentalités et le droit ont changé tandis que les nations démocratiques, comme nous l'avons déjà signalé, sont devenues beaucoup plus respectueuses de la diversité. Le mode de gestion du vivre-ensemble qui prend forme désormais est fondé sur un idéal général d'harmonisation interculturelle. En premier lieu, cette nouvelle orientation, pour l'essentiel, fait la promotion du pluralisme, ce qui permet à tout individu ou groupe de s'épanouir selon ses choix et ses caractéristiques tout en participant à la dynamique des échanges interculturels. En deuxième lieu, elle vise aussi la pleine intégration de tous les individus (ou du moins ceux qui le souhaitent) à la vie collective. Cette évolution internationale, qui instaure un peu partout le respect de la diversité, engendre une responsabilité pour toutes les instances d'une société : le gouvernement et les institutions publiques, les entreprises, les Églises, les associations volontaires, et le reste. Cette nouvelle vision ou sensibilité fonde le principe des pratiques d'harmonisation. On constate qu'elle a fait son chemin progressivement parmi les élites intellectuelles et politiques ainsi que chez les militants qui ont animé les grands mouvements sociaux de l'Occident. Selon des modalités et des rythmes divers, parsemés d'à-coups, elle pénètre maintenant les cultures nationales ».

43. Bernard-Henri LÉVY, *Ce grand cadavre à la renverse*, Paris, Grasset, 2007, p. 64.

44. Paul-François PAOLI, *Nous ne sommes pas coupables*, Paris, La table ronde, 2006, p. 45.

45. *Ibid.*, p. 50-51.

46. Theodore DALRYMPLE, *The New Vichy Syndrome. Why Europeans Intellectuals Surrender to Barbarism*, San Francisco, Encounters Books, 2010, XI.

47. Paul YONNET, *François Mitterand, le Phénix*, Paris, De Fallois, 2003, p. 62-63.

48. Patrick Weil a ainsi dit des lois mémorielles françaises qu'elles avaient pour fonction de sacraliser une lecture de l'histoire fondatrice des droits fondamentaux en contexte de diversité Patrick Weil écrivait ainsi que « l'inscription des lois Gayssot et Taubira dans une généalogie d'interventions historiques particulières signe [..] une évolution des priorités nationales. L'unité des Français autour du régime républicain avait valu dans le passé une intervention extraordinaire du politique. La

protection des droits fondamentaux de l'homme et un respect concret de l'égalité entre les citoyens sont devenus les priorités de la République ». Patrick WEIL, *Liberté, égalité, discriminations*, Paris, Grasset, 2008.

49. Daniel LEFEUVRE, *Pour en finir avec la repentance coloniale*, Paris, Flammarion, 2006. p. 15.

50. Pierre NORA, « Malaise dans l'identité historique », Le Débat, n° 141, septembre-octobre 2006, p. 49, 52.

51. « *Many reforms are needed to convert multicultural drift into a concerted drive toward a Britain with a broad framework of common belonging – one in which all citizens are treated with rigorous and uncompromising equality and social justice, but in which cultural diversity is cherished and celebrated. One prerequisite is to examine Britain's understanding of itself* ». *The Parekh Report. The Future of Multi-Ethnic Britain*, Profile Books, 2002, p. 14-15.

52. *The Parekh Report. The Future of Multi-Ethnic Britain, Profile Books*, 2002, p. 14-15.

53. Alain RENAUT, *Un humanisme de la diversité*, Paris, Flammarion, 2009, p. 19.

## CHAPITRE 4 – LA SOCIOLOGIE DIVERSITAIRE
### ET LA SOCIÉTÉ INCLUSIVE

1. Le monde de l'entreprise s'est engagé à faire une promotion active de la diversité dans l'embauche, au point même où la directrice d'Areva a soulevé pour quelques semaines une polémique en déclarant, au Women's forum de 2009 *qu'*à « compétence égale, et bien désolé, on choisira la femme, ou on choisira la personne venant d'autre chose que le "male blanc" ».

2. Anne-Marie LE POURHIET, « Pour une analyse critique de la discrimination positive », *Le Débat*, n° 114, mars-avril 2001, p. 166-167.

3. Tariq Modood, « Différence, multiculturalisme et égalité », dans Michel SEYMOUR (dir.), *La reconnaissance dans tous ses états*, Montréal, Québec-Amérique, 2009, p. 199.

4. Patrick Simon, « L'ordre discriminatoire dévoilé. Statistiques, reconnaissance et transformation sociale », Multitudes, 2005/4, 23, p. 28-29.

5. Daniel BORILLO (dir.), *Lutter contre les discriminations*, Paris, La découverte, 2003.

6. Mémoire sur le document de consultation « Vers une politique gouvernementale de lutte contre le racisme et la discrimination », Commission des droits de la personne et de la jeunesse, p. 12.

7. Thomas SOWELL, *Affirmative Action Around the World*, New Haven, Yale University Press, 2004.

8. Patrick SIMON, « L'ordre discriminatoire dévoilé. Statistiques, reconnaissance et transformation sociale », Multitudes, 2005/4, 23, p. 22.

9. Patrick Simon, « L'ordre discriminatoire dévoilé. Statistiques, reconnaissance et transformation sociale », Multitudes, 2005/4, 23, p. 22.

10. Christophe CARESCHE et George Pau LANGEVIN, *Une république de l'égalité. Contre les discriminations liées à l'origine*, Paris, Fondation Jean Jaurès, 2009.

11. John Fonte, « Liberal Democracy vs. Transnational Progressivism : The Future of the Ideological Civil War Within the West », *Orbis*, été 2002.

12. Sur les theses de Nancy Fraser, on consultera Nancy FRASER et Axel HONNETH, *Redistribution or Recognition : a Political-Philosophical Exchange*, New York, Verso, 2003.

13. Herman BELZ, *Equality Transformed. A Quarter-Century of Affirmative Action*, Transaction Publishers, 1991.

14. Walter BENN MICHAELS *La diversité contre l'égalité*, Paris, Raisons d'agir, 2009, p. 148.

15. Alain-Gérard Slama, « Discriminations : à quoi rêvent les sociologues ? », Le Figaro, 8 juillet 2009.

16. Paul YONNET, *Voyage au centre du malaise français. L'antiracisme et le roman national*, Paris, Gallimard/Le débat, 1993, p. 21.

17. Patrick Simon, « L'ordre discriminatoire dévoilé. Statistiques, reconnaissance et transformation sociale », Multitudes, 2005/4, 23, p. 23.

18. Thomas SOWELL, *Affirmative Action Around the World*, Yale University Press, 2004.

19. Ainsi, plus les agences appelées à lutter contre les discriminations sauront générer un climat de délation des comportements discriminatoires, plus on y reconnaîtra un approfondissement de la culture démocratique. Sur la question, on peut se référer à un débat tenu dans les pages du Nouvel Observateur qui représente bien la mentalité antidiscriminatoire. « Le Nouvel Observateur/France-Culture. – En 2008, la Halde, la Haute Autorité de Lutte contre les Discriminations et pour l'Egalité, a reçu près de 8 000 réclamations alors que, d'après son dernier sondage, 8 % des personnes interrogées déclarent avoir subi une discrimination au cours des douze derniers mois. Soit 4 millions de personnes, ce qui révèle un phénomène de masse. La France a-t-elle du mal à se reconnaître dans le miroir de la diversité ? Louis Schweitzer. – La France a sûrement des progrès à faire sur ce sujet de la diversité et c'est le rôle de la Halde. La discrimination n'est pas propre à la France. Dans tous les pays d'Europe, la même proportion de gens estime avoir été victime de discrimination. En Grande-Bretagne par exemple, il y a plus de 80 000 plaintes annuelles adressées à l'équivalent britannique des conseils de prud'hommes. Depuis la création il y a quatre ans de la

Halde, je considère que l'augmentation des réclamations est quelque chose de positif. C'est le signe que les gens ont de plus en plus conscience de leurs droits, ne se résignent pas, et que la Halde est mieux reconnue comme un instrument de recours efficace. Mais un Français sur deux ignore encore son existence et, quand on compare les 8 000 réclamations aux 4 millions de personnes qui se déclarent discriminées, on voit bien qu'il y a encore beaucoup de chemin à faire.

George Pau-Langevin. – Dans notre pays, pendant très longtemps, les personnes issues de l'immigration ou de ce qu'on appelle les minorités hésitaient à analyser leur situation en termes de discrimination et pensaient que la manière la plus efficace de s'intégrer était d'arrondir les angles et de montrer qu'on pouvait se fondre dans la masse. C'était dû à notre modèle français d'assimilation. Aujourd'hui, le fait qu'on parle davantage de discrimination résulte de l'influence de la réglementation européenne qui a introduit ce principe dans notre droit. Elle a du reste contraint la France à mettre en place un organisme tel que la Halde, à l'image de la Commission pour l'Egalité raciale qui existait en Grande-Bretagne depuis longtemps. Ainsi les gens commencent à se dire que la discrimination est une réalité qui peut expliquer certaines situations.» « Les discriminations en France : le face-à-face Louis Shweitzer – George Pau-Langevin », *Le Nouvel Observateur*, 26 mars au 1er avril 2009.

## Chapitre 5 – Fabriquer un nouveau peuple : la question de l'identité nationale

1. Bikhu Parekh, *Rethinking Multiculturalism*, New York, Palgrave/Macmillan, 2006.

2. Daniel Cohn-Bendit, Thomas Schmid, *Xénophobies*, Paris, Grasset-Mollat, 1998, p. 149.

3. Rick Muir, *The New Identity Politics*, London, Institute for public policy research, February 2007, p. 10.

4. Fernand Dumont, *Raisons communes*, Montréal, Boréal, 1995.

5. Cité dans Jacky Sanudo, « L'identité nationale, ça n'existe pas : entretien avec Hervé Le Bras », *Sud-Ouest*, 27 octobre 2009.

6. Cité dans Baptiste Legrand, « L'identité nationale selon Rocard : "un débat imbécile" », Nouvelobs.com, 2 novembre 2009, http://tempsreel.-nouvelobs.com/actualites/opinions/interviews/20091102.OBS6600/lidentite_nationale_selon_rocard__un_debat_imbecile.html.

7. Ilian Greilsammer, « Réflexion sur l'identité israélienne aujourd'hui », Cité, 2007/1 (n° 29) p. 48. Greilsammer situait cette réflexion dans un programme de dénationalisation de l'État juif encore plus radical, justifié au nom d'une pleine intégration citoyenne de la minorité arabe-

israélienne. « Comment ces 20 % de la population pourraient-ils chanter un hymne national qui parle du retour des Juifs à Sion, comment pourraient-ils s'identifier à un drapeau national qui porte l'Étoile de David ? Comment pourraient-ils adhérer à un État dont une des lois fondamentales est la Loi du retour ? ».

8. *The Parekh Report. The Future of Multi-Ethnic Britain*, Profile Books, 2002,

9. John FONTE, *Post-West Syndrome*, American Enterprise Institute, 27 octobre 1997.

10. Jean BAUBÉROT, *Une laïcité interculturelle*, Paris, Éd. de l'aube, 2009.

11. Jacques ATTALI, *Dictionnaire du XXIᵉ siècle*, Paris, Fayard, 1998, p. 63.

12. John IBBITSON, « Let's Sleeping Dogs Lie », dans Janice Gross Stein et al, *Uneasy Partners*, Waterloo, Wilfrid Laurier University Press, 2007, p. 58.

13. John IBBITSON, *The Polite Revolution, Perfecting the Canadian Dream*, Toronto, M & S, 2005, p. 13.

14. *Ibid.*, p. 3.

15. John SAUL, *Mon pays métis*, Montréal, Boréal, 2008.

16. Pierre PETTIGREW, *Pour une politique de la confiance*, Montréal, Boréal, 1999.

17. John IBBITSON, *The Polite Revolution, Perfecting the Canadian Dream*, Toronto, M & S, 2005, p. 4.

18. Angela Merkel citée dans Paul Gottfried, « The Rise and Fall of Christian Democracy in Europe », Orbis, Volume 51, nᵒ 4, 2007, p. 720.

19. Pierre ROSANVALLON, *Le peuple introuvable. Histoire de la représentation démocratique en France*, Paris, Gallimard, 1998, p. 11.

20. *Ibid.*, p. 12.

21. *Ibid.*, p. 15.

22. *Ibid.*, p. 15.

23. *Ibid.*, p. 18.

24. Alain TOURAINE, *Critique de la modernité*, Paris, Fayard, 1992, p. 444.

25. Iris Mario YOUNG, *Inclusion and Democracy*, Cambridge, Oxford University Press, 2000.

26. Il faudrait désormais, selon le mot de James Tully, faire naître un constitutionnalisme de la diversité – Will Kymlicka parlera plutôt d'une citoyenneté multiculturelle alors que Charles Taylor d'une politique de la reconnaissance de la diversité culturelle. James TULLY, *Une étrange multiplicité*, Sillery, Presses de l'Université Laval, 1999 ; Will KYMLICKA, *Multicultural Citizenship*, Cambridge, Oxford University Press, 1995 ; Charles TAYLOR, *Multiculturalisme*, Paris, Champs-Flammarion, 1994.

27. Alain TOURAINE, *Qu'est-ce que la démocratie ?*, Paris, Fayard, 1994, p. 46.

28. Pierre ROSANVALLON, *La démocratie inachevée*, Paris, Gallimard, 2000, p. 408.

29. Alain TOURAINE, *Qu'est-ce que la démocratie ?* Paris, Fayard, 1994, p. 307.

30. John FONTE, *Sovereignity or Submission*, San Francisco, Encounter Books, 2011.

31. Ronalrd DWORKIN, *Sovereign Virtue*, Cambridge, Harvard University Press, 2000.

32. Jean-Michel CHAUMONT, *La concurrence des victimes*, Paris, La Découverte, 2002, p. 343.

33. Theodore DALRYMPLE, « Engineering Souls », City Journal, Spring 2007.

34. Christina HOFF SOMMERS, *One Nation Under Therapy*, New York, St-Martin's Press, 2005.

35. Charles TAYLOR, *Multiculturalisme*, Paris, Flammarion, 1994, p. 41-44.

36. *Ibid.*, p. 41.

37. *Ibid.*, p. 42.

38. Georges LEROUX, *Éthique, culture religieuse, dialogues : arguments pour un programme*, Montréal, Fides, 2007.

39. Donald Kagan, « As Goes Harvard », *Commentary*, September 2006, p. 32-36.

40. Catherine Brown Tkacz, « Silencing Susanna : Neosexism and the Denigration of Women », *The Intercollegiate Review*, Fall 1998, p. 31-37.

## CHAPITRE 6 – L'IDÉOLOGIE DE LA MONDIALISATION

1. Anthony GIDDENS, *The Third Way. The Renewal of Social Democracy*, Cambridge, Polity Press, 1998, p. 136.

2. Kenneth Minogue, « Thoughts of the first Eurocrat Kojève's view of Hegel and the self-Loathing of the bourgeoisie », *Times Lit-* Supplement, September 29, 1995, p. 13-14.

3. Paul-François PAOLI, *La France sans identité*, Paris, Autretemps éditions, 2009.

4. L'intérêt national était nécessairement secondaire dans la perspective communiste, qui devait prédominer en toutes circonstances, comme on le verra avec le Parti communiste français, qui suivra les retournements d'alliance de l'Union soviétique avec l'Allemagne nazie, la pratique du patriotisme n'était légitime que dans la mesure où elle correspondait au même moment aux intérêts du communisme incarné en URSS.

5. Éric HOBSBAWM, *Nations et nationalisme depuis 1780*, Paris, Gallimard, p. 229.

6. Edgar MORIN, *Penser l'Europe*, Paris, Gallimard, 1990, p. 5.

7. *Ibid.*, p. 3-17.

8. Paul HOLLANDER, *Political Pilgrims : Travels of Western Intellectuals to the Soviet Union, China, and Cuba*, New York, University Press of America, 1990. Hollander a approfondi sa réflexion dans Paul Hollander, *The Survival of the Adversary Culture*, New Brunswick, Transaction Books, 1988, p. 169-278 et Paul Hollander, *Discontents. Postmodern and Postcommunist*, New Brunswick, Transaction Publishers, 2001, p. 91-111.

9. François HOURMANT a étudié dans un excellent ouvrage la structure du récit littéraire chez les touristes idéologiques en provenance de l'intelligentsia française, en remarquant que le désir d'émerveillement devant une structure sociale qualitativement distincte était un des déterminants les plus profonds de l'imaginaire du tourisme progressiste. « Plus que de raconter le voyage, le véritable objet du récit vise d'abord à héroïser le voyageur, élevé au rang de grand témoin de l'avenir radieux. [..] Aliénés, les voyageurs savent avant de partir ce qu'ils doivent voir ». Ce désir correspond à la prétention prophétique de l'intelligentsia qui prétend normalement dévoiler dans l'opacité du réel un chemin vers la pleine émancipation du genre humain. François HOURMANT, *Au pays de l'avenir radieux*, Paris, Aubier, 2000, p. 242, 239.

10. Jeremy RABKIN, *Law Without Nations ?*, New Haven, Princeton University Press, 2005, p. 18-24.

11. Ulrich BECK, *Qu'est-ce que le cosmopolitisme ?*, Paris, Éd. Aubier, 2006.

12. Alain FinkieLkraut (dir.), *Qu'est-ce que la France*, Paris, Stock, 2007.

13. Francis FUKUYAMA, *La fin de l'histoire et le dernier homme*, Paris, Champs-Flammarion, 1993.

14. Alain DIECKHOFF (dir.), *La constellation des appartenances*, Paris, Presses de science po, 2004.

15. L'immigration massive créerait ainsi les conditions d'une relativisation des frontières nationales, en diluant leur signification historique.

16. Tony NEGRI, *Empire*, Paris, Exils, 2000.

17. Bertrand BADIE, *La fin des territoires*, Paris, Fayard, 1995 ; Bertrand BADIE, *Un monde sans souveraineté*, Paris, Fayard, 1999, Betrand BADIE, *La diplomatie des droits de l'homme*, Paris, Fayard, 2002.

18. Ulrich BECK, *Pouvoirs et contre-pouvoirs à l'ère de la mondialisation*, Paris, Alto Aubier, 2003, p. 87-116 ;Ulrich Beck, *Qu'est-ce que le cosmopolitisme*, Paris, Alto Aubier, 2004.

19. Jürgen HABERMAS, *Après l'État-nation*, Paris, Fayard, p. 122.

20. John Bolton, *Surrender is Not an Option*, New York, Threshold Edition, 2007, p. 441-447. John Bolton, « The Coming War on Sovereignity », *Commentary*, March 2009, p. 23-26.

21. Anne-Marie Slaughter, « Building Global Democracy », Chicago Journal of International Law, vol.1, n°2, p. 223-229.

22. On retrouve une bonne synthèse de ces réflexions dans Geneviève Nootens, *Désenclaver la démocratie*, Montréal, Québec-Amérique, 2004.

23. Anthony GIDDENS, *The Third Way*, Cambridge, Polity Press, 1999, p. 129-153.

24. Jürgen HABERMAS, *Après l'État-nation*, Paris, Fayard, 1998.

25. David HELD, *Models of Democracy*, Standord, Stanford University Press, 2006.

26. Hervé KEMPF, *Comment les riches détruisent la planète*, Paris, Seuil, 2007.

27. Jeremy Rabkin, « The Sovereignty Implications of the Kyoto Protocol », dans Orrin C. Judd, *Redefinig Sovereignty*, Hanover, Smith & Krauss Global, 2005, p. 117-132.

28. Anthony GIDDENS, *The Politics of Climate Change*, Cambridge, Polity, 2009.

29. Au moment de la crise de la grippe A à l'automne 2009, Jacques Attali, se réjouira néanmoins que le risque d'une pandémie mondialisée permette de faire un pas de plus vers la mise en place d'une gouvernance planétaire. « Même si, comme il faut évidemment l'espérer, cette crise n'est très grave, il ne faudra pas oublier, comme pour la crise économique, d'en tirer les leçons, pour qu'avant la prochaine, inévitable, on mette en place des mécanismes de prévention et de contrôle et des processus logistiques de distribution équitable des médicaments et de vaccins. On devra pour cela mettre en place une police mondiale, un stockage mondial et donc une fiscalité mondiale. On en viendra alors, beaucoup plus vite que ne l'aurait permis la seule raison économique, à mettre en place les bases d'un véritable gouvernement mondial. C'est d'ailleurs par l'hôpital qu'a commencé en France au XVIIᵉ siècle la mise en place d'un véritable État ». Jacques Attali, « Changer par précaution », *L'Express*, 3 mai 2009.

30. Sur cette question, on consultera Harold Hongju Koh, « Foreword : On American Exceptionalism », *Stanford Law Review*, vol.55, May 2003, p. 1479-1527.

31. Christopher LASCH, *La révolte des élites et la trahison de la démocratie*, Paris, Climats, 1996.

32. Edgar MORIN, *Penser l'Europe*, Paris, Gallimard, 1990, p. 260.

33. Kenneth MINOGUE, *Are the British a Servile People ?*, Bruges, The Bruges Group, 2008.

34. Joseph NYE, *Soft Power : The Means To Success In World Politics*, New York, Public Affairs, 2004.

35. Jeremy RIFKIN, *Le rêve européen*, Paris, Fayard, 2005, p. 20.

36. *Ibid.*, p. 18.

37. Jeremy RIFKIN, *Le rêve européen*, Paris, Fayard, 2005, p. 273.

38. Pierre MANENT, *Le regard politique*, Paris, Flammarion, 2010.

39. Pierre-André TAGUIEFF, *Résister au bougisme. Démocratie forte contre mondialisation techno-marchande*, Paris, Mille et une nuits, 2001, p. 68.

40. Jeremy RABKIN, *Law Without Nations ?*, New Haven, Princeton University Press, 2005, p. 130-157.

41. Marcel GAUCHET, *La condition politique*, Paris, Gallimard, 2005, p. 465.

42. Anthony GIDDENS, *The Third Way. The Renewal of Social Democracy*, Cambridge, Polity Press, 1998, p. 142.

43. Jean-Marc FERRY, *La question de l'État européen*, Paris, Gallimard, 2000.

44. Ce que notera Strobe Talbott en affirmant que « *the European Community pioneer the kind of regional cohesion that may pave the way for globalism* ». Strobe Talbott, « The Birth of the Global Nation », *Time Magazine*, July 20, 1992.

45. Jürgen HABERMAS, *La fin de l'État-nation*, Paris, Fayard, 2000.

46. John Fonte, *Global Governance vs. the Liberal Democratic Nation-State : What Is the Best Regime ?*, *Bradley Lecture*, 4 juin 2008, p. 6.

47. Edgar MORIN, *Penser l'Europe*, Paris, Gallimard, 1990, p. 256-257.

48. Ulrich BECK, Edgar Grande, *Pour un empire européen*, Paris, Flammarion, 2004, p. 21.

49. Tony JUDT, *Après guerre*, Paris, Armand Colin, 2007, p. 932.

50. Michel ROCARD, « Élargissement, quel scénario ? », *Libération*, 2 juin 2009. C'est aussi ce que notera plus sobrement Marcel Gauchet en notant que « son destin n'est pas de s'affirmer dans sa particularité géographique et civilisationnelle ». Marcel GAUCHET, *La condition politique*, Paris, Gallimard, p. 498.

51. Edgar MORIN, *Penser l'Europe*, Paris, Gallimard, 1990, p. 197.

52. Tariq RAMADAN, « Je suis profondément occidental », *Le Point*, 4 juin 2009.

53. C'est ainsi que Pierre Moscovici a pu écrire : « Alors, osons dire les choses et émettre le dernier postulat, celui qui reste lourdement sous-entendu : la Turquie est peuplée d'une majorité de musulmans. Et l'islam, sous toutes ses formes, est radicalement étranger à l'Europe dite chrétienne. Sauf que.. Sauf que la France, pour ne prendre que notre exemple national, compte aujourd'hui quelque 8 % d'habitants qui se rattachent, peu ou prou, à la tradition musulmane. Raison de plus pour rejeter la Turquie, diront les tenants de la guerre des civilisations, ne laissons pas entrer le loup dans la bergerie ! Et si c'était justement l'inverse ? La Turquie, seul État laïque au monde à majorité musulmane, n'est-elle pas un contre-exemple qu'il conviendrait de promouvoir au lieu de le rejeter : celui de la capacité de l'islam, non à se dissoudre, mais à vivre dans la laïcité dont nous sommes, en principe, si fiers ? Parangons

de tolérance, les Européens ? Ou bien, tout au contraire, géants aux pieds d'argile, enfermés dans une angoisse obsidionale comme si nous étions encore au temps des deux sièges de Vienne de 1529 et de 1683 ? » Pierre Moscovici, « Oui, nous avons besoin de la Turquie en Europe », *Le Monde*, 1er juin 2009.

54. Robert KAGAN, *La puissance et la faiblesse. Les États-Unis et l'Europe dans le nouvel ordre mondial*, Paris, Plon, 2003, p. 21, 98.

55. Chantal DELSOL, *La grande méprise*, Paris, La table ronde, 2004, p. 129.

56. Dominique REYNIÉ, « Référendums sur le traité constitutionnel », dans Yves Bertoncini et al., *Dictionnaire critique de l'Union européenne* », Paris, Armand Colin, 2008, p. 366.

## CHAPITRE 7 – LE CONSERVATISME EST-IL UNE PATHOLOGIE ?

1. Chantal DELSOL, *Populisme : les demeurés de l'histoire*, Paris, Éd. du Rocher, 2015.

2. Bérénice Levet, « Le droit à la continuité historique », *Le Débat*, novembre 2013, p. 14-22, Hervé JUVIN, *La grande séparation*, Paris, Gallimard, 2013, p. 353.

3. Christopher LASCH, *Le seul et vrai paradis*, Paris, Climats, 2002. Daniel Bell (dir.), *The Radical Right*, New York, Anchor Books, 1964.

4. Évidemment, le conservatisme américain finira par renaître et par devenir un courant politique majeur : il sera toujours marqué par le souci, toutefois, de se respectabiliser et de donner des gages de modernité, comme en témoignera le parcours d'une de ses figures les plus illustres, William J. Buckley. Sam Tanenhaus, *The Death of Conservatism*, New York, Random House, 2009.

5. Christopher LASCH, *Le seul et vrai paradis*, Paris, Climats, 2002, p. 381.

6. Christopher LASCH, *La révolte des élites et la trahison de la démocratie*, Paris, Climats, 1996 ; Christopher LASCH, *Le seul et vrai paradis*, Paris, Climats, 2002, p. 373-430.

7. Theodore ADORNO, *The Authoritarian Personnality*, New York, Harper & Row, 1950. On lira aussi sur la question Paul GOTTFRIED, *The Strange Death of Marxism*, University of Missouri Press, 2005, p. 73-78.

8. Sur l'antiracisme tel qu'il fut mis en scène par SOS Racisme, on consultera Paul YONNET, *Voyage au centre du malaise français*, Paris, Gallimard, 1993.

9. Pascal PERRINEAU, *Le symptôme Le Pen*, Paris, Fayard, 1998.

10. Thomas FRANCK, *What's the Matter with Kansas ?*, New York, Metropolitan Books, 2004 ; Anatol LIEVEN, *Le nouveau nationalisme américain*, Paris, JC Lattès, 2005.

11. C'était ce que soutenait à sa manière Barack Obama, en 2008, lorsqu'il affirmait que les électeurs de Pennsylvanie se réfugiaient dans l'amour de Dieu et des armes pour mieux masquer leur dépossession sociale, culturelle et économique Ben Smith, « Obama on small-town Pa. : Clinging to religion, guns, xenophobia », *Politico*, 11 avril 2008.

12. Pascal PERRINEAU, *Le symptôme Le Pen*, Paris, Fayard, 1998, p. 249.

13. *Ibid.*, p. 244.

14. Jacques JULLIARD, *La faute aux élites*, Paris, Gallimard, 1997.

15. Nonna MAYER, *Ces Français qui votent Le Pen*, Paris, Flammarion, 2002.

16. James Nuechterlein, « What's Right with Kansas », First Things, mars 2005, p. 10-17.

17. Dans un ouvrage fondateur, Kevin Philips avait noté que les passions populaires générées par les sixties créaient les conditions d'une majorité électorale durable pour le Parti républicain. Il lui aurait fallu noter toutefois que le déplacement du pouvoir des institutions traditionnelles de la démocratie libérale vers les instances administratives et juridiques de l'État managérial neutralisait au même moment l'avantage du conservatisme. La souveraineté populaire était confisquée et remise aux technocraties en pleine croissance, on peut dire que le conservatisme se constituait au mieux comme force protestataire mais qu'il ne parvenait en rien à contenir la révolution culturelle et idéologique enclenchée par les sixties. Kevin PHILIPS, *The Emerging Republican Majority*, New Rochelle, Arlington House, 1969. Jules Witcover a bien montré comment la stratégie de polarisation de l'électorat populaire contre la gauche idéologique autour d'un conservatisme de plus en plus explicite s'était imposée au Parti républicain dès la fin des années 1960, et très certainement, à l'aube des années 1970. Jules Witcover, *Very Strange Bedfellows*, New York, *Public Affairs*, p. 73-84.

18. Alain TOURAINE, *L'après socialisme*, Paris, Grasset, 1980, p. 246.

19. Éric BRANCA, *Le roman de la droite*, Paris, JC Lattès, 1999 et d'Éric ZEMMOUR, *Le livre noir de la droite française*, Paris, Grasset, 1998.

20. Georges POMPIDOU, *Le nœud gordien*, Plon, 1974. Valéry GISCARD D'ESTAING, *Démocratie française*, Paris, Fayard, 1976.

21. Jean BOTHOREL, *Le pharaon*, Paris, Grasset, 1983.

22. Paul François PAOLI, *Comment peut-on être de droite ?*, Paris, Albin Michel, 1999, p. 123. Sur le rôle très particulier de Jacques Chirac dans la désubstantialisation de la droite française, on consultera Éric ZEMMOUR, *L'homme qui ne s'aimait pas*, Paris, Balland, 2002. Alain Juppé a aussi noté que les convictions les plus profondes de Jacques Chirac relevaient de l'européisme, de l'antiracisme et du refus de toute entente avec « l'extrême droite ». Alain JUPPÉ, *Je ne mangerai plus de cerises en hiver*, Paris, Plon, 2009.

23. Éric ZEMMOUR, *Le livre noir de la droite*, Paris, Grasset, 1998, p. 48.

24. Marc CRAPEZ, « Extrême-droitisation ? Ah bon » ?, Causeur. fr, 29 mai 2012.

25. Christopher LASCH, *La révolte des élites*, Paris, Climats, 2004.

26. Michel WIEVORKA, « Penser le malaise », *Le Débat*, mai-août 1993, n° 75, p. 126-131.

27. Marc CRAPEZ, *Éloge de la pensée de droite*, Paris, Jean-Cyrille Godefroy, 2016.

28. Alain-Gérard SLAMA, « Les deux droites », Le Débat, 2003/3, n° 110, p. 220.

29. Pippa Norris, *Radical Right*, New York, Cambridge University Press, 2005. Hans-Georg Betz soutient que « la défense des valeurs et de la culture occidentales est la pierre angulaire du nouveau type de politique identitaire avancé par presque tous les partis de la droite radicale contemporaine ». Hans-Georg Betz, *La droite populiste en Europe*, Paris, Autrement, 2004, p. 14. Betz reconnaissait d'ailleurs que les nouveaux mouvements populistes s'alimentaient d'un ressentiment populaire contradictoire avec la démocratie libérale, sans pour autant se demander si ce ressentiment était fondé et en quoi la défense de l'État-nation était contradictoire avec la démocratie libérale (p. 52).

30. Daniel LINDENBERG, *Le procès des Lumières*, Paris, Seuil, 2009.

31. Peter Davies, « The Development of the Far Right » dans Peter Davies et Paul Jackson, *The Far Right un Europe : an Encyclopedia*, Oxford, Greenwood World Publishing, 2008, p. 77-91.

32. Peter Davies, « Introduction », dans Peter DAVIES et Paul JACKSON, *The Far Right un Europe : an Encylopedia*, Oxford, Greenwood World Publishing, 2008, p. 24-25.

33. Soeren Kern, « Europe's war on Free Speech », The Brussels Journal, 2 février 2009, http://www.brusselsjournal.com/node/3788.

34. C'était notamment une proposition contenue dans le rapport de la commission Bouchard-Taylor. Gérard Bouchard, Charles TAYLOR, *Fonder l'avenir : le temps de la conciliation*, Gouvernement du Québec, 2008, p. 270.

35. Laurent BOUVET, *L'insécurité culturelle*, Paris, Fayard, 2015.

36. Ce qu'a déjà reconnu cyniquement le député français Bernard Bosson, un peu avant le référendum sur Maastricht en soutenant qu'il « faut qu'il y ait des pro et des anti-européens dans chaque camp. Si on mettait les intelligents ensemble, un jour, avec l'alternance, les cons viendraient au pouvoir. Et ce serait catastrophique pour l'Europe ». Cité dans Éric ZEMMOUR, *Le livre noir de la droite*, Paris, Grasset, 1998, p. 260.

37. David BROOKS, *Les bobos. "Les bourgeois bohèmes"*, Paris, Florent Massot, 2000, p. 289.

38. Marc CRAPEZ, *Naissance de la gauche*, Paris, Michalon, 1998, p. 203.
39. Vincent COUSSEDIÈRE, *Éloge du populisme*, Elya, 2012.

## LA TENTATION TOTALITAIRE DU MULTICULTURALISME

1. Denis TILLINAC, *Le venin de la mélancolie*, Paris, La Table Ronde, 2004, p. 153.
2. Ainsi, il a fallu attendre, dans les milieux universitaires américains, la critique conjointe de Arthur Schlesinger et de Richard Rorty pour que l'on fasse le procès du multiculturalisme – un procès qui lui reprochait pratiquement de basculer dans le conservatisme ! Arthur SCHLESINGER Jr., *La désunion de l'Amérique*, Paris, Liana Levi, 1993. Il en sera de même au Canada. Tant que le multiculturalisme était critiqué par le mouvement conservateur venu de l'Ouest et qu'il s'incarnait dans le Parti réformiste, la critique était disqualifiée avant même d'être formulée. Mais une fois la critique du multiculturalisme reprise dans les termes du féminisme libéral, l'intelligentsia canadienne a consenti à mettre le multiculturalisme en débat, pour en appeler, si nécessaire, à sa civilisation par une nouvelle cure de libéralisme. Janice Gross Stein et al., *Uneasy Partners. Multiculturalism and Rights in Canada*, Waterloo, Wilfrid Laurier University Press, 2007. Daniel Weinstock, « La crise des accommodements au Québec : hypothèses explicatives », *Éthique publique*, IX, 1 : 20-26.
3. Alain FINKIELKRAUT, « C'est reparti comme en 50 », *Le Monde*, 22 septembre 2015.
4. Raymond ARON, *L'opium des intellectuels*, Paris, Calmann-Lévy, 1955, p. 255.
5. Georges POMPIDOU, *Le nœud gordien*, Paris, Plon, 1974, p. 25.
6. Alain FINKIELKRAUT, *Nous autres, modernes*, Paris, Ellipses, 2005, p. 270.
7. Régis DEBRAY, *Un candide à sa fenêtre*, Paris, Gallimard, 2015, p. 56.
8. Sur la question, on lira le remarquable ouvrage de Daniel J. MAHONEY, *Alexandre Soljenitsyne : en finir avec l'idéologie*, Paris, Fayard/Commentaire, 2008.
9. Daniel MAHONEY, *The Conservative Foundations of Liberal Order*, Intercollegiate Studies Institute, 2010.

# Table

## Du même auteur

*Indépendance : les conditions du renouveau* (dir.), Montréal, VLB, 2014

Avec Jacques GODBOUT, *Le Tour du jardin*, Montréal, Boréal, 2014

*Exercices politiques*, Montréal, VLB, 2013

*Fin de cycle : aux origines du malaise politique québécois*, Montréal, Boréal, 2012

*La dénationalisation tranquille : mémoire, identité et multiculturalisme dans le Québec post-référendaire*, Boréal, 2007.

Composition : Le vent se lève...

Imprimé en France par CPI en mai 2019
N° d'impression : 2045033
Dépôt légal : mars 2019